アジア主義

西郷隆盛《さいごうたかもり》から石原莞爾《いしはらかんじ》へ

中島岳志

文庫

アジア主義――西郷隆盛から石原莞爾へ　目次

装画　しりあがり寿
装丁　矢萩多聞

アジア主義——西郷隆盛から石原莞爾へ

序章
なぜ今、アジア主義なのか

イラク戦争の衝撃

二〇〇三年三月二十日。

私は、京都の狭いアパートにいました。

アメリカはこの日、イラク攻撃を開始し、戦争が始まりました。アメリカが「イラクの自由作戦」と命名した戦闘は、一方的なリンチでした。アメリカは瞬く間にイラク全土を攻略し、多くの住民を殺害しました。わが国の小泉首相は、即座に「アメリカの武力行使を理解し、支持いたします」とのコメントを発表しました。

私は、ただただひざを抱えたまま、呆然とするだけでした。

——自分にはどうすることもできない。自分にはぼんやりとテレビのニュースを見ることしかできない。

そんな無力感が全身を包むなか、私は不意に「ある人物」のことを思いました。

中野正剛《せいごう》。

彼は戦中に、東条英機《とうじょうひでき》首相に反発し、自宅で割腹自決した政治家として知られています。戦後、自由党総裁を務めた緒方竹虎《おがたたけとら》は彼の盟友で、『人間中野正剛』という本まで執筆しています。

そんな中野は、政治家になる前、東京朝日新聞の記者として活躍していました。一九一五年、彼はヨーロッパへの視察旅行を行ったのですが、そのときの思いを次のように綴っています。

神戸を解纜《かいらん》してマルセイユに着するまで、その経る所はみな亡国もしくは半亡国なり、しかしてこれら亡国の民はみな吾人と思想感情文明の系統を同じうする有色人種にして、これらを征服しこれらを利用する優勝者は、みな吾人と祖先を異にし文教を異にする白人なり［中野一九一七：二三六］。

当時のヨーロッパ旅行は、当然、船旅でした。中野は、神戸を出発し、上海《シャンハイ》、香港、シンガポール、マラッカ、ペナン、コロンボを経て中東に至り、スエズ運河を越えてマルセイユに到達しました。

その間、彼が見たものは何だったか。

それは、自分と「思想感情文明の系統」が同じであるアジア人たちが、ヨーロッパの白人に支配され、虐げられている姿でした。どこにいってもアジア人たちはヨーロッパ人に蹂躙され、力によって服従させられていました。

今後の来るべき数世紀は、有色人種が白人の覊絆《きはん》より脱すべき時代なりとせば、英国も大いに考えざるべからず。日本も大いに考えざるべからず。日本は何時まで白人のために有色人を鎮圧せざるべからざるか。思うてこれに至れば、熱血の全身にみなぎるを感ず〔中野 一九一七：三九三〕。

中野はこのとき、「アジア主義」に目覚めます。同じアジア人がヨーロッパ人の暴力に服従させられている姿に義憤を感じ、「何とかしなければ」という思いに駆られます。そして同時に、イギリスとの間に同盟を結ぶ日本（当時は日英同盟が締結されていました）が、西洋人の側に立ってアジア人を「鎮圧」している現状を直視し、いつまでこんなことをしているつもりなのかと「熱血」を全身にみなぎらせました。

私は、テレビ画面を見つめながら、中野正剛を思いました。そして、爆撃による煙が立ち上るバグダッドの風景を見ながら、街の片隅で恐怖に怯え、家族で身を寄せ合うバグダッド市民を想像しました。

大義を欠いた戦争。圧倒的な軍事力で一方的に暴力を加えるアメリカ。それをアメリカの側に立って支持する日本の首相――。

私は、徐々に約九〇年前の中野正剛と同化し、自らの体内から理性を超えた義憤が湧き出してくるのを感じました。

――同じアジア人が、根拠の希薄な情報に基づいて攻撃されている。それをなぜ日本の首相はとめようとしないのか。なぜ、アメリカの暴力に加担しようとするのか。イラク人は同じアジア人じゃないか!!

翌年四月。アメリカ軍はファルージャの町に大量の爆弾を投下しました。攻撃は反米武装勢力だけでなく、一般住民にも容赦なく向けられ、多くの市民が犠牲になりました。そして、このファルージャ爆撃の当事者は、沖縄で訓練を受け、普天間《ふてんま》基地から飛び立っていった海兵隊員でした。

私はこのとき、日米安保を超えてアジアと共に生きる道を選ばなければならないことを確信しました。理屈を超えたアジア主義的心情が、私の中で確たるものとなりました。イラク戦争は、私にとって「アジア主義」を引き受ける覚悟と意思を決定的にした出来事だったのです。

「離米」の時代に

私はこの本で、近代日本のアジア主義について議論していこうと思っています。幕末以来、日本がどのようにアジアをまなざし、何を期待し、何に躓いたのかを、読者の皆さんと共に考えていきたいと思っています。

これは、何も歴史を「娯楽」や「趣味」として振り返ろうというのではありません。この一五〇年間の日本とアジアの関係を綿密に辿り、その中で日本人が思考した「アジア」という課題を再確認することは、現在の私たちが直面するアクチュアルな課題そのものに向き合うことに他なりません。

近年、誰の目にも明らかなのは、「中国の台頭」と「アメリカの覇権力の低下」という流れです。中国の経済成長は著しく、二〇一〇年に日本のＧＤＰを抜き、アメリカに次いで世界第二位になりました。一方、アメリカの警察国家としての影響力は著しい低下傾向にあり、二〇一三年には「シリアへの懲罰」を訴えこぶしを振り上げたものの、戦争を実行することはできませんでした。半世紀以上にわたってアジア太平洋地域を支配してきた「パックス・アメリカーナ」は終焉の時を迎えています。

そんななか、日本政府はいまだにアメリカの庇護を求め、日米安保の強化を推進し続けています。しかし、アメリカのアジア戦略の中核はすでに中国に移行しています。

日本に対しては「中国の封じ込め」の共同歩調を提示しながら、一方では中国への接近を露骨に進めています。アメリカの態度はダブルスタンダードと言っていいでしょう。日本には「中国こそ仮想敵」として日米同盟の強化を訴え、中国にはアジア太平洋地域の問題を取り仕切る「親密なパートナー」として振る舞っているのですから、日本人はこのアメリカの態度を冷静に見つめる必要があります。

このような状況下で、果たして日本はこれまでと同様に、アメリカに頼りきりの安全保障体制を構想し続けていいのでしょうか。日本はアメリカへの従属を継続していいのでしょうか。

私は、アジアが本格的に連帯を構想すべき時期がやってきていると思います。アジア諸国の信頼関係を構築し、時に共同歩調をとることで域内の安定と利益を担保していくことが重要だと考えています。かつて福沢諭吉《ふくざわゆきち》は「脱亜入欧」を唱えましたが、現在は安全保障・防衛面での自立を進めたうえで、「離米入亜」を漸進的に構想すべき時期でしょう。

この時、最大の課題となるのは「歴史認識問題」です。日本が明治以降、近隣諸国との間に引き起こした帝国的支配と軍事的コンフリクトをいかに捉えるかは、現在においてもアジアにおけるホットイシューであり、最大の懸案事項であり続けています。この問題を乗り越えないままに、日本がアジア諸国と連帯することは難しく、また歴史問題を等閑視することも許されません。

ちなみに私たちが決して忘れてはいけないのが、アメリカと中国は第二次世界大戦において日本と戦った「連合国」だということです。歴史認識の問題となると、アメリカと中国、そして韓国は結束して日本に対する厳しい態度を取ります。この構図を、私たちは肝に銘じておく必要があります。

——アジアの時代に、日本がどう生きていくべきか。アメリカとの関係をどうすべきか。アジアとどういう関係を結んでいくべきか。これからの日本人は、何を大切な価値として共有していくべきなのか。

そんな課題に向き合うためには、どうしても歴史と向き合わなければなりません。そして、そのためには近代日本の「アジア主義」が辿った顚末を捉えなおす作業が必要になると私は考えています。「アジア主義の轍」を辿る作業は、現在の日本にとって喫緊の課題であり、きわめてアクチュアルな政治イシューに他なりません。

フランスの詩人ポール・ヴァレリーは、かつて「湖に浮かべたボートをこぐように、人は後ろ向きに未来へ入っていく」と書きました。私たちは、未来へと前進しようとするとき、過去を見つめなければなりません。

長い道のりになると思いますが、ぜひ、歴史の中から現代を逆照射する旅を共に歩んでほしいと思っています。

よろしくお願いします。

大学に入学した頃の私

さて、もう少しだけ、私自身の話にお付き合いください。私がアジア主義に関心を持った経緯を、簡単に説明しておきたいと思います。

私は、一九九四年に大阪外国語大学（現在の大阪大学外国語学部）に入学しました。専攻した言語はヒンディー語。北インドで主に話されている言葉です。

当時の私は、特にインドに関心があるわけでも、語学に関心があるわけでもありませんでした。確固たる意思もヴィジョンもないまま、私はきわめて特殊な大学を受験し、これまた日本ではきわめてマイナーな言語を専攻することにしてしまいました。

お恥ずかしい話なのですが、当時の私にはまったく何の展望もありませんでした。ただ、不意にマイナーな選択をしてみたいという不定形な反発が、私の中に芽生えたとしか言いようがありません。

そんなわけで、大学に入学した私は、まったく興味のないインドの言語を勉強することになってしまいました。

しかも、そこは語学の専門大学。

授業の中心は、一年生から「ヒンディー語」で、毎日毎日、予習復習をしなければ、まったく授業についていくことができませんでした。

そしてそれは、私にとって苦痛以外の何ものでもありませんでした。私は、授業に数回出ただけでヒンディー語の履修を放棄してしまい、大学の図書館でひたすら読書に励むことにしました。

「せっかく大学に入ったのに、専門の勉強を早々に放棄するなんてどうかしている」おそらく皆さんはそう思われると思います。もし自分が親だったら、「あんた、何やってるの！」と厳しく叱責するでしょう。

しかし、私にはどうしても本を読みたいという強い欲求がありました。「語学の勉強なんてしている暇はない」という根拠なき確信と切迫感がありました。

そんなわけで、私は大学に行きながら授業には一切出ず、図書館で本ばかり読む生活に突入しました。

そして、そんななかで出会った思想が、「保守思想」と「仏教」でした。

理性の限界

保守思想は人間の不完全性を直視し、理性の限界を謙虚に受け止めようとする思想です。近代啓蒙思想が、どんな問題でも合理的に解決することができるという理性への過信に基づいていたとすれば、保守は人間の能力の限界を冷静に見据え、人智を超えたものに依拠しようとします。だから、特定の社会が長年にわたって築きあげてきた経験知や良識、伝統などを重視し、革命のような急進的な社会改造ではなく、漸進的な改革を志向します。

一方、仏教も保守思想と同様に、人間の理性の限界を見据え「何でもできる」という能力への過信を諌めます。私は親鸞《しんらん》の思想に大きな影響を受けましたが、彼が「自力」の思想を批判し、「絶対他力」の重要性を説くのも、このような理性や能力を万能視する見方に異議を唱えようとしたからに他なりません。

大学に入学したての私は、間違いなく自分の能力に対する過信を持っていました。

——自分は何でもできる。世界なんて、簡単に変えることができる。

そんな驕りを、どこかに抱えていました。

しかし、私は保守思想と仏教思想に出会ったことによって、理性の限界という問題と出会いました。

私は、理知的に物事を考えれば、すべてのことを把握することができると考えていました。しかし、さまざまな本を読みあさるにつれ、理知的に考えれば考えるほど、理知的なるものの限界に出会わざるをえないということに気がついたのです。

保守思想も仏教思想も「理性を捨てろ」と主張しているのではありません。「理性には限界があるということを理性的に受け止めよ」ということを両思想は主張しているのです。だから、両思想は人間の理性的働きを擁護しながら、理性を万能のものと捉える合理主義を厳しく批判します。

私は、保守と仏教の根本にある人間観に魅かれ、その思想を吸収していこうとしました。

しかし、この決断には、多少の勇気が必要でした。

なにせ、これまでの自分の考え方は「間違いだった」と認めなければならず、さらに理知的に把握しきれない世界と向き合わなければならないという底なしの不安を引き受けなければならないわけですから、二十歳を前にした私はしばらくの間うろたえ、悩みました。しかも、アカデミズムでは左派の思想が中心を占め、世の中ではオウム真理教の地下鉄サリン事件の影響から「宗教は危ない」という認識が拡大していました。そんなときに保守思想と仏教に近づく覚悟を決めるのですから、私なりに勇気が必要だったのです。

しかし、この覚悟はその後の私に、世界の大きな可能性に目をひらかせてくれました。現代社会が直面している課題の中心は、理性万能主義からの脱却によってこそ見えてくるのではないかという確信が、私の中に芽生えてきたのです。

そして、それがアジアへの扉が開かれた瞬間でした。

「東洋的な見方」

それからというもの、私は大学図書館で連日、保守思想と仏教書を読む日々を送りました。とにかく授業にはほとんど出ないのですから、時間だけはたっぷりとあったのです。

朝早くから夕方までの読書は、さまざまな世界との出会いの連続でした。特に仏教思想を基にした西田幾多郎《きたろう》の哲学は、私の精神を震わせました。

――「絶対矛盾的自己同一性」。

彼の掲げる哲学用語は、はじめはちんぷんかんぷんでしたが、徐々にその意味するところがわかり始めると、私はその思想の深遠さに精神が震え、どんどん西田哲学にのめり込んでいきました。

西田をはじめとする京都学派の哲学は、「無」という観念を重視します。有限の命を背負った「我」の存在は、儚《はかな》く、むなしいものです。私たちにできることは限られており、世界を完全にコントロールすることなどできません。このような人間の儚さと無力を謙虚に受け止め、我に対する執着を捨てたとき、私たちははじめて絶対的なものに包まれた「我」として存在することに気づく――。

このような考え方が、京都学派の哲学には共通していました。そして、そんな発想こそが、東洋思想に共通する世界観であり、「近代」の行き詰まりを打破するものとして論じられていました。

西田の盟友・鈴木大拙《だいせつ》は、晩年に『東洋的な見方』という仏教エッセイ集を出していますが、彼はこの中で西洋の認識論の限界を指摘し、「東洋的見方」の再生を訴えています。

彼は「西洋では物が二つに分かれてからを基礎として考え進む」とし、西洋の主客を分離した認識論を批判します。西洋では、〈主体〉である人間の理性が、対象となる存在を〈客体〉として一方的に認識するというあり方が中心で、この認識論こそが、〈主体〉である人間が〈客体〉である自然をコントロールし、作り変えることができるという驕りを生み出すと大拙は主張します。

そして、それはキリスト教の神が「力と律法と義とで統御する」父であって「無条件の愛でなにもかも包容する」母ではないことに由来するとし、「西洋の愛には力の残りかすがある」と説きます。

これに対して「東洋的見方」は「物のまだ二分しないところから、考えはじめる」思考様式であり、「神がまだ『光あれ』といわなかった時」「あるいは、そういわんとせる刹那」において存立する認識のあり方だと言います。つまり〈主体〉が〈客体〉を一方的にまなざし、認識するというあり方ではなく、その両者の分離が成立しない

「主客一致」の状態において成立する認識が「東洋的な見方」であると言うのです。

「汝はそれなり」

ちょっと難しい話に入りすぎたかもしれませんが、もう少し我慢してください。もう一人、どうしても紹介したい哲学者がいるのです。

井筒俊彦《いづつとしひこ》。

この人も、当時、私が読んで心が震えた哲学者です。

ご存じの方も多いと思いますが、彼は日本を代表するイスラーム研究者であり、思想家です。彼はイスラーム思想の本質と仏教思想の間に共通する「東洋的なあり方」が存在すると主張し、イスラーム世界にも大きな衝撃を与えた人物です。

そんな彼が晩年に書いた文章に「TAT TVAM ASI（汝はそれなり）」というものがあります。これは彼の著書『イスラーム思想史』（中公文庫）に収録されているのですが、七〇ページほどのこの文章は、当時の私に大きな衝撃を与えました。

「TAT TVAM ASI（汝はそれなり）」とは、インド哲学の基礎観念とされるもので、一見別々のものと見える「汝＝アートマー（個我）」と「それ＝ブラフマー（絶対者）」は、根本的には一つのものであるということを意味しています。日本語では「梵我一如」という言葉として知られ、個別的人間が宇宙的絶対実在そのものであることに気づく瞬間を表現しています。

井筒はこのような思想がイスラーム思想の中にも色濃く反映されていることを強調し、中世のバスターミーというスーフィー（イスラーム神秘主義者）に注目します。

バスターミーは、来る日も来る日も「自己とは何か」という「自我の探求」に没頭しますが、どうしても「本当の自己」に出会うことができません。どこに「本当の自己」が存在するのかわからず、「本当の自己」がどのような存在かもつかめず、ついに彼は自己を完全に見失ってしまいました。

――「我はどこにもいない」。

そんな事実に出会ったとき、バスターミーは泣きつくし、涙が枯れると笑いつくしました。そして、涙も笑い声もかれてしまったとき、彼はそこにただ存在するしかなくなりました。

井筒はこの瞬間に注目します。

> 自己探求の末に自己を失う。真の「我」の発見は、実は「我」の非有《ひゆう》の発見だったのだ。しかし、「我」の非有の発見は、バスターミーにとって、神の有との出逢いにほかならなかった。（中略）人間的「我」の非有は、そのまま直接に、神的「我」の有だったのである［井筒 一九九一：四六四 - 四六六］。

つまり、自己の無化に繋がる自己探求は、同時に神の探求そのものとして進行し、人間としての「我」が存在しないと気づいた瞬間、神としての「我」が存在することに気づくと言うのです。

バスターミーは、我の非在とともに、神の非在という認識に到達していきます。彼は、メッカ巡礼を繰り返しても、そこに神が実在しないことに気づき、絶望します。しかし、この絶望の瞬間は、無神論の瞬間ではありませんでした。彼は「具体的な神」の非在の認識に至った瞬間、「神であることすら超えた存在」＝「無属性ブラフマン」に出会うことになります。そして、それは「神非在の空無の場所」であり、絶対的に無化された主体しか存在しない場所でした。

自我の純粋本性を探し求めて、身につけた一切の存在性のからを剝《は》ぎ取り脱ぎ捨てた時、そこに現われてきた自我無性の絶対的空虚の中に、バスターミーは神を見た。それを彼は「私は神だったのだ」という絶叫に近いコトバで表現した。だが、その時、バスターミー自身はそこにはいなかった［井筒 一九九一：四七九］。

存在の虚無性を徹底的に追及した果てに存在するものは、「汝はそれなり」という認識でした。我が存在しないという徹底した自己否定の先にあるものこそ、「梵我一如」の境地であり、「我あり」という存在の認識だったのです。

私は、この井筒の文章を読みながら、全身の震えを感じました。「無」の認識が、究極の「有」に繋がるという逆説を理解したとき、これまで見てきた世界が反転するのを感じました。

近代の祖・デカルトは「我思う、故に我あり」と言いました。彼はすべての物事を疑い続けた果てに、唯一疑うことのできないものは「私が考えているということ」だと説き、人間存在の根拠を「思考する理性」に求めました。このような思想は、近代の個人主義を形成する原点となった一方で、人間の「思考」や「理性」に対する過信を生み出しました。

しかし、東洋の思想伝統では、「我無し、故に我あり」という認識こそが主流でした。そのことを知ったとき、私の世界観は大きく変わりました。

私は、アジアに生まれながらアジアを思想的に生きていない現実を知りました。私は、近代にどっぷりと浸かって暮らし、その中で近代人の認識の問題に遭遇したとき、はじめてアジアと出会うことになりました。

「アジア」は、再帰的な存在として、私の前に現れたのです。

アジア主義とその困難

私は、アジア人であることを自覚的に生きていこうと考えました。アジアの思想伝統から近代を相対化し、そのプロセスを通じて「アジア的認識」に到達したいと考えました。

しかし、ここで大きな問題にぶつかることになります。

「アジア主義」という問題です。

私はこの頃、竹内好《よしみ》の『日本とアジア』（ちくま学芸文庫）という本を見つけ、読み始めました。当時は竹内のことをよく知りませんでしたが、「アジア人として生きていきたい」と考え始めた私にとって、この本のタイトルはとても魅力的でした。

——日本人はアジアをどう引き受けるべきか。

そんな課題を胸に読み始めたこの本は、私に重い問題を突きつけました。

それは、戦前期に同様の思いをもった日本人がアジア主義を掲げ、アジアとの連帯を模索しつつ、アジア諸国に対する侵略に手を染めていった現実でした。

特に私が関心を持ったのは、大川周明《しゅうめい》でした。

彼は、東京帝国大学で宗教学（インド哲学）を学び、イスラーム思想を研究したのですが、そのアジアが西洋諸国に蹂躙されている現実に憤慨し、アジア主義者になっていきました。彼は『復興亜細亜の諸問題』などを執筆し、アジアの反帝国主義闘争への強いシンパシーを表明しつつ、東洋思想に基づく「近代的認識」の組み替えを模索しました。しかし、彼は南満州鉄道株式会社の職員として朝鮮半島の植民地化を肯定的に論じ、大東亜戦争時には、「聖戦論」を鼓舞するイデオローグとして活躍しました。

このアジア主義と帝国主義の関係をどのように捉えればいいのか。

私は苦しみました。

さらに私を悩ませたのは、「アジア」という空間の定義でした。

そもそも、どこからどこまでがアジアなのか。エジプトはアジアなのか？　カザフスタンのような中央アジアの国々はアジアと言えるのか？

一体アジアとは何なのか？

「アジア人として生きる」ことを考えても、その根拠となる「アジア」の定義があいまいであれば、思想の根底がぐらつくことになります。

しかも、ヨーロッパでは「キリスト教」という宗教的な共通基盤を見出すことができますが、アジアにはイスラームからヒンドゥー教、仏教、儒教、神道……とさまざまな宗教が共存しており、その統一的な精神基盤を明示することができません。

――空間的にも宗教的にも文化的にも明確な定義ができない「アジア」。

この問題は、戦前にも当然、指摘されてきました。

その中心となったのは、津田左右吉《そうきち》。彼は一九三七年に『支那《シナ》思想と日本』という本を岩波書店から出版し、「東洋」が特定の統一性をもった文化的空間としての存立根拠を欠いていることを指摘しました。

津田は、「東洋文化」の中心とされる中国とインドはそれぞれの文化は独自に発展した独自の性質を持つものであり、両者をひと括りの文化として捉えることは不可能であると主張しました。インドは中国から影響を受けたことがほとんどなく、中国はインドから仏教を受容したものの、インド固有の「宗教的雰囲気」やカースト制度は取り入れておらず、「すべてが宗教から発達し宗教に従属してゐる」インドと「政治に発足し政治に帰着する」「支那」は、まったく別の文化であると言うのです。また、日本文化が両文化とは大きく異なることは言うまでもなく、「東洋文化」という虚像を掲げることによって「西洋文化」との二分法的な対立する枠組みにとらわれることにこそ大きな問題があると主張しました。

私は、この議論を読んで深く頷いてしまいました。

津田左右吉は、記紀神話を実証主義的に分析し、当時の国粋主義者の非論理性を鋭く追及した歴史家でした。そんな彼から見れば、「東洋」などという枠組みは虚構以外の何ものでもありませんでした。論理的に考えて、「東洋は存在しない」「アジアは存在しない」というのが、彼の実証主義的な研究の結論でした。

たしかに、アジア全体を規定する文化的基盤は存在せず、共通項があるとしても、それは各文化によって取捨選択された文化伝播の問題にすぎないように思われます。しかし、「本当にそうなのか?」という深い疑問が私の中にもたげてきたのも事実でした。

三木清「東亜協同体」論と岡倉天心『東洋の理想』

――「アジアは存在しない」と本当に言えるのか。

この問題に正面から応答したのが、京都学派の哲学者・三木清でした。彼は、津田の議論を取り上げ、その論旨を概ね肯定してみせます。しかし、三木は「それでもアジアは存在する」と主張します。

では、その根拠とは何か。

それは「無の思想」であると彼は言います。

三木は、この思想はインド・中国・日本のそれぞれ別の特色をもって発展しつつ、根源では同一のものだと主張します。そして、それは地域の特色に根付きつつ、世界的普遍性を有しているとし、「無」の思想に基づく「東洋的ヒューマニズム」の重要性を主張しました。

三木にとって、「どこからどこまでがアジアなのか」といったことは問題ではありませんでした。彼にとっては、バラバラに見えるアジア諸国の文化の根底を見つめていけば、そこに共通する「無という思想」が存在し、それこそが西洋近代を乗り越えるために重要な思想根拠でした。

このような議論は、二十世紀初頭にすでに岡倉天心《てんしん》によって展開されていました。彼は『東洋の理想』という本を書き、その冒頭で「アジアは一つ」と宣言しました。しかし、ヒマラヤ山脈は「孔子《こうし》の共産主義をもつ中国文明」と「『ヴェーダ』の個人主義をもつインド文明」を分けており、それは両文明の比類なき価値を「ただきわだたせるため」に存在しているかのようだと天心は言います。インドと中国はヒマラヤ山脈によって二分されており、それぞれの文明を見ていくと「違い」ばかりが見えてくると言うのです。

しかし天心は、アジアはヒマラヤの「雪をいだく障壁」を越えて「究極と普遍をもとめるあの愛のひろがり」を共有するとし、それこそが「特殊的なものに執着し、人生の目的ではなく手段をさがしもとめることを好む」ヨーロッパの諸民族とアジアを区別する所以であると主張します。

天心は、さらに議論を進め、アジアは「不二一元」という共通の認識をもっていると主張します。「不二一元」とは「梵我一如」の精神そのもので、すべては一つであるという「汝はそれなり」の思想を意味します。天心は、「不二一元」という認識論こそが、西洋近代の理性中心主義とは異なる「アジア的思考様式」であると規定し、「アジアは一つ」と宣言しました。

私は、このような議論にひざを打ちました。

——そうだ！　やはりアジアは存在する。アジアは近代の課題を超える存在論・認識論として存在する。

そんな思いを、三木や天心の文章を読んで強くしました。

「滔天は天心と出あわなかった」

しかし、同時にこのような思想が、アジアに対する日本帝国主義の論理に転化されていったことも事実です。「アジアは一つ」というスローガンが、「大東亜共栄圏」の思想に結びつき、アジア諸国への侵略を推し進めていった事実から目をそらすわけにはいきません。

竹内好は、アジア主義者の心情を高く評価しています。特に、孫文《そんぶん》を中心とする中国革命を全力で支えようとした宮崎滔天《とうてん》の心情を「非侵略的なアジア主義」として評価し、それがインドからの亡命革命家ラース・ビハーリー・ボースを新宿中村屋に匿《かく》まった相馬黒光《こっこう》や岩波書店創業者の岩波茂雄などに受け継がれていると論じました。

しかし、竹内は次のように言います。

その心情は思想に昇華《しょうか》しなかった。言いかえると、滔天は天心と出あわなかった。それはなぜか、というのがここでの私の問題である〔竹内一九九三：三三七〕。

つまり、滔天のような純粋なアジア主義的心情が、岡倉天心のような普遍性をもった「アジア思想」へと「昇華」することができなかったことに、アジア主義最大の問題があると、竹内は言うのです。

竹内の見るところ、この「出会い損ね」こそが、アジア主義が帝国主義の論理に飲み込まれていった原因でした。アジア主義の中にある思想的可能性が脇に追いやられ、現実政治の中で次第に帝国主義的論理に流されていったプロセスこそ、アジア主義が抱え込んだ問題の中心でした。

しかし、だからと言って「アジア主義はすべて悪である」という議論に私は与したくありません。アジア主義には、たしかにさまざまな問題があったことも事実ですが、その根底には磨けば輝く思想の原石が間違いなく存在します。そしてその原石こそが、二十一世紀の我々が直面する問題に、さまざまなヒントを与えてくれる存在であると、私は確信しています。

――「アジア主義とは何か」。

私たちは、未来を見据えるために、いま一度、過去に遡行してみる必要があるようです。本書では、アジア主義の功罪をじっくりと明らかにし、そこから新しい可能性を抽出したいと思っています。

第一章　竹内好はアジア主義に何を見たのか

竹内好「日本のアジア主義」

アジア主義を議論する際に、どうしても外すことのできない論文があります。序章で言及した竹内好《よしみ》の「日本のアジア主義」です。この論文は竹内が編集した『アジア主義』というアンソロジー本の解説として書かれたもので、もとは「アジア主義の展望」というタイトルでした。現在は竹内好『日本とアジア』（ちくま学芸文庫）や松本健一『竹内好「日本のアジア主義」精読』（岩波現代文庫）などで手軽に読むことができます。

ちなみに『アジア主義』は、筑摩書房が刊行していた「現代日本思想大系」の第九巻にあたります。このシリーズは、他にも橋川文三《ぶんそう》編『超国家主義』や吉本隆明編

『ナショナリズム』など、非常にレベルの高い充実したアンソロジーの体系です。すばらしい仕事は、出版から半世紀経ってもまったく色あせず、意味を持ち続けるのですね。

さて、この論文が出版されたのは一九六三年。当時は「アジア主義」＝「侵略思想」という考え方が今よりも強固でしたが、竹内はこのような風潮に反してアジア主義を積極的に論じようとしました。

もちろん竹内は、アジア主義のすべてを肯定しているわけではありません。「大東亜戦争」を支えた「大東亜共栄圏」という構想にアジア主義が大きな役割を果たしたことに対しては、きわめて批判的な視点を持っています。アジア主義が侵略の論理を担ってしまったことについても、竹内は厳しい評価をしています。

にもかかわらず、竹内はアジア主義の中に「重要な可能性」の萌芽を見ようとします。そして、その可能性がいかにして権力に取り込まれ、潰えていったのかというプロセスを直視しようとします。

では一体、竹内はアジア主義のどのような部分に「重要な可能性」を見出したのでしょうか。アジア主義はいかにして権力の論理へと変遷していったのでしょうか。

少し丁寧に竹内の論文を読み解いていくことにしましょう。

アジア主義の三類型

この論文の中で、竹内は（明示的には書いていませんが）アジア主義を三つの類型に分類しています。

まず一つは「政略としてのアジア主義」。

これは、アジア諸国を日本の安全保障のための政略的な空間と見なしたり、資源獲得の場と考えたりする立場で、明治以降、政府の中に継承されたパワーポリティクスの論理と言っていいでしょう。「ロシアの脅威に備えるためには、朝鮮や満州《まんしゅう》を日本の勢力下におさめなければならない」とか、「資源のない日本が世界で生き残るためには、アジア諸国の天然資源をおさえておく必要がある」といった功利的論理は、この「政略としてのアジア主義」にあたります。

二つ目が「抵抗としてのアジア主義」。

これは「国内の封建制や国際的な帝国主義によって苦しめられているアジアの民衆を救わなければならない」という義勇心で、アジア主義の初発の論理にあたります。竹内は、初期の玄洋社やインド人革命家ラース・ビハーリー・ボースを匿った新宿中村屋の相馬黒光などの「心情」にアジア主義の可能性を見出し、「アジアの民衆的連帯に基づく封建勢力・帝国主義勢力への抵抗」の論理を読み取ります。

そして三つ目が「思想としてのアジア主義」。

これは岡倉天心などが提示したアジアの論理で、「近代の超克」という問題を含み込む東洋哲学の発露です。西洋近代の存在論や認識論を批判し、東洋の側から「不二一元」的な世界観を提示する潮流を、竹内は「思想としてのアジア主義」と捉えています。

以上の三つのうち、竹内が重視したのは二番目の「抵抗としてのアジア主義」と三番目の「思想としてのアジア主義」でした。

竹内は次のように述べています。

第二次世界大戦中の「大東亜共栄圏」思想は、ある意味でアジア主義の帰結点であったが、別の意味ではアジア主義からの逸脱《いつだつ》、または偏向である。（中略）実際について見ると、「大東亜共栄圏」は、アジア主義をふくめて一切の「思想」を圧殺した上に成り立った擬似思想だともいうことができる。（中略）思想の圧殺は、左翼思想からはじまって、自由主義に及び、次第に右翼も対象にされた。中野正剛《せいごう》の東方会も、石原莞爾《かんじ》の東亜聯盟《れんめい》も弾圧された。これらの比較的にはアジア主義的な思想を弾圧することによって共栄圏思想は成立したのであるから、それは見方によってはアジア主義は無思想化の極限状況ともいえる［竹内 一九九三：

二九四‐二九五]。

竹内にとって、「大東亜共栄圏」の論理は、一番目の「政略としてのアジア主義」の帰結でした。そしてそれは「抵抗としてのアジア主義」や「思想としてのアジア主義」を「逸脱」「偏向」したものであり、アジア主義の「無思想化」がもたらした結末だと見たのです。つまり、竹内の見方では、「抵抗としてのアジア主義」「思想としてのアジア主義」という可能性を内包したアジア主義が、「政略としてのアジア主義」というパワーポリティクスの論理に乗っ取られたために、大東亜戦争の悲劇がもたらされたのです。

竹内はこのような視点から、日本政府による大陸進出がアジアの独立を進めたという歴史観に対して、猛烈な批判を展開します。

もし「朝野《ちょうや》」が「一致」して「隣邦《りんぽう》」の「独立」を助けたという史観が正しいとしたら、それは日本民族の恥である。もしそれがアジア主義であるとしたら、日本人は何とバカなやつだと人は思うにちがいない。事実は、日本人はそれほど無思想ではなかった。独立は他から与えられるものではないことを、明治の日本人は骨身にしみて感じていた[竹内　一九九三：三〇〇]。

竹内にとって「日本政府のアジア進出がアジア諸国の独立を助けた」という歴史観は、「日本民族の恥」であり、日本人およびアジア主義を矮小化することに他なりませんでした。明治維新を経験した日本人は「独立は他から与えられるものではない」ということを「骨身にしみて感じていた」し、アジア主義はそのような歴史観に規定されるような代物ではないと、竹内は義憤をこめて論じているのです。

初期玄洋社への評価

では、竹内がアジア主義の可能性として評価しているのは、具体的にどのようなものだったのでしょうか。

竹内は、初期の玄洋社を取り上げ、その論理と行動を肯定的に論じています。

玄洋社とは、一八八一年に福岡で設立された団体で、頭山満《とうやまみつる》らが組織を率いました。玄洋社は「日本の右翼の源流」と言われ、頭山は政界にも大きな力を持ちましたが、その活動の原点は自由民権運動にありました。

「あれ？　右翼団体が自由民権運動？」

そんな疑問が当然わいてくるでしょう。「自由民権運動」は「リベラルな左派の運動」という一般常識からすると、右翼が自由民権運動に加わったというのは不思議な感じがして当然です。しかし、彼らが「右翼」であり「ナショナリスト」であり「自由民権論者」であることは思想的に重要なポイントです。彼らはご都合主義的に「時に右翼、時に自由民権」というポジションをとったのではありません。この点についてはとても重要なので、第三章で説明したいと思います。

さて、この玄洋社ですが、彼らは朝鮮の民主化運動を支援したことからアジア主義に傾斜し、日清戦争前には「天佑俠」という秘密組織を結成して朝鮮へ送り込みます。天佑俠のメンバーには内田良平や武田範之《はんし》といった人物が参加したのですが、彼らは農民組織である東学グループに接近し、農民蜂起を援助しようとします。玄洋社のメンバーは、朝鮮国内の封建体制によって苦しめられる農民と連携して、朝鮮王朝を崩壊させ、さらに日本が清を倒すことによって、中国の封建体制までも解体することを狙っていたのです。

もちろん、このような行為は非合法的であり、彼らは日本の官憲から目をつけられる立場に立つのですが、のちに李容九《イヨング》といった東学農民グループ党のリーダーたちとは信頼関係を結び、「反封建体制・反帝国主義」という点で連帯しました。

竹内は、この天佑俠について、次のように述べています。

この時点ではともかく農民との結合が考えられており、やはり一種のアジア主

> 義の発現形態と見なければならない。少なくとも主観的には、挑発だけが目的ではなく、連帯の意識がはたらいていた。そして利欲は眼中になかった。もし利欲が目的ならば、生命の危険をおかすはずがない。また、全琫準《チョンポンジュン》や李容九のような排外主義者の信頼をかちえるはずがない［竹内一九九三：三二一］。

竹内は、天佑俠のメンバーが、底辺の農民やその指導者と連帯し合えた事実を高く評価しています。彼らが「利欲」ではなく「反封建」という論理と義勇心で行動していたことを重視し、そこにアジア主義の重要な要素を見出しています。

そして、この部分が竹内が重視した「抵抗としてのアジア主義」です。竹内が初発のアジア主義に見た可能性は、ここにありました。

福沢諭吉の「脱亜」と岡倉天心の「美」

しかし、連帯を旨とする「抵抗としてのアジア主義」は、福沢諭吉の「脱亜論」によって厳しい批判にさらされます。

「脱亜論」が書かれたのは一八八五年。同年、玄洋社と関係の深い樽井《たるい》藤吉《とうきち》は『大東合邦論』を書き、朝鮮と日本の対等な合邦を主張していました。

福沢の主張は樽井と逆で、「古風の専制」にしがみつく「支那」「朝鮮」とは、今後、一切手を切るべきであるというものでした。「我は心に於てアジア東方の悪友を謝絶するものなり」という激烈な一文で締めくくられる「脱亜論」は、その後の日本政府の歩みを示唆しているようですが、竹内はこの論文と樽井の『大東合邦論』を比較して、次のように述べています。

福沢の批判に合邦論が堪《た》えるかどうかは疑わしい。何よりも福沢には文明という武器がある。文明はそれ自体が価値だが、合邦または合縦、つまり連帯はそれ自体が価値ではない。連帯によって何を実現するか、という点では確たるものがないのだ〔竹内 一九九三：三二七〕。

ここで竹内が言いたいことは、「アジア主義には実現すべき価値の内実がない」ということです。アジアの民衆が連帯し、国内外の封建勢力への抵抗の闘いを進めるとしても、ではその闘いの勝利の暁に、どのような価値を実現していくべきかという「思想」や「哲学」が存在しないことを問題にしているのです。

しかし、竹内は一八九〇年代半ばになって、ようやくそのような「価値」がアジア主義の側から現れたと論じます。

福沢の価値に対置する別の価値をもってしなければ、アジア主義はテーゼとして確立しない。しかし一八八〇年代の状況からは、そのようなテーゼは生まれなかったと私は思う。それが出現するまでには、さらに十年待たねばならなかった。福沢が日清戦争の勝利を文明の勝利として随喜《ずいき》しているとき、したがって福沢が思想家としての役割をおわったとき、また日本国家が近代国家としてゆるぎなくなったとき、福沢の批判をテコにしてそれが生まれた。その一つは、西欧文明をより高い価値によって否定した岡倉天心であり、もう一つは、滅亡の共感によってマイナス価値としてのアジア主義を価値としての文明に身をもって対決させた宮崎滔天《とうてん》や山田良政《よしまさ》の場合である〔竹内 一九九三：三二七 - 三二八〕。

ここでのポイントは、岡倉天心です。福沢が西洋文明を指標としてアジア諸国の封建体制を批判したのに対し、天心は「西洋文明をより高い価値によって否定し」ようとしました。そして、その「より高い価値」こそが、「思想としてのアジア主義」だったのです。

天心は「より高い価値」の中心を「美」におきました。天心は『東洋の理想』の中で、アジア的哲学の核心を「不二一元」論におき、その存在論・認識論が表現されているものこそ「日本の芸術」に他ならないと論じました。

竹内は言います。

天心にあっては、美（そしてそれとほとんど同義の宗教）が最大の価値であり、文明はこの普遍的価値を実現するための手段である。美は人間の本性に根ざすから、西欧だけが独占すべきではない［竹内 一九九三：三二九］。

竹内の見るところ、アジア主義は岡倉天心の登場によって、はじめて「思想」を獲得しました。単なる連帯と抵抗の論理を超えて、西洋文明を超える存在論と認識論を提示する「哲学的根拠」を手に入れたのです。

二つの出会い損ね

しかし、竹内によると、この「思想としてのアジア主義」は誰にも継承されず、溶解していきました。天心は「アジア主義者として孤立しているばかりでなく、思想家としても孤立して」いたのです。

一方で、「抵抗としてのアジア主義」は宮崎滔天や吉野作造へと継承されていきました。さらに、この「心情」は、昭和期に入っても岩波茂雄のような「非侵略的なアジア主義者」に引き継がれていきます。

滔天の「抵抗」は、功利主義的近代に対する根源的な反発を含んでいました。彼の反発は、西洋のアジア支配に対してだけではなく、合理主義の拡大による人間の堕落に向けられていました。滔天にとって、近代文明の栄光は賢しらな欲望の産物であり、義理や人情、良心といった情念の敗北に他なりませんでした。滔天の「心情」や「抵抗」は、近代に対する衝動的アンチテーゼを内包していました。

しかし、問題は「思想としてのアジア主義」と「抵抗としてのアジア主義」の関係でした。竹内は次のように指摘します。

その心情は思想に昇華しなかった。言いかえると、滔天は天心と出あわなかった。それはなぜか、というのがここでの私の問題である［竹内 一九九三：三三七］。

この部分は序章でも引用しましたが、竹内論文のきわめて重要なポイントです。竹内は、「心情が思想に昇華しなかった」「滔天と天心が出あわなかった」ことを問題にしています。つまり「抵抗としてのアジア主義」がもっていた連帯の想像力や義勇心、反功利主義が、「思想としてのアジア主義」へと結びつくことなく継承されたことに、竹内はアジア主義の可能性が潰えていった原因を見ているのです。

さらに、竹内は決定的な「もう一つの出会い損ね」が存在することを指摘しています。

竹内は、玄洋社から派生した黒龍会のトップ内田良平の「抵抗としてのアジア主義」を高く評価したうえで、彼が日露戦争を「文明の野蛮への進軍」と捉えていたことを問題視します。内田は、アジアにおける反封建勢力の抵抗的連帯を命を張って模索しますが、その論理が次第に「文明による野蛮への闘争」という見方に傾斜し、無自覚のうちに「西洋文明の使者」へと変貌してしまったのです。竹内が指摘によれば、この内田の論理は「福沢の文明論の延長上にある論理」です。

——アジア主義を標榜する者が、いつの間にか西洋文明の使者に変貌してしまう。そして、西洋的な帝国主義の論理（文明国には非文明国を開明する義務がある）へと回収されてしまう。

そんな逆説的なアイロニーを竹内は内田の発言と行動の中に見出しました。

竹内は言います。

> 天心によれば、本来この文明（西欧文明—引用者）なりを裁くのがアジア主義のはずであった。そのアジア主義がついにその立場を確立することなしに、侵略主義のチャンネルに流れ込んでゆく分かれは、たぶんこの辺りにあるのだろう。チャンスがなかったとはいえない。チャンスを生かさなかったことにおいては幸《こう》

徳秋水《とくしゅうすい》も同罪である。内田と幸徳とが、ひとたび分かれて相会うことがなかったのは、日本人にとってばかりでなく、アジアにとっても不幸なことであった［竹内 一九九三：三四四］。

竹内がここで指摘しているのは「内田良平と幸徳秋水の出会い損ね」についてです。幸徳は近代日本を代表する社会主義者で、日露戦争に際しては「非戦論」を展開した論客です。また帝国主義の論理を批判し、植民地支配の侵略性を厳しく断罪しました。竹内が無念な思いをかみ締めながら論じているのは、「内田がなぜ幸徳の帝国主義批判の論理を内在化できなかったのか」という点です。もし内田が幸徳と真の意味で出会っていれば、内田は自己を客体化し、その行為を反省的に捉える視点を獲得できたはずで、そうすれば自分の行動が、まさに玄洋社が批判的に捉えていた西洋文明の道（＝覇道）を突き進んでしまっていることに気づいたはずだというのが、竹内の言いたいことです。

「抵抗としてのアジア主義」は、アイロニカルな結果として次第に「文明の論理」＝「帝国主義の論理」をまとうことになり、「近代の超克」という重要な思想的テーゼを内包する「思想としてのアジア主義」から遠ざかってしまいました。内田のアジア主義は、「西洋文明」を批判しながら、自ら「西洋文明の論理」に身をゆだねるという逆説を体現してしまったのです。まさに「ミイラ取りがミイラになった」のが、「抵抗としてのアジア主義」の顚末でした。

大川周明という可能性とその臨界点

少し整理しておきましょう。

竹内が指摘した「二つの出会い損ね」とは、「抵抗としてのアジア主義」が、①「思想としてのアジア主義」へと昇華しなかったこと、②帝国主義批判という論理を内在化することができなかったこと、の二点です。竹内にとって、この二点こそがアジア主義がズルズルと侵略の論理に回収され「政略としてのアジア主義」にのっとられていった原因でした。

しかし、竹内は奇妙な指摘をしています。彼は「滔天は天心と出あわなかった」と論じ、天心の思想を継承するものが存在しなかったために、アジア主義は疲弊していったと論じたのですが、その例外的人物が存在したことを論文の中で密かに述べています。

それは誰か。

大川周明《しゅうめい》です。

天心の文明観は、福沢とは対蹠《たいしょてき》的であって、その構造は大川周明のそれとよく似ている。もし天心の詩的直観を、論理的に分解して再構成すれば、大川周明の著作の一部または大部分と重なるかもしれない〔竹内一九九三：三三二〕。

繰り返しますが、竹内は天心を「孤立」した思想家・アジア主義者と捉えていました。しかし一方で、「天心の詩的直観」は、論理的には大川周明に継承されていると述べているのです。

大川周明は、東京帝国大学でインド哲学を学んだ秀才ですが、彼はサー・ヘンリー・コットンの『新インド』（New India :or, India in transition）という著作を読んだことによってイギリスのインド支配の現状を思い知り、「抵抗としてのアジア主義」に目覚めました。彼はその後、『復興亜細亜の諸問題』などを刊行し、アジアの行方を政治的な動向だけでなく、思想・哲学の観点から論じていきました。

この大川周明の論理に、竹内は「天心の詩的直観」が継承されていると指摘しています。つまり「天心」と「滔天」は大川周明において出会っていたのです。

大川は「抵抗としてのアジア主義」と「思想としてのアジア主義」を兼ね備えた人物でした。アジアとの政治的な連帯を図りつつ、西洋近代を乗り越える哲学として「アジア」を論じる思想家だったのです。

しかし、竹内は大川の問題点を次のように指摘します。

この時期（一九二〇年代以降）のアジア主義は、心情と論理が分裂している。あるいは、論理が一方的に侵略の論理に身をまかせてしまった。黒竜会イデオロギイの最悪の部分だけが生き残った〔竹内 一九九三：三三八〕。

大川周明は、東亜経済調査局という南満州鉄道株式会社の研究機関の職員でした。彼は、民間の思想家としての立場とともに、政府系シンクタンクの研究員という立場でもありました。そのせいもあり、彼は日本の朝鮮支配に対して批判的な議論を展開することはありませんでした。

逆に大川はイギリスのインド支配と日本の朝鮮支配を比較し、前者は別の言語体系の別の人種が統治しているが、後者は「同文同種」間の統治であって、問題はまったく異なると論じています。つまり、前者のような統治は帝国主義的な植民地支配として非難されるべきだけれども、後者は同じ言語系統の同じ人種間の統治の問題であって、欧米諸国のアジア・アフリカにおける植民地支配と同列に議論できないと言うのです。

このような一種の詭弁に対して、竹内は「心情と論理が分裂している」と論じています。せっかく「抵抗としてのアジア主義」と「思想としてのアジア主義」が大川周明において合流しているにもかかわらず、彼が抵抗的・連帯的心情を帝国主義批判の論理へと繋げることができず、アジア主義の論理を「侵略の論理に身をまかせてしまった」というのが、竹内の嘆きでした。

アジア主義のアポリア

竹内はここで、問題を振り出しに戻します。

――アジア主義のつまずきの本質は、どこにあるのか。

竹内は、アジア主義の源流である初期玄洋社が、一貫して侵略主義的であるという見方をもう一度否定し直します。

> 玄洋社（および黒竜会）が、当初から一貫して侵略主義であったという規定は、絶対平和主義論によらないかぎり、歴史学としては、無理がある。また、頭山なり内田なりの個人の思想的経歴に照らしても、無理がある。中国革命への干渉と、満蒙《まんもう》占領の時期だけを固定すれば、日本の国策はあきらかに侵略的だが、この責任を玄洋社＝黒竜会だけに負わせるのは、やはり無理があるだろう［竹内 一九九三：三五一］。

台湾支配、韓国併合、満州事変、日中戦争、そして大東亜戦争……。このプロセスは、日本がアジアの解放を掲げながらアジアを支配していった過程に他なりません。アジア諸国の国内に残る封建体制を打倒し、さらに西洋帝国主義に打ち勝つことによって、アジアの抵抗による連帯が確立するという「抵抗としてのアジア主義」の理想が、時と共に日本によるアジア諸国の侵略・支配へと横滑りし、アジア主義を瓦解させていきました。

この問題の本質はどこに存在するのでしょうか。単に時間の経過による思想の変貌ということで片付けられるのでしょうか。

竹内は論文の終わりに近いところで、きわめて重要な問題を提起します。

おくれて出発した日本の資本主義が、内部欠陥を対外進出によってカヴァァする型をくり返すことによって、一九四五年まで来たことは事実である。これは根本は人民の弱さに基づくが、この型を成立させない契機を歴史上に発見できるか、というところに今日におけるアジア主義の最大の問題がかかっているだろう［竹内一九九三：三五一］。

――「内部欠陥を対外進出によってカヴァする型」を繰り返さないためには、どうすればいいのか。

この問いに、アジア主義の最大の問題がかかっていると竹内は言うのです。

彼は「根本は人民の弱さに基づく」と論じていますが、では人民が強くなれば、そのような問題は解消されるのでしょうか。

竹内は、ギリギリの問いを発します。

初期ナショナリズムと膨張主義の結びつきは不可避なので、もしそれを否定すれば、そもそも日本の近代化はありえなかった。問題は、それが人民の自由の拡大とどう関係するかということだ。そしてこの回答は単純ではない［竹内 一九九三：三五一］。

ここで竹内は、不可避の膨張主義が「人民の自由の拡大」と結びついているならば、それはアジア主義の可能性として捉えていいのではないかという問いを投げかけているのです。

ここで言う「人民」とは、単に日本国民だけにとどまらないのでしょう。彼が「人民」という言葉で指し示しているのは「アジアの人民」であり、広くは「世界の人民すべて」ということだと思われます。

――「自由の拡大」をもたらす「膨張主義」は可能か。それはイラク戦争などでアメリカが用いた「正戦論」（Just War）という詭弁と何が違うのか。

竹内は、アジア主義の根本にインプットされたアポリア（避けがたい難問）に挑もうとします。

西郷隆盛という問題

竹内は、論文の最後の節を次のように始めます。

　こうなるとアジア主義の問題は、一八八〇年代や一九〇〇年代の状況においてだけ考えるのでは不十分で、もっと古く征韓論争までさかのぼる必要が出てくるかもしれない。言いかえると、西郷の史的評価ということである［竹内 一九九三：三五二］。


竹内がぶつかった最後の難関は、西郷隆盛《さいごうたかもり》という存在でした。

――西郷が主張したとされる「征韓論」をアジア主義の中でどのように位置づけるべきなのか。そして、「征韓論」の中に潜む「侵略」と「連帯・解放」の両義性を、どのように捉えればいいのか。

竹内の問いは、西郷へと遡行していきます。

ここで竹内は大川周明による西郷評を引用します。

大川は西郷の西南戦争を「反動」とする歴史観に異を唱え、これを「第二の維新」と捉える見方を提示します。つまり、第一の維新が不徹底に終わったため、西郷が第二の維新を起こし、この失敗によって「黄金大名の聯邦制度」と旧態依然たる「官僚政治」が日本を支配したというのです。

竹内は言います。

> 西郷が反革命なのではなくて、逆に西郷を追放した明治政府が反革命に転化していった［竹内 一九九三：三五三］。

竹内にとって「革命」／「反革命」という二分法は、重要な意味を持ちます。彼にとって「反革命」とは藩閥政治を進めた明治政府の主流派であり、パワーポリティクスの論理に追随することで「政略としてのアジア主義」を展開した支配者の系譜を指します。それに対して「革命」とは、主流派による支配の論理に対抗し、人民の主権と自由を獲得しようとする志士の系譜です。

竹内にとって、西郷は「革命」の系譜に属する人物です。そして、彼を最終的に弾圧した明治政府の主流派こそ「反革命」の中心なのです。

この二分法は、アジア主義者たちの言葉に置き換えれば「王道」／「覇道」ということになるでしょう。アジアが連帯し、東洋思想に基づきながら西洋帝国主義に代わる新しい秩序を構築する「王道」なのか、あるいは西洋的パワーポリティクスの論理に基づき、アジアを植民地支配していく「覇道」なのか。この分類を西郷の「征韓論」に当てはめるとどうなるのか。

竹内論文は次のような終わり方をします。

西郷を反革命と見るか、永久革命のシンボルと見るかは、容易に片づかぬ議論のある問題だろう。しかし、この問題と相関的でなくてはアジア主義は定義しがたい。ということは、逆にアジア主義を媒介《ばいかい》にしてこの問題に接近することもまた可能だということである。われわれの思想的位置を、私はこのように考える［竹内 一九九三：三五四］。

竹内は最後の最後で重要な問いを投げかけたまま、議論を終えてしまいました。竹内は間違いなく西郷を「永久革命のシンボル」と見なしていますが、その根拠を明示しないまま、読者にボールを投げ出しました。

――西郷の征韓論は「永久革命」なのか、単なる侵略思想なのか。「自由を拡大する膨張主義」はそもそも可能なのか。

私は竹内の最後の問いは、アジア主義の思想的可能性を矮小化するものだと考えています。「自由を拡大する膨張主義」など、どこまで行っても帝国主義の別名でしかありえません。自由を与えれば異民族のトポスを収奪できるというのは、植民地主義者の発想そのものです。アジア主義の可能性は、そのようなところにはありません。いみじくも竹内自身が指摘するように、天心が示した「思想としてのアジア主義」にこそ、可能性の中心があります。

その議論についてはゆっくりと論じていきたいと思いますが、まずは竹内からのボールを受け取り、西郷隆盛の「征韓論」に焦点を当てながら、アジア主義の根本問題に迫ってみたいと思います。

第二章
西郷隆盛と征韓論

アジア主義と西郷隆盛の「征韓論」

近代日本のアジア主義者として知られる頭山満、内田良平、大川周明。

彼らの行動を支えた思想的背景は千差万別でした。特に明治期に活躍した玄洋社のメンバーと大正期以降に活躍した猶存社・行地社のメンバーでは、影響を受けてきた思想が大きく異なります。後者を代表する北一輝《いっき》・大川周明はマルクス主義に大きな影響を受けており、前者とは思想的隔たりがあります。頭山のような伝統右翼には、北や大川のような設計主義的な社会改造論は共有されていませんでした。

しかし、彼らには世代や思想を超えて共通する点があります。それは西郷隆盛に対する敬意です。日本のアジア主義者たちは、概ね西郷隆盛を高く評価し、敬愛の念を示しています。

西郷の座右の銘は「敬天愛人」。頭山満はこの言葉を好み、書を求められると頻繁に揮毫しました。頭山は西郷を最も崇敬する人物として評価し、彼の偉大さを繰り返し語りました。

一方、世代の異なる大川周明も西郷を敬愛していました。彼は『南洲翁遺訓』を愛読し、人生の指針とし続けました。

しかし、西郷隆盛といえば「征韓論」。朝鮮との条約締結を武力的に行おうと企んだ人物として、一般的には理解されています。韓国の歴史書でも、西郷隆盛は侵略思想の持ち主として批判的に論じられることが多く、征韓論はのちの韓国併合に繋がる日本帝国主義の一環として断罪されます。

ここで当然、疑問が湧いてきます。

アジア主義者は、アジア諸国との連帯を志向したはずです。しかし、そんな彼らが、なぜ征韓論を唱えた（とされる）西郷隆盛をこぞって敬愛したのでしょうか？　やはり、アジア主義が「侵略思想」だからこそ、征韓論への共感を示したのでしょうか？　征韓論者は他にもたくさんいたのに、なぜ西郷だけが「アジア主義の祖」と見なされるのでしょうか？　そもそも西郷隆盛は征韓論を唱えたのでしょうか？

この問題は、アジア主義を考える際にきわめて重要なポイントです。この章では、西郷隆盛とアジア主義の関係について詳しく見ていきたいと思います。

華夷思想と「冊封」「朝貢」

さて、西郷隆盛を論じる前に、征韓論が浮上してきた幕末・明治初期の東アジア情勢からおさらいすることにしましょう。東アジアの秩序の変化を歴史的に追う必要があるため、ちょっと複雑でややこしい話が続きますが、少し辛抱してください。

東アジアは十九世紀に入って、大きな秩序の変化を経験しました。それまでの東アジアでは、域内の大国である中国の世界観が大きな影響力を持っていました。中国の王朝は、自らを中心（＝「華」）に設定し、他国を周縁（＝「夷」）と見なす「華夷思想」を持っており、これを基礎として周辺の政治勢力との外交関係を構成していました。

この外交関係には主に三つのパターンがありました［川島二〇〇七］。

まず一つ目は「冊封《さくほう》」。

これは周辺の政治勢力のトップが中国に使節を派遣し国王の称号を要求すると、中国から使節が派遣され承認が与えられるという関係です。周辺の政治勢力は国王が替わるごとに使節を送り、中国からも冊封使が派遣されました。

二つ目は「朝貢《ちょうこう》」。

これは周辺の政治勢力が中国の皇帝に対して臣服の意志を示し、使節を派遣して貢物を納めれば、中国から賞賜品が与えられるという関係です。「朝貢」では、中国に渡った使節の随行員が、定められた場所で交易を行うことが認められました。そのため朝貢国の多くは、中国の臣下になるというよりも、むしろ交易による利益を目的として行っていた側面が大きかったとされています。

そして三つ目が「互市《ごし》」。

これは中国との政治的な上下関係を伴わない交易で、近世の日中はこの関係にあったといえます。日本は七世紀に「天皇」の文字を使用して以来、足利義満の時代を除いて朝貢をしたことがなく、逆に日本自身を中心と見なす「小中華主義」を持っていました。

ここで重要なポイントは、華夷思想に基づく冊封・朝貢関係が成立していたといっても、中国の王朝が周辺国の政治をコントロールするようなことはなかったということです。中国の王朝は、基本的に内政不干渉で、周辺国同士の外交関係に口を挟むことはありませんでした。そのため、朝鮮は中国に朝貢しながら、日本とは対等な関係を結び、琉球《りゅうきゅう》は中国と日本の両方に朝貢していました。

「万国公法」による新秩序

十九世紀前半になると、このような東アジア秩序の中にイギリスやアメリカといった新たなプレーヤーが参入し、ヨーロッパで確立された国家間システムが持ち込まれました。

中国はアヘン戦争によって香港をイギリスに割譲し、英仏米露との間に不平等条約を結びました。さらに天津条約（一八五八年）と北京条約（一八六〇年）の締結によって不平等条約体制は強化され、北京には公使館が設置されました。

しかし、中国は周辺諸国との間の冊封・朝貢関係はそのまま維持し、新たに条約を結ぼうとはしませんでした。中国は、欧米諸国との間には「万国公法」に基づく新しいシステムを導入する一方で、東アジア諸国との間では、旧来の華夷思想に基づく秩序を維持しようとしたのです。

一方、日本も黒船の来航によって一八五四年に日米和親条約を結び、一八五八年には日米修好通商条約という不平等条約を締結しました。日本も「万国公法」に基づく西洋諸国の新秩序に組み込まれ、国際社会への船出を余儀なくされたのです。

その後、日本は明治維新によって主権国家への道を歩み始めました。明治政府はヨーロッパで確立された国家体制と国際システムへの適合を課題とし、「万国公法」に基づいて領土の画定と周辺諸国との条約提携による関係整備を進めようとしました。

日本は、欧米諸国から「半主権国家」としか見なされておらず、何とかして同等の主権国家としての承認を得たいという思いを持っていました。また、ぐずぐずしていると「半主権国家」どころか、主権を認められない「植民地」にされてしまうことを恐れ、新たなシステムへの適応を加速させました。その過程で、明治政府は中国が確立してきた旧来の東アジア秩序から離脱し、中国・朝鮮との新たな関係確立を模索しようとしたのです。

しかし中国は、西洋諸国とは「万国公法」に基づく条約を締結したものの、東アジア域内の国家とは、旧来の冊封・朝貢関係を続けようとしました。中国は、西洋諸国との関係と東アジア諸国との関係を区別し、「万国公法」と「冊封・朝貢・互市」を使い分けようとしたのです。

しかし実際には、東アジア諸国は次々と西洋諸国に植民地支配され、冊封や朝貢を行う国は減少していきました。朝貢国だった琉球も日本が内地化し、朝貢関係は停止されました。東アジアの旧秩序は、徐々に「万国公法」による新秩序に組み替えられ、中国の論理は風前の灯となっていきました。

ただし、例外がありました。

朝鮮の存在です。

朝鮮は、欧米諸国とは「万国公法」に基づく条約を結んだものの、中国との旧来の関係は基本的に維持し、微調整を行うにとどめました。

これにより、東アジアにスッキリしない国際秩序が生まれることになりました。

——東アジア域内の冊封・朝貢関係を保持しようとする中国と朝鮮。東アジア域内の関係にも「万国公法」を導入したい日本。

東アジア秩序のあり方をめぐって、二つの勢力の対立が生じました。そして、このヴィジョンの相違が、次第に新たな衝突の原因となっていったのです。

「皇」という文字

日本は朝鮮との間に、何とかして新しい関係を築きあげようとしました。

維新直後の明治政府にとって大きな懸念だったのは、ロシアによる勢力拡大の動きでした。日本はロシアが朝鮮半島を植民地化し、日本に迫ってくることへの警戒心を強く抱いていました。そのため、早急に朝鮮との関係を明確にし、危機を回避したいと考え、朝鮮との交渉を開始しました。

明治政府は対馬藩を通じて使節を派遣したのですが、交渉の前に問題が生じました。朝鮮側が日本の「書契」の正式な受け取りを拒否したのです。

朝鮮側が問題にしたのは「書契」の形式でした。いくつかのポイントがあったのですが、最大の問題は、日本側が「皇」という文字を使用したことでした。

日本はこれまで、幕府（＝将軍）が朝鮮国王との間で対等な関係を保持してきました。しかし、王政復古によりこれからは朝廷（＝天皇）が新たに関係を結ぶことになるため、まずは王政復古の報告と、友好関係を希望する「書契」を送ったのです。

その時に使用した文字が「皇」。

「書契」を見た朝鮮側は、これに警戒心を抱きます。

明治維新の背景には、国学や後期水戸学の興隆による尊王論の高まりがありました。この尊王論が内包する歴史観は、「かつての朝鮮は日本に服属していた」というものであり、新政府が「皇」の文字を外交文書で使用してきたということは、新たに「日本が上、朝鮮が下」という上下関係を強いる意図があるのではないかと朝鮮側は考えました。

朝鮮にとって「皇」の文字は、中国の「皇帝」のみが使用できるものでした。そのような関係が確立したなかで日本側が「皇」の文字を使ってきたことは、自分たちに臣従を要求しているのではないかという懸念を朝鮮側は抱いたのです。

日本国内では、この頃から「征韓論」が台頭してくるようになりました。尊王論を背景とした日本優越論が拡大するなか、朝鮮側の対応を「無礼」と見なし、「そんな国に対しては武力をもって条約締結を求めればいい」という強硬論が噴出しました。また、木戸孝允《たかよし》などは朝鮮という敵を国外に設定することによって国民を団結させ、そのエネルギーを国内の改革に繋げるべきという主張を行いました。

しかし、征韓論が現実化されることはなく、朝鮮との交渉は膠着状態に陥りました。

日本は、朝鮮との交渉のためにも、まずは中国（清）との対等な外交関係を構築することが先決と判断し、一八七一年に日清修好条規を締結しました。

しかし、これによって中国が「万国公法」的秩序を全面的に受け入れたわけではありませんでした。中国は東アジアにおける華夷秩序の継続を示唆し、日本側の苛立ちは続くことになりました。

そんななか、朝鮮との間で問題が生じました。

一八七三年五月。日本との交渉の窓口になっていた東萊府《とうらいふ》（現在の釜山《プサン》）の「伝令書」の中に、日本を「無法之国」とする記述があることが伝わると、再び激しい征韓論が国内で沸き立つこととなったのです。

そして、このとき議論の中心に出てきたのが西郷隆盛。

西郷は、自らを使節として朝鮮に派遣することを閣議決定したのですが、これが欧米視察から帰国した岩倉具視《ともみ》、大久保利通《としみち》らの反対にあって頓挫します。「西郷派遣」を閣議決定した江藤新平、板垣退助《いたがきたいすけ》、副島種臣《そえじまたねおみ》、後藤象二郎《しょうじろう》、そして西郷はこれに反発して参議を辞職。政府が大分裂するという事態に発展しました。いわゆる「明治六年の政変」です。

このときの西郷の意図はどこにあったのでしょう。

西郷は、使節団が再び朝鮮側から交渉を拒絶され、自らが暴殺されることを念頭に入れ、その「無礼」を大義名分として朝鮮への武力的な介入を行おうとしていたと一般的には考えられています。西郷は、自ら命を捨てる覚悟で朝鮮に乗り込み、開戦の口実を作ろうとした「征韓論」者だとの見方が定着しています。

毛利敏彦説：「西郷隆盛は征韓論者ではない」

しかし、このような議論に対し異論を提出した歴史学者がいます。

毛利敏彦。

彼は一九七八年に『明治六年政変の研究』（有斐閣）を出版、さらに一九七九年に『明治六年政変』（中公新書）を相次いで公刊し、従来の通説に対して真っ向から対立する議論を展開しました。

毛利の議論は、「西郷は征韓論者などではなく、むしろ平和的・道義的交渉論を展開していた」というものです。

毛利は、これまで「西郷＝征韓論者」の根拠とされてきた板垣退助宛書簡は西郷の真意を示しておらず、対朝鮮強硬論者の板垣の支持を獲得するための政治的テクニックに過ぎないと論じます。そして西郷の真意は、公的文書として提出された「始末書」の「平和的・道義的交渉論」にこそあり、「西郷は征韓論に敗れて下野した」という通説は間違いであると主張するのです。

ここで重要なのは、「西郷＝征韓論者」説の根拠となってきた板垣退助宛書簡の内容です。当時の文章なので読みにくいのですが、重要な文書なので原文で引用したいと思います。まずは一八七三年七月二十九日付の手紙です。

弥《いよいよ》御評決相成《あいな》り候《そうら》わば、兵隊を先に遣《つか》わし相成り候儀は、如何に御座候《ござそうろう》や。兵隊を御繰り込み相成り候わば、必ず彼方よりは引き揚げ候様申し立て候には相違これなく、其《そ》の節は此方より引き取らざる旨答え候わば、此より兵端を開き候わん。左候わば初めより御趣意とは大いに相変じ、戦いを醸成候場に相当り申すべきやと愚考 仕《つかまつ》り候間、断然使節を先に差し立てられ候方御宜敷《よろしく》はこれある間敷《まじき》や。左候へば決って彼より暴挙の事は差し見え候に付、討つべき名も慥《たし》かに相立ち候事と存じ奉り候。兵隊を先に繰り込み候訳に相成り候わば、樺太《からふと》の如《ごと》きは、最早魯《ロシア》より兵隊を以て保護を備え、度々《たびたび》暴挙も之れ有り候事ゆえ、朝鮮よりは先に保護の兵を御繰り込み相成るべくと相考え申し候間、旁《かたがた》往き先の処故障出来候わん。夫《それ》よりは公然と使節を差し向けられ候わば、暴殺は致《いた》すべき儀《ぎ》と相察《あいさつ》せられ候に付《つき》、何卒《なにとぞ》私を御遣《おんつか》わし下され候処《ところ》、伏して願い奉《たてまつ》り候。

副島君の如き立派の使節は出来申さず候えども、死する位の事は相調《あいととの》い申すべきかと存じ奉り候間、宜敷希《よろしくねがい》奉り候。

ポイントは、西郷が板垣の主張する強硬論（派兵先行論）に疑問を投げかけていることです。板垣が主張するようにいきなり朝鮮に派兵してしまうと、朝鮮は兵を撤収するよう要求し、これに日本が応じなければ開戦することになってしまいます。そうすると、これは朝鮮と条約を結ぶという元の「趣意」に反するだけでなく、今後の両国関係に障害を生み出すことになってしまうので、いきなりの派兵はやめたほうがいいのではないか。また、居留民の保護のために出兵しなければならないと言うならば、それよりも先に樺太でのロシア兵の「暴挙」に対応しなければならないはずで、樺太へ派兵していない以上、朝鮮に出兵するわけにはいかない。そう西郷は板垣を説得しています。

問題は後半の部分です。

「夫よりは公然と使節を差し向けられ候わば、暴殺は致すべき儀と相察せられ候に付、何卒私を御遣わし下され候処、伏して願い奉り候。副島君の如き立派の使節は出来申さず候えども、死する位の事は相調い申すべきかと存じ奉り候間、宜敷希奉り候。」――。

つまり、日本が使節を送れば、その使者は「暴殺」されることが予想されるため、是非、自分を使者として遣わしてほしい、そして自分は副島種臣のような立派な外交はできないが、死ぬくらいのことはできるのでよろしく頼みます、と西郷は懇願しているのです。

これが従来、西郷が征韓論者であることの証拠として示されてきた一つ目の文書です。

たしかに、西郷は即時の派兵には反対しているものの、自分が使節として派遣され、殺害されることによって、派兵の大義名分を作ることができると主張しているように読めます。もし「自分は征韓のための捨石になる」というのが西郷の本音ならば、彼が朝鮮への武力侵攻を目的とする「征韓論者」であったことは疑う余地もありません。

さらに西郷は、八月十四日にも板垣に宛てて手紙を送っています。

（三条に対して）此節は戦を直様相始め候訳にては決て無之《これなく》、戦は二段に相成居申候。（中略）全戦の意を不持候て、隣交を薄する儀を責、且《かつ》是迄の不遜を相正し、往先隣交を厚する厚意を被示候賦を以、使節被差向候へば、必彼が軽蔑の振舞相顕候のみならず、使節を暴殺に及候儀は決て相違無之事候間、其節は天下の人、皆挙て可討の罪を知り可申候間、是非此処迄に不持参候ては不相済場合に候段、内乱を冀《こいねが》ふ心を外に移して国を興すの遠略は勿論、旧政府の機会を失し無事を計て終に天下を失ふ所以の確証を取て論じ候……

西郷ははじめに「戦は二段に相成居申候」と述べています。「戦は二段」というのは、まず第一段として使節を派遣し、その使節が「暴殺」されれば第二段の派兵が可能となるということです。さらに、一部の士族が抱いている反政府感情を外国にそらすことによって、国家の興隆につなげることができると説き、自らの派兵を三条実美《さねとみ》に懇願したことを板垣に報告しています。

この二通の手紙を読むと、西郷が征韓論者であったことは疑う余地がないように思えます。しかし、毛利は「西郷は征韓論者ではない」と主張します。

西郷隆盛の「始末書」

毛利は、あくまでもこの書簡は、強硬論の板垣を説得するためのテクニックであると論じます。兵士の派遣を先行させせようとする板垣の思いを何とかしてとどまらせるために、本音ではない「戦は二段」という議論を提起し、その政治的効果をねらったものと毛利は説きます。

毛利によると、この時期の西郷の書簡の中で、「暴殺」に触れた書簡は、板垣に宛てたものに限定されるといいます。しかし当時、西郷と板垣の関係は深いものではなく、心を許しあう同志的関係でもありませんでした。そのため、西郷が板垣にのみ真意を伝えたということは考えがたく、征韓論者の板垣を味方につけるための意図的なものとみなすのが合理的な説明だろうと毛利は主張します。

そして、彼は十月十五日に太政大臣宛に提出した「始末書」を提示し、西郷の真意のありかを示そうとします。

「始末書」は以下のような文面です。

護兵の儀は決して宜しからず、是よりして闘争に及び候ては、最初の御趣意に相反し候あいだ、此の節は公然と使節差し立てらるる相当の事にこれあるべし、若し彼より交わりを破り、戦を以て拒絶すべくや、其の意底慥かに相顕れ候ところ迄は、尽くさせられず候わでは、人事においても残る処これあるべく、自然暴挙も計られず抔《など》との御疑念を以て、非常の備えを設け差し遣わされ候ては、また礼を失せられ候えば、是非交誼を厚く成され候御趣意貫徹いたし候様これありたく、其のうえ暴挙の時機に至り候て、初めて彼の曲事分明に天下に鳴らし、其の罪を問うべき訳に御座候。いまだ十分尽くさざるものを以て、彼の非をのみ責め候ては、其の罪を真に知る所これなく、彼我とも疑惑致し候ゆえ、討つ人も怒らず、討たるるものも服せず候につき、是非曲直判然と相定め候儀、肝要の事と見居建言いたし候ところ、御伺いのうえ使節私へ仰せ付けられ候筋、御内定相成り居り候次第に御座候。此の段形行申し上げ候。

原文をそのまま読むと難しいので、簡単に現代語で要約してみます。

〈派兵は適当ではなく、朝鮮との武力闘争になってしまえば、もともとの趣意に反することになる。やはり使節の派遣が妥当であり、もし朝鮮の側が交渉に応じず暴力的に拒絶したとしても、粘り強く交渉を続けるべきだ。使節に対して暴挙をはかるのではないかと疑念をもって、あらかじめ戦争の準備をして使節を派遣するのは礼を失することになる。あくまでも両国の「交誼を厚く」しようというそもそもの趣意を貫徹するべきで、その努力をしたうえで、なお暴挙が起こってしまうことになれば、そのとき初めて相手の非を天下に訴えて、その罪を問うべきではないだろうか。そのような努力を尽くすことなく相手の非を責めても、双方共に納得できないだろうから、しっかりと正邪を明らかにすることが肝心だと考え使節を志願したところ、閣議で内定したのである〉

毛利は、この文章こそが西郷の真意を示していると強調します。ここでは、たしかに平和的・道義的な立場を表明しており、「戦は二段」といった議論は出てきません。しかも、板垣宛書簡が私信であるのに対し、「始末書」は公的な意思表明の文書です。

毛利は言います。

過去百年間にわたって、西郷を征韓論者視してきた通説において、この「始末書」がまともに検討された形跡がないのは、不可解の極みであるといえよう［毛利一九七九：一八七］。

このような毛利の議論は賛否両論を巻き起こしました。政治学者の橋川文三はこの議論を絶賛し「日本近代史記述の傑作といっていいと思っている」と評しました。一方で、あまりにも大胆に通説を覆す毛利の議論に対して、多くの反発が湧き上がりました。歴史学者の田村貞雄は、毛利の史料解釈を「多くの無理や錯誤があり、学説としてまったく成立していない」と手厳しく批判しました［田村一九九一］。

また、政治学者の坂本多加雄《たかお》は、西郷の征韓論を「武勇の徳」の喪失に危機感を覚えた新政府批判の一貫と捉え、次のように論じました。

朝鮮への使節派遣によって、ありうべき戦争への心構えを養うこと自体が、現状の政府を覆《おお》う退嬰的《たいえいてき》な精神状況を一新して、社会的にも新たな展望が開けると考えたのであり、また、実際に戦争になった場合には、「兵隊」のエネルギーを国外で消費することで、さしあたりの政府の苦境を救うことになると考えたのであろう［坂本一九九八：一七七］。

つまり、西郷の征韓論は、政治指導者たちが文明開化に浮かれるあまり、武勇の精神を失っていることへの危機感とその打開策を示したものと坂本は論じたのです。この議論も、毛利に対する角度を変えた批判でした。

アジア主義者にとっての西郷——葦津珍彦『永遠の維新者』

さて、アジア主義を考察する本稿では、これ以上、西郷自身の「本音」を追及することはしません。当然のことながら、残された史料は限定されており、あとはそれをどう読み解くかで、西郷の「思い」を推察するしか方法がありません。決定的な新史料が出てこない限り、西郷の「本音」を確定することなどできないでしょう。

ここで問題にしたいのは、後続のアジア主義者たちが西郷の「使節派遣論」をどのように捉えたかという点です。

西郷を敬愛するアジア主義者たちは、西郷の議論の中に何を見出し、アジア主義の祖として敬意を示したのか——。

アジア主義を論じる際に重要なのは、この点です。

アジア主義者の西郷観を考察するときに重要な文献は、葦津珍彦《あしづうずひこ》の『永遠の維新者』という本です。葦津は玄洋社の流れをくむ思想家で、戦後日本を代表する民族派の論客です。彼は鶴見俊輔と思想を超えた深い交友関係を保ち、『思想の科学』にもたびたび登場しました。『神社新報』の主筆として活躍する一方、左派の思想家とも冷静に議論を交わす知性の持ち主でした。

そんな彼の代表作が西郷隆盛を論じた『永遠の維新者』。一九七五年出版のこの本は、現代民族派の古典とされ、右翼関係者の間では必読の書とされます。そしてこの本では、アジア主義者たちが西郷を敬愛する論理が、きわめてクリアに描かれています。以下、内容を辿っていくことにしましょう。

葦津が強調するのは、西郷が「万国公法」に基づく条約締結を志向しているように見えながら、彼が西洋的なパワーポリティクスの論理を批判的に捉え、「東洋的王道」を重視していたという点です。

葦津は言います。

　西郷は、日本がヨーロッパ型の亜流帝国になることを強く拒絶して、ヨーロッパ型とは断然異質の東洋流の王道国として発展しなくてはならないと思う。もっとも、東洋の古いままの国では、物理的にも近代ヨーロッパに劣《おと》るので、その独立を確保するためには近代的開明の道もみとめる。しかしかれは、前にも述べたように西欧文明そのものにたいして批判的なので、その文物や技術の移入利用についても、文明の本質に顧《かえり》みて、移入すべきものと、移入すべからざるものと、本質的に修正利用すべきものの別があるとした。そこには、ヨーロッパとアジアの文明観、国家観についての深い対決が生じてきたといっていい［葦津二〇〇五：三六］。

葦津は、「東洋的王道」のあり方を次のように論じます。

もともと東洋の政治思想（孔孟《こうもう》の思想）というものは「天下の仁政《じんせい》」（世界の人民のための良い政治）を重んじたのであって、民族・政府の独立・主権について、二十世紀のような思想はなく、むしろインタナショナルである。異民族の仁政よりも、同じ民族の統治でさえあれば苛烈《かれつ》専制の暴君の政治のほうがよい、などという思想は、まったくない。人民は、治者が人種民族的に同じだとしても、それが暴政であれば、むしろ異国の仁政の王者を欲《ほっ》するのが自然であると考えられたのである［葦津二〇〇五：二三九］。

ここで明確に語られているように、「東洋的王道」政治への志向は、近代国民国家のあり方そのものへの懐疑につながります。葦津は、このようなヴィジョンを「王道インタナショナリズム」と定義して、その精神を西郷の思想の中に見出そうとします。

このようなインタナショナリズム仁政主義、王道思想の教養のつよい影響下にあった明治日本人が、頑迷固陋《がんめいころう》な専制統治下の清国人や韓国人の悲惨な状況をみたときに、かれらの正義感が、清韓王朝政権の主権確立こそが国際政治の第一義だと考えなかったのは、むしろ怪しむべきことではない［葦津 二〇〇五：四二］。

つまり、西郷の「使節派遣論」は、東洋的な「王道インタナショナリズム」に基づく専制政治批判であり、朝鮮王朝の目を世界に開かせ、それを契機に国内での圧制を改革させる「東洋的王道」論であるというのです。

「王道」と「覇道」

葦津はこのような王道論を、大久保利通、伊藤博文《ひろぶみ》、山縣有朋《やまがたありとも》のような政府の中軸を担った政治家たちと対立するものと捉え、西洋的な覇道に傾斜する政府主流派への批判の思想的根拠だったと見なしました。

しかし、この王道的「仁政、連帯の精神」は、「一歩を誤ると内政干渉ともなり、侵略、征服ともな」ってしまうことを、彼は冷静に批評します。しかし、この「王道インタナショナリズム」は、「強国のエゴイズムのほか何ものでもない西欧の植民地帝国主義と同じく黒一色に塗りつぶすことのできないものがある」とも論じます。

また、このような西郷に代表される「王道インタナショナリズム」の継承者こそ、頭山満をはじめとする玄洋社のメンバーであり、「東洋的王道」思想こそがアジア主義の核心であると葦津は訴えます。

西郷亡きのちに、多くの人からその精神的継承者と評せられたのが、頭山満である。かれは韓国の進歩独立派の先駆者・金玉均《キムオッキュン》に親しみ、支援すること熱心であった〔葦津 二〇〇五：四一〕。

ここで重要なポイントは、「王道」／「覇道」という二分法です。西郷を敬愛するアジア主義者たちは、西郷の思想と行動の中に「東洋的王道」の精神を見出し、パワーポリティクスの論理に傾斜する政府主流派を「西洋的覇道」と見なしました。アジア主義者にとって、国民国家というシステムや民族自決論は「近代的国家の論理」であり、そのような偏狭で排他的な一国ナショナリズムに執着することこそ、「覇道」に縋る近代主義として忌避されました。

彼らは、ナショナリズムを世界に開き、他民族と連帯しながら世界全体が「東洋的王道」に回帰するというインターナショナリズムを理想としました。そして、そのような道こそが、西洋的帝国主義＝「覇道」からアジア諸国を救い出し、王道的「仁政」で世界を包み込む新たなヴィジョンだと考えたのです。

アジア主義者にとっての西郷隆盛は、「東洋的王道」精神の象徴でした。そして、西郷の「使節派遣論」こそ、「王道インタナショナリズム」に基づくアジア主義の原点となるものでした。

しかし、葦津が的確に論じるように、この「王道インタナショナリズム」は「一歩を誤ると内政干渉ともなり、侵略、征服ともな」ってしまいます。王道精神に基づく連帯を志向していたはずが、自分たちの意見を受け入れない相手国への高圧的な態度へと変じ、知らぬ間に「覇道」的な方向へと歩んでいく危険性がありました。そして実際、アジア主義者の論理は政府主流派の「覇道」へと回収され、帝国主義の論理の中に埋没しました。

ここでもう一度、前章でご紹介した竹内好の問題提起を振り返ってみましょう。

　西郷を反革命と見るか、永久革命のシンボルと見るかは、容易に片づかぬ議論のある問題だろう。しかし、この問題と相関的でなくてはアジア主義は定義しがたい。ということは、逆にアジア主義を媒介にしてこの問題に接近することもまた可能だということである。われわれの思想的位置を、私はこのように考える〔竹内 一九九三：三五四〕。

西郷の「使節派遣論」を、政府主流派が歩んだ「反革命」という文脈で捉えると、「覇道」的な「征韓論」となって浮かび上がってきます。一方、「永久革命のシンボル」という文脈で捉えると、「王道」的な連帯論となって現れます。これが竹内の提起した「西郷という問題」であり「アジア主義の課題」でした。

――アジア主義は、「王道」なのか「覇道」なのか。

おそらくこの二分法によってアジア主義を仕分けることは容易ではありません。むしろこの両者の拮抗・融合・転倒こそが、アジア主義の歩みの中に繰り返し見出される課題そのものなのです。

第三章

なぜ自由民権運動から右翼の源流・玄洋社が生まれたのか

自由民権運動と右翼

「自由民権運動」は、一八七四年一月の「民撰議院設立建白書」をきっかけにスタートしたデモクラシー運動です。この運動は十数年間続き、全国各地で多くの結社が設立されました。日本で初めての一大国民運動といわれ、国会開設や憲法制定といった近代的立憲政体の基礎をつくりました。日本における「下からの民主主義」の源流といってもいいでしょう。

板垣退助が暴漢に襲われた際に放った次のような言葉を覚えている方は、多いと思います。

板垣死すとも、自由は死せず。

この言葉に象徴されるように、自由民権運動は、政府からのさまざまな言論弾圧に屈することなく明治政府の専制的政治を批判し、国民の諸権利を勝ち取るために継続された民衆的闘争と理解されています。一般的には、きわめてリベラルなイメージで捉えられているといって問題ないでしょう。国民が旧来の階級を超えて団結し、国会開設や地租軽減、基本的人権の尊重、憲法制定などを要求する姿は、現在のイメージでは「左派的な活動」と捉えられるのが通常でしょう。

しかし、このイメージからどうしても外れてしまう活動があります。

玄洋社という存在です。

玄洋社といえば日本の右翼運動の源流。その中心人物として活躍した頭山満は、今でも日本右翼のシンボル的存在であり、精神的支柱として右翼人に敬愛されています。

そして、この玄洋社は自由民権運動のなかから生まれてきた団体です。玄洋社の前身である向陽社（その一派の福岡正倫社）メンバーは、初期の自由民権運動の中核を担った愛国社の活動に加わり、運動の全国展開に寄与しました。一八七〇年代終わり頃の自由民権運動のなかで、彼らの活動は欠かすことのできない存在として歴史に残っています。

当然、後世の人間は、この事実を前に戸惑いを覚えます。

——なぜリベラルな自由民権運動の一角を、日本右翼運動の祖とされる玄洋社が担っていたんだろう？　なんで左派的な自由民権運動の中核に、右翼の源流が存在するのだろう？

そんな疑問を持つのが、当然でしょう。

実際、玄洋社の存在は、自由民権運動の研究史のなかで、議論することが難しい存在でした。彼らが果たした役割の大きさや活動の重要性にもかかわらず、自由民権運動の文脈で取り上げられること自体が少なく、不当な扱いを受けてきました。

民衆による下からのデモクラシー運動の源流のなかに右翼運動の源流が含まれているというのは、どうにもこうにも多くのリベラルな研究者にとって位置しにくい存在だったのでしょう。そのため、自由民権運動の研究のなかでは、玄洋社についての記述をあえて避けるという傾向が色濃くありました。もっと率直にいえば、自由民権運動のなかから玄洋社のような団体が出てきたという事実そのものを認めたくないという感覚が、多くの研究者のなかに共有されていたのです。

その思いの表れが、玄洋社は「民権論」から「国権論」へと転向した、という解釈の流布でした。玄洋社は、初期の活動は「民権論」に基づいたリベラルなものだったにもかかわらず、途中から大きく方針転換をして右派的な「国権論」へと転向してしまった、という見方です。今でもこの捉え方は広く共有されています。

たしかに玄洋社の歴史を辿っていくと、当初は自由民権運動に従事していながら、途中からアジア主義の方向に傾斜し、日清戦争・日露戦争期には日本政府の意向を汲んだ国粋主義的活動を展開したように見えます。活動や言論の表面的な部分だけを見ていると、設立当初の「民権論」は時代とともに後方に退き、国家主義的な「国権論」の主張ばかりが目に入るようになります。そうすると、「初めの頃は民主的でよかったのに、途中からおかしくなってしまった」という「民権論から国権論への転向」説は有力なように見えます。

そして、この議論が有力だとなると、自由民権運動のリベラルな性質には傷がつかず、従来の解釈の枠組みが揺らぐこともなくなります。自由民権運動はあくまでもリベラルなデモクラシー運動で、のちの右翼的な玄洋社の活動は、彼らが民権論を捨て国権論へと転向したことによって生じた「逸脱」と捉えられます。これによって自由民権運動をリベラルな枠の中に囲い込み、そこから右派的な要素を除去することが可能になります。なぜなら、悪いのは「国権論」などに「転向」した一部の人間だから。自由民権運動の精神を捨てた玄洋社のメンバーにこそ問題があるのだから。

しかし、この解釈は正しいのでしょうか？　本当に玄洋社が「転向」したことが問題の本質なのでしょうか？

結論を先取りして言うと、私は玄洋社転向説を採ることに批判的です。むしろ、自由民権運動のなかに、右翼運動の重要な要素が潜んでいると捉えるべきだと考えています。彼らは自由民権運動に従事していたからこそ、ナショナリズムの重要性と天皇への敬愛を表明し、アジア主義を唱えていったのだと考えています。

では一体、なぜリベラルな自由民権運動から、ナショナリズムの擁護やアジア主義の主張が生まれてきたのでしょうか？　どうして日本右翼の源流・玄洋社は、自由民権運動のなかから発生したのでしょうか？

「愛国公党」「愛国社」という名称

まずはじめに、ごく簡単に初期の自由民権運動の歴史からおさらいしておきたいと思います。

一般に、自由民権運動のスタートは、一八七四年一月十二日の「愛国公党の結成」とされます。この団体は「明治六年の政変」で下野した板垣退助らが副島種臣邸に同士を集めて結成したもので、民撰議院設立を要求することを目的としていました。板垣や副島は五日後の一月十七日に「民撰議院設立建白書」を提出し、専制的な政府に対する批判を展開し始めました。

しかし、この愛国公党の活動は継続しませんでした。現在でも、活動の実態がほとんど明らかではなく、「民撰議院設立建白書」の提出を目的として結成された刹那的な集団というのが実態だったようです。実際、結党の二カ月後に板垣が高知に帰郷したことで党活動は消滅し、以降、活動がなされた形跡はありません。

この愛国公党に参加し、「民撰議院設立建白書」に名を連ねた人物に江藤新平がいました。彼は前年十月の「明治六年の政変」で下野した参議の一人で、大久保利通、木戸孝允、岩倉具視らが主導する明治政府に不満を抱いていました。彼は「建白書」を提出した翌日、板垣らの引き止めを振り切って地元・佐賀に帰郷してしまいます。そして、翌二月十六日に「佐賀の乱」を引き起こし、処刑されました。自由民権運動は、当時の政府に対する武装闘争と並行しながら出発した運動だったのです。

この一連の流れを見ていた板垣は四月十六日、地元・高知で立志社を設立し、具体的な反政府運動に乗り出しました。そして、全国各地で自由民権運動の結社が設立され始めると、板垣はその同志たちを糾合する必要性を感じ、翌一八七五年二月、大阪で愛国社創立大会を開いて、運動の全国展開と各社の連帯を目指しました。

これに参加したメンバーは西日本の士族層が中心で、立志社員が直接の運営にあたりました。本部は東京に置かれ、そこに地方の加盟結社から委員が派遣されることになっていたのですが、三月に入ると板垣が参議に復帰し、また一八七七年の西南戦争に加わっていくメンバーが続出したため、活動は停滞することになりました。

愛国社が再び息を吹き返したのは、西南戦争の終結後でした。一八七八年九月、武装闘争による反政府運動に限界を感じ、言論と大衆組織によって明治政府の専制的政治を批判する運動の重要性を痛感した人々が、大阪で愛国社再興大会を開催しました。彼らは、公儀輿論を伸張し、国会開設を実現することで、専制的政府を打倒する道が開けることを訴えました。以降、自由民権運動はさまざまな政府からの弾圧に遭いながらも規模を拡大し、国会開設の訴えを続けていきます。

さて、ここで注目していただきたいのが、「愛国公党」「愛国社」という結社の名称です。自由民権運動の歴史に燦然と輝くこの両者は、ともに「愛国」を名称に用いています。

当然、ここで疑問がわくでしょう。

なぜ政府の専制的政治を批判し、立憲主義に基づく民撰議院設立を主張する組織が「愛国」を掲げたのでしょうか？　彼らはなぜ、重要な組織名にあえて「愛国」という名称を使ったのでしょうか？

今日の常識では、「愛国」といえば「右派」。国民主権の論理を掲げ、国会開設や参政権の要求を展開した「リベラルな」自由民権運動が、なぜ「右派」のイメージが強い「愛国」を組織名として掲げたのか、当然のことながら不思議に思えてきます。

しかし、ナショナリズムの歴史を研究してきた者にとっては、実は現在の「愛国」

＝「右派」という図式のほうがむしろ不思議で、国民主権を訴えるリベラルな運動こそナショナリズムと親和性が強い、と見るほうが論理に適っています。歴史的に見れば、政治的ナショナリズムは、むしろ「左派」的な思想を背景として誕生したと考えるべきで、「愛国」は「右派」の独占物ではありませんでした。

さて、これは一体どういうことなのでしょう？

フランス革命とナショナリズム

ナショナリズムについては、近年さまざまな研究が登場し、その見方が大きく変わってきています。

代表的なナショナリズム論として知られるのは、ベネディクト・アンダーソンの『想像の共同体』という本です。ここでアンダーソンは、ナショナリズムの誕生を近代の歴史のなかに見出し、「ナショナリズムは古代から続く一貫した国民意識」という通説を覆しました。彼は、ナショナリズムの起源を出版資本主義（プリント・キャピタリズム）の拡大といった初期近代の社会現象のなかに見出し、その歴史の「新しさ」を強調しました。

同じくナショナリズムの近代性を強調したのが、ゲルナーの『民族とナショナリズム』という本です。ここでゲルナーは、ナショナリズムの成立を近代における産業化の過程のなかに見出し、ナショナリズムの「古さ」を否定しました。

　両者は、ナショナリズムの存在を近代社会のあり方のなかから発生してきたものと捉える視点で一致しています。近代社会の諸現象こそが、旧来の階級社会を超えた国民意識を誘発し、その過程でナショナリズムという新しい存在が生まれてきたと主張しています。

　今日、すでにナショナリズム論の「古典」とされる『想像の共同体』ですが、この本の中でアンダーソンは、次のようなことを書いています。ちょっと難しい文章ですが、引用します。


　国民は主権的なものとして想像される。なぜなら、この国民の概念は、啓蒙《けいもう》主義と革命が神授《しんじゅ》のヒエラルキー的王朝秩序の正統性を破壊した時代に生まれたからである。それは、普遍宗教のいかに篤信な信者といえども、そうした宗教が現に多元的に並存しており、それぞれの信仰の存在論的主張とその領域的広がりとのあいだに乖離があるという現実に直面せざるをえない時代であり、人類史のそういう段階に成熟をみた国民は、自由であることを、そしてかりに「神の下に」であれば、神の下での直接的な自由を、夢見る。この自由を保証し象徴するのが主権国家である［アンダーソン 一九八七：一八 - 一九］。

彼はまず、「国民」という存在は「主権」という概念と密接に関係するなかで構成されていると言います。そして、十八世紀における啓蒙主義の高まりと革命による宗教的ヒエラルヒー（位階制身分秩序）の崩壊によって「国民」という概念は生まれたと説明しています。

彼がここで「革命」と言っているのは、ヨーロッパの市民革命を指します。特に重要なのはフランス革命で、彼はこのフランス革命によって国民という概念が誕生し、それが「主権的なもの」として「想像」されたと言います。

これは一体、どういうことでしょうか？

フランス革命の詳細はとりあえず横においておくとして、まずはこの革命のエッセンスだけを抽出しておきたいと思います。

フランス革命の重要なポイントは、何といっても身分制度と絶対王政が批判され、国民主権の原則が導入されたということです。

「アンシャンレジーム」といわれたかつての封建的王政は、基本的に「王権神授説」という考え方によって成り立っていました。この考え方は、「王権は神から国王に授けられ、その権力は神聖で絶対的」だというものです。この論理から、国王を中心とする王室が独占的に統治の権利を有するという原理原則が導き出されました。国王が専制的に政治を行うことができるのは、その「王権」が神から与えられた無謬のものであるためで、政治を独占するレジティマシー（正統性）は宗教的な絶対者によって担保されていました。だから、国王の統治に反抗することは神に反抗することであり、民衆は神託を受けた国王の命令に服従することが要求されたのです。

しかしフランス革命は、そのようなアンシャンレジームの論理を木っ端微塵に打ち砕きました。彼らは、同時代のルソーをはじめとした啓蒙思想家に影響を受け、絶対王政に基づく身分秩序そのものを疑っていきました。そして国民である以上、すべての人は平等な主権者であり、出自や身分にかかわりなく政治に参加できるという原則を追求しました。

ここで起きたことは、「国家は国王のものである」という考え方から「国家は国民のものである」という原則への転換です。「封建的な王政国家」から「主権在民に基づく国民国家」へのレジームチェンジが、フランス革命で起きた最大の変化でした。

つまりここで明らかなことは、フランス革命は「国民国家」（ネイション・ステイト）の生みの親だということです。繰り返しになりますが、「国民国家」とは一定の領域内に住む国民は平等な主権者として尊重される国家です。要するに「国民主権」を原則とする国家が「国民国家」です。宗教的なヒエラルヒーに基づく身分制を解体し、王権の専制的政治を否定するところからスタートするのが、「国民国家」の原理なのです。

もう、そろそろ重要なポイントが見えてきたかもしれません。

フランス革命の特徴は、身分制や専制政治を否定し国民国家をつくろうとする運動だったわけで、そうするとこれは新しい国民意識に基づくナショナリズム運動だったということになります。ここまでで見てきたように、政治的なナショナリズムには「国民は平等な主権者である」という主張が含まれています。そのためフランス革命のような下からのナショナリズム運動は、国王が支配する専制国家にとっては自分たちの王権の正当性を打破する「恐ろしい存在」であり、国民平等の原則に基づいて封建的身分秩序を解体する破壊者だったのです。

このようなナショナリズムは、二十世紀におけるアジア・アフリカの独立運動にも見られました。植民地支配に苦しんだアジア・アフリカ諸国では、欧米の帝国主義的支配からの独立を叫ぶナショナリストたちが活躍し、「国民主権」の実現を勝ち取るための闘争に立ち上がりました。彼らは、欧米の帝国主義者に対して「国家は国民のもの」という原則を突きつけ、その支配の正統性を否定していったのです。

もう一度、アンダーソンの言葉に戻ってみましょう。

国民は主権的なものとして想像される［アンダーソン 一九八七：一八］。

彼の言いたいことが、もうおわかりいただけたのではないでしょうか。

そうです。ナショナリズムとはそもそも「国民は平等な存在であり、その国民に主権をよこせ」という主張として顕在化したものなのです。

どうでしょう。このようなナショナリズムの原理を歴史的に見てみると、「愛国」＝「右派」という単純な図式を描くことは難しいというのがおわかりいただけるのではないでしょうか。自由民権運動を戦った闘士たちが、「民権を訴えたのに愛国を唱えた」のではなく、「民権を訴えたからこそ愛国を唱えた」と捉えるほうが自然であることがわかっていただけるのではないかと思います。

自由民権運動とナショナリズム

もう一度、振り返りながら、まとめておきましょう。

自由民権運動とは、身分制を批判し専制的な政府のあり方を批判する運動でした。

そのなかでは、「国民主権」の原則が主張され、国会開設と参政権の確立が展望されました。「国家は一部の特権的な人間のもの」ではなく「国家は国民のもの」という主張こそが、自由民権運動を支えていたのです。

そして、この主張はナショナリズムと強い結びつきをもっていました。日本という国家の主権者を「国民」とするとき、その国民の平等な権利を訴える原理こそナショナリズムでした。「日本人は国民である以上、すべて平等な主権者である」というナショナリズムの主張こそ、自由民権運動の原動力となった論理だったのです。

このような見方は、なにも私のオリジナルのものではありません。例えば、戦後日本を代表するリベラルな政治学者・丸山眞男《まさお》も次のように論じています。

近代ナショナリズム、とくに「フランス革命の児」（G・P・グーチ）としてのそれは決して単なる環境への情緒的依存《じょうしょてきいぞん》ではなく、むしろ他面において、「国民の存在は日々の一般投票である」という有名なE・ルナンの言葉に表徴《ひょうちょう》されるような高度の自発性と主体性を伴っている。これこそナショナリズムが人民主権の原理と結びついたことによって得た最も貴重な歴史的収穫であった（だから日本でも明治初期の自由民権運動の担ったナショナリズムには不徹底ながらこの側面が現れている）［丸山一九九五：六七-六八］。

この文章は一九五一年に雑誌に掲載された「日本におけるナショナリズム―その思想的背景」という論文の一節ですが、彼がナショナリズムを「人民主権の原理」と結びつけて理解し、その日本での表れを「明治初期の自由民権運動」に見出しているのがよくわかります。

丸山は、リベラルな視点から「健全なナショナリズム」を擁護します。初発のナショナリズムは民主制の確立のために重要な存在と見なし、その果たすべき役割を冷静に捉えようとしています。

「デモクラシー」が高尚な理論や有難い説教である間は、それは依然として舶来品であり、ナショナリズムとの内面的結合は望むべくもない。それが達成されるためには、やや奇矯な表現ではあるが、ナショナリズムの合理化と比例してデモクラシーの非合理化が行われねばならぬ［丸山 一九九五：七五］。

デモクラシーを特定の国に定着させるためには、「自国への愛着と関与」を基礎とするナショナリズムを通じて「国民主権」を拡張させるべきというのが、リベラリスト・丸山眞男の考えたことでした。

「一君万民」デモクラシー

ちなみに丸山は、この明治初期の「健全なナショナリズム」が、次第に帝国主義の原理と結合することによって「超国家主義」（ウルトラ・ナショナリズム）へと変貌していったと批判しています。そして、この「超国家主義」の論理の中に「天皇」を中心とする日本人特有の精神構造が組み込まれているとして、そのあり方を厳しく追及しました。

しかし、これはあくまでもナショナリズム全般を批判した議論ではありません。彼が批判したのは支配の原理へと変貌した極端なナショナリズム（ウルトラ・ナショナリズム）でした。丸山は、デモクラシーを支える原理としてのナショナリズムを定着させる論理を模索し、ウルトラ・ナショナリズムを生み出してしまう日本社会の構造的問題を批判的に追及しようとしました。

そこで、どうしてもぶつかってしまう問題がありました。

「天皇」という存在です。

日本の明治維新や自由民権運動とフランス革命を比較すると、その大きな違いの特徴は「君主」の存在のあり方です。フランス革命では、旧体制を崩壊させるとともに、ルイ十六世をギロチンにかけることでその存在自体を否定しました。彼らは国民平等の原則を貫くためには、その論理を崩してしまう君主の存在をラディカルに否定することが必要と考え、それを実行したのです。

しかし、日本では「君主」の存在が前面に押し出される形で、旧体制の否定が進みました。日本では、江戸幕府という世俗的封建制を否定し、その身分的ヒエラルヒーを崩壊させるために、むしろ天皇という君主の存在がクローズアップされ、「王政復古」による「四民平等」の導入が図られました。

これはどういうことなのでしょうか?

ポイントは「一君万民」という概念にあります。

この考え方は、超越的で唯一の存在である「君主」のもとでは、すべての「万民」が平等であるという原則です。明治維新を実現した志士たちや自由民権運動の闘士たちは、この「一君万民」の原則をテコとして封建的な専制政治の打倒を訴えました。

当時の人々は「明治革命」という言葉を使わず、「明治維新」という言葉を使いました。「革命」は、英語で「レボリューション」。「維新」は、「リストレーション」。これは通常「回復」や「復興」「再興」と訳されます。

実は、この使い分けには重要な意味があります。もし「明治維新」が「レボリューション」を意味する「明治革命」であれば、旧体制から新体制への抜本的な変化を意味することになり、旧体制の一部をなしていた天皇の存在も否定されることになります。しかし、「リストレーション」を意味する「維新」であれば、本来あるべき政治体制を「回復」「復興」させたという意味になり、天皇の存在を前提とする社会への復帰を強調することになります。

近代日本はフランス革命とは異なり、君主制を否定するのではなく、本来の君主制へと「回帰」することによって新体制を打ち立て（＝「維新」）、封建的身分社会の打破と「四民平等」の確立を進めようとしました。つまり、近代日本においては「復古」が「革新」であるような構造が生み出されたのです。

――天皇という超越的な「一君」を置くことによって、それ以外の「万民」が一般化され、身分制に基づく不平等が解消される。すべての「万民」は「一君」のもと、ラディカルに平等な存在である。

そんな「一君万民」思想こそが、日本型デモクラシーを支える原理でした。

そのため自由民権運動では、専制的政治を行う明治新政府を「天皇の原理」によって批判し、一部の人間による政治独占を「一君万民」原則からの逸脱として攻撃しました。時に、そのような批判は佐賀の乱や西南戦争という武装闘争となって現れましたが、その抵抗形態が臨界点に達したとき、その運動が言論をベースとした自由民権運動へと集約されていきました。

このようにして、「国民主権要求運動」としての自由民権運動は、「ナショナリズム」と「天皇」を原理とする形で展開していったのです。

玄洋社の誕生とアジア主義への道

問いは、はじめに戻ります。

――なぜ右翼の源流とされる玄洋社は、自由民権運動のなかから生まれてきたのか？

ここまでの議論を読んでいただいた皆さんには、その道筋が少しずつ見えてきたのではないでしょうか。

彼らは、一貫してナショナリズムを重視し、天皇の存在を敬重していました。そして、ナショナリストであり天皇主義者であるがゆえに、自由民権運動を戦う闘士となっていきました。

このような思想や行動は、彼らにとってはまったく矛盾するものではありませんでした。彼らは封建的な身分制を打破するために愛国主義的な「国民主権」論を主張し、「一君万民」を担保する敬神的な天皇論を唱えたのです。

これは、玄洋社が設立された際に掲げられた「三か条」にはっきりと現れています。

第一条　皇室ヲ敬戴ス可《べ》シ
第二条　本国ヲ愛重ス可シ
第三条　人民ノ主権ヲ固守ス可シ

第一条は天皇を中心とする皇室への敬愛の念。第二条はナショナリズムの論理。そして第三条は国民主権の原則です。つまり「天皇」「ナショナリズム」「国民主権」という三つの原理こそが玄洋社の根本原則だったのです。

彼らにとって、自由民権運動を戦うことと天皇を敬重すること、そしてナショナリズムの原則に立つことは、切り離すことのできない不可分の原理でした。そして、このような構想こそが、当時の自由民権運動の中心に流れていた思想潮流でした。

我々は、どうしても現在の視点から歴史を切り取り、理解しようとしてしまいます。そうすると「ナショナリズム」や「天皇」は「右派の論理」という固定観念をもって自由民権運動を見てしまうため、「どうしてリベラルな運動のなかで愛国や天皇が重視されたのか」という論理が見えなくなってしまいます。そして、現在の視点からは「ノイズ」と見なされる要素は、次第に視界から意図的に排除され、その存在自体が検討の対象からは外されていきます。しかし、じっくりと当時の論理を読み取っていくと、まさに玄洋社の論理こそが初期自由民権運動の主流をなす存在であったことがわかってきます。

彼らは、「民権論」から「国権論」へと途中から転向したのではありません。むしろ両者の論理は不可分なものとして展開され、彼らの一貫した行動原理として継続されました。そして、その一貫した論理こそが、彼ら自身の足元を掬う大きな要因となっていったのです。彼らは、「三か条」を捨て「国家主義」へと転向したことで

「帝国主義」の一端を担ったのではなく、この「三か条」を貫き通したがゆえに、その論理のなかから「帝国主義」的要素が芽生えてきたと、私は思っています。

その問題はまたいずれ議論するとして、最後に、なぜ自由民権運動のなかからアジア主義運動が生まれていったのかを、簡単に見ておきたいと思います。

玄洋社のメンバーにとって最大の問題意識は、身分制に基づく封建社会の打破でした。彼らは当初、西南戦争を頂点とする武装闘争の潮流に加担し、そののちに自由民権運動へと合流しました。彼らは、何とかして独占的な新政府の政治を改革し、「国民主権」の原則を敷衍しようとしていました。

そんな意識をもつ彼らにとって、日本に対して帝国主義的な態度をとる欧米諸国は、当然のことながら反発の対象でした。特に当時の日本では、欧米諸国の「治外法権」が容認され、「関税自主権がない」という不平等条約が締結されていました。日本は、欧米諸国からは「半独立国」という位置づけしかなされておらず、明らかな不平等が押し付けられていました。

自由民権運動を戦う闘士たちにとって、このような欧米の帝国主義は国際的な封建制以外の何ものでもありませんでした。彼らは、国内における身分的不平等や専制的政治の打破を目指すとともに、国際的には不平等・帝国主義の打破を訴えの中に取り込んでいきました。

自由民権運動では、「不平等条約の改正」が重要な主張の一角を占めていました。彼らの批判の矛先は、明治政府にだけ向けられたのではなく、欧米の帝国主義勢力にも向けられていったのです。

そして、そのような主張の中から、アジア主義の論理は育っていきました。

――欧米諸国がアジア諸国に不平等条約を押し付け、植民地支配を拡張していくのは断じて許せない。彼らの横暴な帝国主義に対抗するために、アジア諸国は連帯していかなければならない。そのためには、中国や朝鮮国内の封建的旧体制を打破し、互いに「国民主権」を基礎とする新しい民主的体制を確立することで、しっかりとタッグを組んでいかなければならない。

そんな構想が、彼らのなかで共有されるようになっていきました。

例えば、自由民権運動の理論家・植木枝盛《うえきえもり》はアジアを植民地支配する欧米諸国を「世界大野蛮国」と批判し、アジア諸国の独立と連帯を主張しました。彼の構想はさらに大きく、同等の権利を持つ独立国家が「無上政法」（世界連邦憲章のようなもの）を制定し、「万国共議政府」を樹立する構想を持っていました。多くのアジア主義者は論理的帰結として「世界連邦」「世界政府」の樹立を志向するようになります。彼らは、一国ナショナリズムの殻に閉じこもるのではなく、ナショナリズムを世界に開き、西洋的「覇道」の論理を乗り越えた新しい世界を打ちたてようと構想し始めます。このような議論は、最も初期のアジア主義の主張の中にも見られるもので、特筆すべき特徴です。

そして、このような自由民権的アジア主義の主張の延長上に、玄洋社のアジア主義は芽生えることになりました。彼らの本拠地は福岡。海の向こうにはアジアが広がっていました。

彼らがアジア主義に目覚める大きなきっかけは、朝鮮半島情勢の変化にありました。一八八四年十二月に閔妃《ミンビ》政権打倒のクーデターが起こったのです。この甲申《こうしん》事変こそが、日本におけるアジア主義に大きなインパクトを与え、具体的な行動を生み出していきました。

第四章
金玉均という存在

金玉均と日本人

――金玉均《キムオッキュン》。

この名前を聞いてピンとくる日本人は、案外少ないと思います。最近は韓国の大河ドラマ『明成皇后《ミョンソン》』がヒットし、日本でも広く見られているため、記憶に残っている方もいるかもしれませんが、一般的な知名度は低く、彼が何者かを説明できる人は少ないと思います。

金玉均は、明治日本をモデルに朝鮮の近代化を進めようとした「開化派」のリーダーで、甲申事変というクーデター事件を起こして失敗。その後、日本に亡命しました。

金玉均に対する評価は、かつて二分されていました。

彼が起こした甲申事変は、日本の軍事的力を背景に仕掛けたクーデターであったため、戦後の韓国・日本の歴史家の間では「日本の手先」「親日派」というネガティブな評価が多くなされ、韓国内の一部では「売国奴」と罵られ続けました。一方で、北朝鮮の公式的な評価は高く、彼を「最初のブルジョワ革命の指導者」として顕彰してきました。

近年では、「正義か悪か」「反日か親日か」といったような二分法的議論の枠組みも揺らぎ、彼の思想や行動を冷静に分析する研究が増えています。彼の日本滞在時の行動も、現在ではかなりの部分が明らかになっており、研究は着実に進んでいます。

私は、この金玉均こそ、近代日本のアジア主義を考える際の最も重要なキーパーソンの一人だと思っています。彼がいなければ、近代日本のアジア主義はまったく異なった形になった可能性が高く、その存在はきわめて大きなものだったと考えています。

ではどうして朝鮮でクーデターに失敗した政治家が、日本のアジア主義の最重要人物なのでしょうか。

ポイントは、金玉均と日本の思想家・活動家の具体的交流にあります。金玉均は、通算四回日本に滞在し、甲申事変以降の亡命生活はおおよそ一〇年にも及びました。

その間、彼は多くの日本人と交流し、その魅力的なパーソナリティに惹かれた日本人活動家がアジア主義者になっていきました。

その典型は、頭山満。

玄洋社を率いた彼は、金玉均との出会いによってアジア主義に目覚め、その活動をリードしていきます。玄洋社の自由民権運動は、アジア諸国で封建勢力と戦う闘士たちとの連帯という新たな課題を見出し、次々に意欲的なアジア主義者を生み出していきます。

また、玄洋社の周辺にいた樽井藤吉《たるいとうきち》は、金玉均に感化され日韓の対等合邦を構想する『大東合邦論』を書きました。この書物は初期アジア主義を代表する文書として知られ、東アジアの革命家たちに大きな影響を与えました。

他にも、金玉均と出会った自由民権運動の闘士・大井憲太郎《おおいけんたろう》は、朝鮮で開化派によるクーデターを再度企画し、その実行を期に日本国内の改革を断行するという構想を描きました。この構想は実行前に発覚し、大井をはじめとするメンバーは一斉逮捕されます。いわゆる大阪事件です。

このように金玉均と日本人との交流は玄洋社を中心とするアジア主義の主流派を生み出し、本格的な運動を始動させました。初期アジア主義は金玉均の存在なしに語ることができず、彼の思想や行動に大きく規定される形で運動が展開されたのです。

では一体、金玉均はいかなる人物だったのでしょうか。彼が構想した朝鮮の改革とは、どのようなものだったのでしょうか。

大院君と閔妃

十九世紀後半の朝鮮史を把握する際、まずは二人の人物の存在を知っておく必要があります。

――大院君《テウオングン》と閔妃《ミンビ》。

大院君は国王・高宗《コジョン》の父、そして閔妃は高宗の妻です。

高宗は十一歳のとき（一八六三年）、思いがけず国王になりました。先王の哲宗《チョルジョン》は三十二歳で亡くなったのですが、息子はすべて幼くしてこの世を去っていたため、直系の跡取りがいませんでした。そのため傍系の王族のなかから王を選ぶ必要が生じ、政治的思惑が絡み合うなか、十一歳の高宗（当時の名は李載晃《イジエファン》）が即位することになりました。

この高宗の実の父が大院君です。

本名は李昰応《イハウン》。「大院君」というのは直系ではない国王の実の父に与えられる称号なのですが、現在では「大院君」といえば高宗の父を指すようになっています。それだけ、彼の存在が朝鮮史のなかで際立っているということなのでしょう。

大院君は、高宗を即位させると、まだ幼い息子に代わって政治の実権を握ります。彼は一八六六年、自らの政治的地位を確実にするため、閔氏の推挙で閔妃（当時十五歳）を高宗（当時十四歳）の后として迎え入れました。彼は、先王の時代に外戚として政治の実権を握っていた安東金氏《あんとうきんし》の影響力を排除するため、閔氏一族から后を選び、息子の妻に決めたのですが、この結婚がのちに大院君の地位を揺るがすことになります。

高宗はあまり政治に関心を示さず、当初は妻の閔妃に対しても冷淡でした。高宗には、すでに寵愛する側女が複数存在し、なかでも美貌の李尚宮《イサングン》に夢中になっていました。そして、その李尚宮との間に子供が生まれてしまいます。しかもその子供は男子でした。

面白くないのは閔妃です。彼女は国王の后になったものの、高宗はなかなか振り向いてくれず、二人の間には長らく子供もできませんでした。その反動からか、閔妃は読書に熱中し、政治に強い関心を示し始めます。元来、気性の激しい彼女は、次第に政治闘争に夢中になり、大院君を脅かす存在になっていきます。

大院君は、そんな閔妃を嫌うようになっていきました。彼は閔妃を政治から遠ざけるため「世継を生まなければ、高宗と李尚宮の間に生まれた男子を正統の王子とする」と宣言します。

これに閔妃は危機感を抱きました。自らの政治的地位が奪われることを案じた彼女は、妖艶な姿で夫の歓心を買い、ついに待望の子を懐妊します。生まれてきたのは男子。彼女は、自らの安泰を確信しました。

しかし、です。この男子が、生後四日で急死してしまいました。

閔妃は深く悲しみました。しかし、そんなことで彼女はへこたれません。彼女は、息子の死を大院君から贈られた朝鮮人参のせいにし、周りの同情と大院君への猜疑心を集め、反撃に出ます。彼女は、閔氏一族の結束を固めつつ、大院君の兄を密かに味方につけ、次第に大院君を排斥する体制を整えていきました。

さて、大院君が実権を握っていた時代の朝鮮は、キリスト教徒を厳しく弾圧し、旧来の鎖国政策を続けました。また、本来の正宮・景福宮の大規模再建工事を行い、各地の砲台砲兵の新規増設増員を断行するなど、財政負担の重い政策を進めました。その結果、各種の増税や貨幣の多量鋳造が続けられ、経済は悪化。国内には大院君に対する不満が鬱積していきました。

そんななか、政治的野心を膨らませていた閔妃は、一八七三年に高宗が成人すると巧みに大院君を追放し、政治の実権を掌握します。彼女は要職に閔氏一族を取り立て、基盤を固めました。

そして、彼女は二人目の子供を生みます。その子供も男子。彼女は政治的立場を強固にしていきました。

さらに、側女の李尚宮が突然、謎の死を遂げます。続いて、高宗と李尚宮の子供も急死。当時から、この二人の死は閔妃による毒殺ではないかと噂されましたが、決定的な証拠は見つからず、閔妃の強権的な姿勢は加速していきました。

開化派の登場

閔妃は、大院君と打って変わって開国の方向に舵を切ります。

開国の決定打となったのは、日本の軍事的な示威行動から起こった江華島《こうかとう》事件（一八七五年九月）でした。この事件は、日本側の領土侵犯による挑発行為に乗った朝鮮側の軍人が日本海軍の軍艦に向けて発砲し、それがきっかけとなって起こった戦闘でした。非は明らかに日本の側にありました。

日本政府は江華島事件をテコに、条約の締結を迫りました。これを受けて、閔妃政権は開国を決断し、日本との間に日朝修好条規を締結します。この条約では「朝鮮は自主の国であ」ることが宣言され、「日朝両国が相互にその首都に公使を駐在させること」「釜山以外に二港を選び開港すること」などが決められました。さらに日本側の領事裁判権が認められ、朝鮮側に関税自主権がないなどの不平等な条項が強要されました。朝鮮側にとって、これは不平等条約以外の何ものでもなく、国内では日本に対する強い反感と不信感が広がりました。

そんななか登場したのが、金玉均をリーダーとする開化派グループです。

金玉均は、一八五一年生まれ。十代後半に開国開化を主張する思想家・官僚たちから影響を受け、近代的改革の重要性に目覚めていきます。

彼は一八七二年、科挙に合格。全国の秀才二〇〇〇人を集めた試験を主席でクリアし、晴れて国家の行政を担う官僚となりました。そして、この頃から開化派グループを形成し、先王・哲宗の娘婿である朴泳孝《パクヨンヒョ》ら優秀な若手官僚を仲間に加えていきました。

彼が科挙に合格した翌年、閔妃が主導する政治が始まり、世の中が開国に向けて動き始めます。一八七六年の日朝修好条規の締結によって開国が実現すると、開化派のプレゼンス（存在感）は高まっていきました。彼らは、朝鮮に先んじて開国し、近代的システムを導入した日本を参考に、新たな近代国家へと改革する道を探っていきます。

しかし、閔妃政権は将来に向けた明確なヴィジョンを持たず、主体性を欠いた形で開国に踏み切っただけでした。政権の中枢の人々は、あくまでも清との宗属関係を保持する「事大主義」を堅持していきました。

閔妃政権は開国を機に、日本や清への使節や視察団を派遣するようになります。金玉均・朴泳孝は、日本の情報を集めるため、一八七九年、李東仁《イドンイン》という仏教僧を密かに日本に派遣します。彼は朝鮮布教に乗り出していた東本願寺釜山別院の庇護を受けて日本に渡り、京都の東本願寺に入りました。彼は短期間で日本語を習得し、東京の東本願寺浅草別院に入ります。そして、東京で人脈を広げ、福沢諭吉をはじめとする多くの日本人と交流しました。

一八八〇年には、修信使として穏健な開化派の金弘集《キムホンジプ》が日本に派遣されます。彼は東京の外務省で重臣たちと面談し、天皇にも謁見しました。彼は、清国駐日公使館書記官・黄遵憲《こうじゅんけん》の著書『朝鮮策略』を朝鮮に持ち帰り、開化の重要性を説きました。この本はロシアの脅威を説きつつ、朝鮮は清・日本・アメリカと連帯すべきであると説いたもので、開化派に大きな影響を与えます。また李東仁も金弘集と共に朝鮮に帰国。金玉均らに日本の最新情報を伝え、開化派を勢いづかせました。

一八八一年には魚允中《オユンジュン》らが紳士遊覧団として日本を訪問。一行はさまざまな施設を見学する中、福沢諭吉を訪ね、意見交換を行いました。諭吉は、二人の朝鮮人留学生を慶應義塾で受け入れることを快諾。ここに初の朝鮮人留学生が誕生することになります。

諭吉は、このとき突然の依頼だったにもかかわらず、朝鮮人留学生をよろこんで受け入れました。それはなぜだったのでしょうか。

理由は、彼自身の過去の体験にありました。彼は中津藩の下級藩士の家に生まれ、封建社会の矛盾を強く感じながら育ちました。彼は大阪の適塾で蘭学を学ぶのですが、そのとき実の兄が急死し、困窮状態に陥ります。このままでは勉強を続けられないという不安に陥ったとき、師の緒方洪庵《おがたこうあん》が洋書翻訳の仕事を与えてくれ、その収入で人生を立て直すことができました。

諭吉は、朝鮮人留学生を目前にし、過去の体験を思い出したといいます。

――彼らは二十数年前の自分の姿ではないか。

留学生に学問の機会を与えることは、洪庵が自分を救ってくれたことに報いる行為だと、諭吉は確信します。そして、彼らを自宅に住まわせ、慶應義塾で勉強する環境を整えました。

諭吉は、『福翁自伝』のなかで「門閥制度は親の敵で御座る」と述べていますが、彼は封建的な朝鮮社会のなかに「門閥制度」の弊害を見て取り、その改革と近代化の重要性を察知しました。そして、その朝鮮の近代化をサポートし、改革を志向する開化派を指導することこそ自らの役割であると認識するようになりました。

以後、諭吉は積極的に「朝鮮の文明化」の必要性を説く議論を展開し、開化派のメンバーを支援していきます。

一方、魚允中は帰国後、金玉均に日本での見聞を披露します。すると金玉均はいてもたってもいられなくなり、自らの目で日本の現状を見たいという思いを募らせます。そして、一八八二年三月、ついに彼自身が日本に渡り、各地を視察することになりました。

金玉均の来日と福沢諭吉

三十一歳の金玉均は、生まれて初めて日本の地に足を踏み入れます。彼は長崎に到着。一カ月ほど滞在した後、西日本各地を歩き、さまざまな施設を熱心に見学しました。神戸から船で横浜に入り、五月の末日に東京に到着します。

東京に着いた彼が向かった先は、福沢諭吉邸。彼に諭吉と会うことを勧めたのは、魚允中でした。

金玉均は、このときから約二カ月間、三田の福沢邸を拠点に、多くの要人に会いました。

井上馨《かおる》、後藤象二郎、大隈重信《しげのぶ》、伊藤博文、渋沢栄一……。日本の第一線で活躍する彼らと金玉均を引き合わせたのも、諭吉でした。金玉均は、これらの出会いを通じて、日本への信頼を深めていきます。彼は「朝鮮の現状打開を援護する唯一の友邦」は日本であると確信し、その認識を諭吉とも確認しあいます。諭吉は金玉均の能力を高く評価し、金玉均も諭吉に多大なる信頼を寄せました。

七月の初旬、彼は東京を離れ、帰国の途につきます。横浜から神戸まで船に乗り、そこから下関に至ったところで、彼は驚くべき知らせを受けました。

それは七月二十三日に朝鮮国内で旧軍兵士による反乱が起こり、官庁、閔妃一族の屋敷、日本公使館などが襲撃されたというものです。いわゆる壬午《じんご》軍乱の勃発です。

閔妃政権は一八八一年、軍制改革に着手していました。それまでは五つの営軍に編成されていた軍隊組織を二つに縮小し、新たに日本式軍事教練が行われる「別技軍」が創設されました。この改革によって旧軍兵士は冷遇され、別技軍の兵士は優遇されました。

当然のことながら、旧軍兵士の間には不満が広がります。さらに、彼らへの給料として支給される俸禄米が滞ったことで怒りが蓄積されます。

一八八二年七月二十三日。一三カ月にわたって支給が遅れた俸禄米が、ようやく配られることになりました。しかし、支給された米には砂やぬかが混ざり、なかには腐りかけた米も含まれていました。しかも、量が足りません。

兵士たちは、軍倉の役人と口論になり、ついには乱闘騒ぎになりました。この騒ぎが拡大し、兵士たちは軍務大臣の自宅を襲撃します。さらに彼らは兵器庫に侵入し、銃器や爆弾などを盗んで武装し始めました。

勢いはもう止まりません。彼らは、元領議政・李《イ》最応《チェウン》の邸宅を襲撃し、殺害。また日本人軍事教官の官舎も襲撃し、堀本少尉が殺されました。

日本公使館も襲われ、中にいた花房公使は隙を見て館外に逃げ出します。そして、何とか仁川《インチョン》までたどり着き、浜から小舟に乗ってイギリスの測量船に助けを求めました。花房公使は九死に一生を得たものの、多くの公使館員が殺され、日本公使館も火の海に包まれました。

問題は閔妃です。暴徒と化した旧軍兵士たちは、最高責任者である閔妃の暗殺を企てました。しかし、危険を察知した閔妃は巧みに王宮から抜け出し難を逃れます。彼女は一〇〇キロ以上離れた忠州《チュンジュ》の山中に身を潜めました。

旧軍兵士は、閔妃と対立関係にあった大院君を担ぎ上げようとします。

これを権力奪取のチャンスと見た大院君は、自ら王宮に乗り込み、政権の座につきました。彼は軍を以前の姿に戻し、閔妃の死亡を宣言します。

しかし、大院君の復活劇は長く続きませんでした。一連の騒動を把握した清は素早く軍を派兵し、日本軍と反乱軍の戦闘を阻止するための介入を行いました。清は混乱を収束するために大院君を捕らえ、天津《てんしん》に連行します。そして、身を隠して生きていた閔妃を王宮に呼び戻し、再び閔妃政権をスタートさせました。

これにより、朝鮮での清のプレゼンスは高まりました。清はソウルを軍事制圧下に置き、政権への干渉を強化させました。

この一連の騒動は、日本との連携を模索する金玉均にとっては大きな打撃でした。帰国した金玉均は、清の介入を嫌い、独立国家として近代化路線を歩むべきことを主張しました。

しかし、開化派のすべてのメンバーが、金玉均と同じ立場であったわけではありません。金弘集や魚允中などの穏健な人たちの間では、これまでと同様に清の影響下で近代化を進めていくという路線が確認され、急進的な改革を求める金玉均や朴泳孝らとは一線を画すことになりました。

——中国寄りの「穏健的開化派」と日本寄りの「急進的開化派」。

この二つのグループの亀裂が次第に大きくなり、開化派は分裂していくことになります。

再来日

壬午軍乱の知らせを受けた福沢諭吉は、大きな失意を味わいます。彼は、清の介入によって朝鮮の近代化が滞ることを懸念し、騒動を起こした暴徒を強く非難しました。諭吉は暴徒を「文明の敵」と非難し、「日本政府がこの敵を責めるは文明のためなり」と論じました。

一方、開化派の立て直しを図る金玉均は、同年十月に再来日し、翌年の三月までの約半年間、日本で活動を展開します。彼は開化の促進のための資金不足を補うために、日本からの借款を期待しました。彼は、連日奔走し、井上馨の斡旋によって一部の金策に成功しました。また、壬午軍乱によって生じた賠償金の一部を民間銀行からの融資によって支払うことを取り付け、返済期限を五年から一〇年に延長することに成功しました。

金玉均は、一定の成果を手にして帰国します。また、諭吉は慶應義塾の日本人門下生数名を彼の帰国に同行させ、朝鮮に派遣しました。このとき派遣された井上角五郎《かくごろう》は、開化派の主張を掲載する大衆紙『漢城旬報』を刊行し、世論を味方につけるための言論活動の土台を築きました。

帰国した金玉均は、さらなる政府の財政難に直面します。政府は、清から招聘されたメレンドルフの指示に従って悪貨鋳造を繰り返していましたが、金玉均はこれに猛反発します。

帰国前、彼は井上馨から「国王の勅命があれば三〇〇万円借款の可能性がある」とのメッセージを伝えられていました。彼はこの話を現実化すべく、国王の委任状を手に三度目の来日に踏み切りました。

しかし、状況は変わっていました。

日本側は、軍備拡大に伴う歳出拡大によって予算に余裕がなく、三〇〇万円の借款は難しいと告げました。しかし実際は、金玉均の動きを不快に感じていたメレンドルフらが「金玉均が持参する委任状は偽物」との偽情報を竹添《たけぞえ》公使に流し、竹添が情報の真偽を国王に確かめることなく日本政府に伝えたことが背景にありました。日本政府はこの情報を真に受け、金玉均を遠ざけるようになりました。

金玉均は懸命に奔走しますが、どうしても話が進みません。結局、彼は一八八三年六月から一八八四年四月までの約一〇カ月間、日本に滞在しますが、金銭的な面での成果を挙げることができないまま、帰国の途につかざるを得ませんでした。

しかし、朝鮮に帰国した金玉均は、事態の変化に出会います。清仏戦争です。清軍は朝鮮での駐在兵を四五〇〇人から二五〇〇人に減らし、対仏戦争に兵力を向けました。そのため朝鮮における清軍の存在感は一気に低下し、閔妃一派を困らせました。

クーデター失敗――甲申事変

逆に勢いづいたのは急進的な開化派でした。

清からの完全独立を目指す彼らは、これを機にクーデターを行い、閔妃を追い出して開化派による新政権を樹立することを企画します。

もちろん彼らが期待するのは日本のバックアップです。

金玉均らは竹添公使と密かに協議を重ね、日本に支援を要請しました。そして、ついに両者の間でおおよその合意が成立し、クーデターが実行に移されることとなりました。

一八八四年十二月四日。政府要人の多くは、郵政総局の建物で開かれたパーティーに出席していました。

すると、外から「火事だ！」という叫び声が聞こえてきました。外の様子を見に行った一人が宴会場に戻ってくると、彼は顔から肩にかけて血だらけになっており、耳が刃物でそぎ落とされていました。彼は、出口付近で何者かに切りつけられ、必死の形相で宴会場に戻ってきたのです。

宴会場は一瞬にしてパニックに陥ります。要人たちは出口に殺到しました。それを待ち構えていた刺客が、次々と彼らを惨殺していきます。甲申事変の始まりです。

金玉均らは日本の支援を確認すると、王宮に向かいました。彼ら急進的開化派の目的は、国王・高宗を味方につけることでした。高宗は日頃から金玉均を信頼していました。そのため高宗は金玉均の指示に従い、日本公使に保護を要請しました。

国王を確保した彼らは、王宮に駆けつけた閣僚たちを、次々に惨殺していきます。また、王宮に入っていた閣僚たちも外に連れ出され、その場で殺害されました。

高宗は、金玉均らの残忍さを知り、慄《おのの》きます。高宗は一瞬にして金玉均への信頼を失くし、厳しい態度を取るようになりました。

そんなことはお構いなく、金玉均は翌日、新閣僚名簿を発表しました。さらに三日目の朝には新綱領が発表され、清との主従関係を放棄することが宣言されました。また、封建的な門閥制度や君主専制の廃止が謳われ、近代的制度改革の遂行が明示されました。

しかし、このクーデターはあっけなく挫折します。綱領が発表された日の午後、清軍の一斉攻撃が始まりました。王宮を守る日本兵は約一五〇人。それに対して清軍の兵力は約一五〇〇人。圧倒的な兵力の差のもと、金玉均らの形勢は次第に不利になっていきました。

竹添公使は、清軍の激しい攻撃を前に、日本軍の撤退を決めてしまいます。金玉均はこれに強く反発しましたが、竹添の判断は変わりませんでした。

金玉均は高宗に、いっしょに王宮を離れて逃亡することを請います。しかし、国王は首を縦に振りませんでした。すでに高宗の信頼を失っていた金玉均は、その意思を覆すことができず、国王という切り札を手放すことになります。彼は朴泳孝らと共に高宗に別れを告げ、改めて日本軍のバックアップを得るべく王宮から逃走しました。

結局、金玉均・朴泳孝らは仁川港に入港中の日本船に乗り込み、日本へ亡命することとなりました。クーデターの失敗が決定的となった瞬間です。彼らは日本での再起を期し、次の革命のチャンスを窺うことにしました。

ここから金玉均にとっては、あまりにも長い亡命生活がスタートします。彼は二度と故国に帰ることができず、約一〇年後の一八九四年三月に上海で刺客に暗殺されました。もちろん当時の彼はそんな過酷な未来が待ち受けているなど知る由もありません。

福沢諭吉の失望と「脱亜論」

金玉均らはクーデター開始から九日後の十二月十三日に長崎に上陸します。そして、十二月下旬に東京入りし、福沢諭吉と再会しました。諭吉は玄関で彼らを迎え「よく生きていた、お目でとう」と激励。すると、金玉均らはみな涙を流したといいます。

諭吉は、甲申事変の失敗に落胆し、朝鮮の文明開化の難しさを痛感しました。この諭吉の落胆と失望は、次第に激しい憤りへと変化していきます。彼は、どうしても清から離脱できず、近代的改革に着手しない朝鮮の守旧派を激しく非難し、そのような国とは一切の縁を切るべきことを主張しました。

これが有名な「脱亜論」です。

福沢諭吉の「脱亜論」というと、一般的には日本の悪しきアジア軽視の表れといわれ、のちのアジア侵略に先鞭をつけた論理と見なされています。しかし、この文章は当時の文脈においてみなければ、諭吉の真意を汲み取ることはできません。

諭吉と金玉均との深い関係、朝鮮人留学生の受け入れ、そして開化派への期待と落胆、守旧派への苛立ちと怒り……。

これらの要素が積み重ねられた上で、時評として書かれたのが「脱亜論」です。我々は当時の状況を前提に、この論を読む必要があります。

では、甲申事変の約三カ月後、『時事新報』に書かれた「脱亜論」は、どのような主張を行っていたのでしょうか。

諭吉はまず、文明開化が不可避であることを強調します。そして、日本はそのことをしっかりと把握し「旧政府を倒し、新政府を立て」、「西洋近時の文明を採」ったことを確認します。

しかるに不幸なるは近隣に支那《シナ》朝鮮あり。同様の政教風俗にありながら、遺伝教育に同じからざるか、この二国は文明の事物を聞見《ぶんけん》せずに非《あら》ざれど、心を動かさず、古風旧慣に恋々《れんれん》するの情は百千年の古《いにしえ》に異《こと》ならず［福沢一九七〇］。

中国・朝鮮はなかなか旧態依然とした封建制度から抜け出すことができず、近代国家への脱皮を図りません。近代文明に触れるチャンスがあるにもかかわらず変革を拒み、依然として旧習にしがみついています。

そんな国が隣国だと、日本も同様の国だと西洋諸国から勘違いされ、侮られてしまう可能性があります。それは「日本国の一大不幸」です。中国・朝鮮が文明開化に目を向ける国内改革派の意見を取り入れないならば、日本は断固として二国を「悪友」とみなし、関係を断絶するのが得策です。もうアジアに時間的な余裕はありません。私たちはそろそろ態度をはっきりさせる時がきているようです。

悪友を親しむ者は共に悪名を免《まぬ》かる可《べか》らず、我は心に於《おい》てアジア東方の悪友を謝絶《しゃぜつ》するものなり［福沢 一九七〇］。

以上が福沢諭吉の「脱亜論」の要旨です。彼の中国・朝鮮への失望感が如実に表れ、その落胆が「アジア東方の悪友を謝絶するものなり」という痛烈な批判に繋がっているのがよくわかります。

諭吉は一部の改革派への期待と援助を持続させますが、一方で中国・朝鮮を見限り、憤りと諦めがないまぜになった姿勢を取り始めました。彼は一連のプロセスのなかで開化派への期待と思い入れが大きかったぶん、甲申事変の失敗によって大きな徒労感を抱くことになりました。

しかし、です。

この諭吉の挫折の延長上に、本格的なアジア主義が芽生えることになりました。金玉均・朴泳孝という開化派の日本亡命は、自由民権運動の志士たちの関心の的となり、開化派を支援しようという動きが拡大しました。

その人脈のなかに、初期アジア主義を主導する玄洋社メンバーがいました。彼らは、金玉均の存在からアジアの「反封建運動」の連帯の重要性を察知し、その卓越した行動力でアジア主義運動を展開していくことになります。

彼らは諭吉の嘆きを希望へと反転させることで、「脱亜」から「興亜」への道を探っていくことになります。

一八八五年。

金玉均が日本に亡命し、活動を再開させたこの年に、日本の本格的なアジア主義は始動するのです。

第五章
頭山満、動き出す

初期アジア主義と興亜会

一八八五年。金玉均・朴泳孝ら朝鮮の開化派を支持し、彼らをサポートすることで朝鮮の封建的体制を打破しようとする日本人活動家が、この年に本格的な活動をスタートさせます。

もちろん、この年以前に日本にアジア主義が存在しなかったわけではありません。以前にご紹介した植木枝盛のアジア連帯論は、自由民権運動の延長上にアジア諸国の連携を模索した初期の構想として重要です。また、一八八〇年二月に設立された興亜会も、初期アジア主義のアソシエーションとして重要な意味を持っています。

興亜会の設立者は海軍軍人の曾根《そね》俊虎《としとら》。のちに宮崎滔天と孫文を引き合わせた人物として知られています。

この会の設立目的は、アジア諸国の提携と交流の促進でした。曾根はアジアにおける欧米諸国の植民地支配拡大に脅威を抱き、アジアの連帯と振興の重要性を説きました。

当時の日本にとっては、ロシアのアジア進出が具体的な脅威として迫っていました。そんななか、日本と中国がいがみ合ったままではロシアの進出に有利に働くという懸念が広がり、日中両国の提携の重要性が一部で論じられ始めたのです。

曾根は、官民を問わず具体的な交流を通じて日中の提携を促進する必要があると考えました。そして、中国語・朝鮮語を習得するための語学学校の設置や情報交換・提供のための会報の発行、海外情報通信員の中国派遣などをスタートさせました。

しかし、興亜会設立の当初はなかなか中国側から理解を得ることが難しく、反発されることもしばしばでした。当時は、琉球処分（一八七九年）の直後で、両国関係は領土問題をめぐって緊張状態にありました。中国側では、日本人中心の興亜会の運営を懐疑的に見る人が多く、交流はなかなか進展しませんでした。しかし、日本側の会員数は徐々に増加し、十数名で発足した会は、一年後には三〇〇名を超える規模にまで発展していました。日本において一定の規模を有したアジア主義団体としては、この興亜会が最初の存在といえるでしょう。

興亜会は、一八八三年に亜細亜協会と名称を変更しました。これは「興亜」を日本人が掲げることに対する中国側からの嫌悪感が存在したためといわれています。

亜細亜協会は一八八四年七月、上海《シャンハイ》に東洋学館という語学学校を設立します。館長は末広鉄腸《すえひろてっちょう》。

自由民権運動に参加したジャーナリストとして知られる人物です。彼は興亜会の主要なメンバーとしてアジアの連携をさかんに説き、人的交流の促進を訴えていました。彼はフィリピン独立運動を牽引するホセ・リサールと親交を結び、彼をモデルとした『南洋之大波瀾：政治小説』を出版したことでも知られています。

東洋学館には、のちに論じる樽井藤吉や玄洋社創設者の一人・平岡浩太郎《ひらおかこうたろう》なども参加していました。亜細亜協会が、かなり幅広い人材をつなぐ緩やかな組織として運営されていたことが窺えます。

しかし、この学校はあっという間に経営難に陥り、約一年で閉校することとなりました。協会の活動も低調になり、数年間はめぼしい成果を挙げることなく細々と活動が続けられました。

そんななか起こったのが一八八四年の甲申事変と金玉均の日本亡命でした。金は、翌一八八五年、日本国内で活動を再開し、日本人活動家との交流のなかで朝鮮への再度の派兵計画を進め始めました。

この金玉均を軸とする秘密計画の進行こそ、玄洋社のアジア主義運動を本格化させるきっかけとなった出来事でした。

樽井藤吉の計画

金玉均と接触したアジア主義者として、はじめに挙げなければならない重要人物がいます。

樽井藤吉です。

彼は歴史上「東洋社会党の結成者」「『大東合邦論』の著者」という二点でその名を知られています。一八八二年に結成された東洋社会党は、日本の社会主義結社の源流の一つと見なされ、これまで多くの社会主義者・研究者の注目を集めてきました。また『大東合邦論』は日本と朝鮮の対等合併を主張した著作として知られ、竹内好らによって高く評価されてきました。

樽井は一八五〇年生まれ。若き日から西郷隆盛への敬意を抱き、一八七七年の西南戦争では、西郷の挙兵に呼応して奥羽地方に募兵の旅に出ました。しかし、この募兵は失敗に終わり、西南戦争の失敗によって西郷もこの世を去ってしまいます。

一八七八年。樽井は西郷の「征韓論」を意識したのか、朝鮮近海の無人島探しを開始しました。彼は朝鮮への派兵を構想していたようで、そのための「根拠地」として無人島を確保しようと、数度にわたる探検を行いました。

このときの様子が、亜細亜協会が刊行していた『亜細亜協会報告』に掲載されています。

樽井自身の記述によると、彼は朝鮮近海をさまよい、停泊した慶尚道《キョンサンド》の村で住民に抑留されそうになったのですが、携帯していた銃刀を振り回して脱出します。住民は、異国船の漂着を官憲に伝達するのが義務だとして樽井を拘束しようとしたのですが、彼は暴力によって抵抗し、その場から何とか逃れます。しかし、全羅道《チョルラド》の村の入り江に漂着したところを官憲に取り押さえられ、抑留されてしまいました。

樽井は朝鮮の官憲に対して、「上海の友人に会いに行く途中だ」と主張したり、「琉球に行く予定なので航海を続行させるように」と訴えたりします。しかし、官憲は彼を漂流民として扱い、帰国を前提に出帆させました。

その他にも、彼は数度にわたって朝鮮近海を漂流し、たびたび住民との間で暴力沙汰を起こしました。しかし、結局この無人島探検は特定の成果を得ることなく失敗に終わります。

一八八一年の年末、樽井は長崎の町に落ち着きました。そして、ここで東洋社会党の結成に向けた準備に取りかかります。

そんななか、翌一八八二年の三月、長崎の町に朝鮮からの一団が到着します。彼らは日本各地の視察を目的とする使節団で、そのなかに初めての来日を果たした金玉均がいました。前章で紹介したように、このときはまだ甲申事変の二年以上前で、朝鮮の国内改革のための視察が旅の目的でした。

樽井は、長崎に到着した金玉均と面会します。この会見で二人は意気投合し、樽井が「韓遊」を望んでいることを伝えたりしました。樽井は最も早く金玉均と面会した日本人の一人となりました。

金はこの後、上京し、福沢諭吉らと面会することになるのですが、長崎に留まった樽井は、翌四月に「社会公衆の最大福利」や人民の「平等自主」などを掲げた東洋社会党を結成します。しかし、まもなく集会などの開催を禁止され、翌年には軽禁錮一カ月の刑に処せられました。わが国で初めて「社会党」を名乗った東洋社会党は、あっけなくその姿を消してしまったのです。

獄中から出た樽井は、福岡で開催された九州改進党大会に出席します。そして、ここで重要な人物と対面しました。

頭山満。

言わずと知れた玄洋社のリーダーです。

樽井は、頭山をはじめ箱田《はこた》六輔《ろくすけ》や進藤《しんどう》喜平太《きへいた》といった玄洋社を代表する人物と交友を深め、酒を酌み交わしました。

一八八四年には上海に渡り、前述の東洋学館の設立に参画します。彼は秘かな意図として清に対する挙兵計画を抱いていたようですが、東洋学館の運営は厳しく、財政難に陥りました。

そんな時です。

朝鮮で甲申事変が起こり、金玉均・朴泳孝らが日本に亡命するという事態が起こりました。

一報を受けた樽井は、色めき立ちました。彼は、金と連携して日本から朝鮮に派兵し、再びクーデターを起こして、一気に東アジア諸国を改革するプランを練り始めました。

彼は急いで帰国し、金と面会するために奔走します。

一八八五年四月。

当時、金玉均は朴泳孝らと共に横浜山手の洋館に身を潜めていたのですが、樽井は関係者からこの居場所を聞き出し、訪問しました。約三年ぶりの再会です。

この時の会談内容は、正確には明らかではありません。晩年の樽井による回想しか手がかりがないのですが、そこでは樽井は次のように金に提案したとされています。

五百名の猛士を汽船に乗せて仁川《じんせん》に到《いた》り、不意に京城《けいじょう》を襲《おそ》ひ反対派の大臣を監禁して急転直下、王命を挟んで新政を公布すれば事は直《ただ》ちに成るであらう［田中一九七〇：一五八］。

これに対し、金は「五百名の猛士は中々得難からう」と応じ、二人の議論は資金と兵器の獲得に及びます。樽井は、地元奈良の土倉庄三郎《どくらしょうざぶろう》に資金提供を依頼することを持ちかけ、金もこれを了承。二人は後日、神戸で会う約束をして別れました。

金と別れた樽井は、自らの計画を共に進めるための仲間を募り始めます。

その時に、彼が念頭においていたのが、頭山満をはじめとした玄洋社のメンバーでした。彼は、東京で玄洋社メンバーがたむろしている拠点を訪問し、計画を伝えます。しかし、この計画に玄洋社メンバーは驚きませんでした。なぜならば、彼らも金玉均と連帯して、朝鮮に派兵する構想を練っているところだったからです。

玄洋社の関与

福岡で誕生した玄洋社は、当時、東京にも拠点を持っていました。場所は増上寺がある芝弁天《しばべんてん》。現在の東京タワーのふもとにあたります。

この場所には、一八八三年頃から上京した来島恒喜《くるしまつねき》や的野《まとの》半介《はんすけ》らが集まり、連日、日本外交の不甲斐なさなどを論じ合っていました。

一八八四年十二月に甲申事変が失敗に終わると、彼らは金玉均らを十分にサポートしなかった竹添公使に憤慨。来島は、帰国した竹添を麴町《こうじまち》の自宅に訪問して面会を申し込みましたが、竹添はこれを拒絶しました。玄洋社メンバーはこの対応に憤り、自らが朝鮮改革運動に参画する意志を固めていきました。

玄洋社内では壬午軍乱の頃から朝鮮の改革派への支持が高まり、封建的な朝鮮政府や清政府への不信感が強化されていました。玄洋社創設の有力者・平岡浩太郎は上海に渡り、東洋学館の創設者の一人として名を連ね、大陸の様子を探っていました。玄洋社メンバーは、壬午軍乱をきっかけに中国・朝鮮の状況に関心を向け始め、改革派を十分に後押ししない日本政府の外交への不満を抱いていました。

そんな折に、甲申事変の失敗と金玉均・朴泳孝の亡命の情報が伝わってきたのです。さらに、金玉均と横浜で面会を果たした樽井藤吉が訪ねてきたことで、彼らの気持ちは高ぶりました。

在京のメンバーは、すぐに福岡にいる頭山満に計画を伝え、金との早期の面会を求めることとします。彼らは朝鮮への派兵クーデターの「趣意書」を書き上げ、久田全《ひさだぜん》が福岡の頭山に伝えるべく東京を出立しました。

この「趣意書」には、次のようなことが書かれていました。

我《わが》三千年来の歴史は、未だ嘗《かつ》て寸毫《すんごう》も外侮《がいぶ》を蒙《こう》むりしことなし。然《しか》るに今や世界の大革命に際し、此金甌無《このきんおうむ》欠《けつ》の大帝国も、若《も》し一歩誤らば、遂《つい》に外人の奴隷たるを免《まぬか》る丶能《あた》はざるべし。而《しこう》して対韓問題は、神功皇后《じんぐうこうごう》征韓以来の宿題に胚胎《はいたい》せり。機を得て再挙事を決するに非ざれば、征韓論は唯是《ただこ》れ内政一種の権力争として、後世の笑《わらい》を買はんのみ。苟《いやしく》も生を明治の世に受けて、江藤、西郷等の志《こころざし》を知るの徒は、発奮興起、自ら其《その》志を継ぎて、頽瀾《たいらん》を未到に回さゞるべからざるなり。聞くが如《ごと》くば、朴、金の徒、困厄《こんやく》を脱して現に横浜山手の四番館に蟄居《ちっきょ》せりと。如《し》かず、其窮鳥《きゅうちょう》懐に入るの逆境を憐んで、他日活動の益友《えきゅう》たらしめんには

[玄洋社社史編集会　一九九二：二四五]。

来島恒喜と的野半助は金玉均・朴泳孝との面会を希望しました。おそらく彼らは樽井から金の居場所を聞きだしたのでしょう。さっそく横浜を訪問し、金との面会を果たしました。

このときの面談の内容は、定かではありません。しかし、わずかに残された記録から判断すると、彼らも樽井と同様に派兵クーデター計画を伝え、金玉均に兵力や資金などの援助を申し出たものと見られます。

東京に戻った来島・的野は、金玉均との面会の内容をメンバーに伝えました。

彼らは、興奮したのでしょう。久しぶりに気持ちが奮い立ったのでしょう。頭山満からの返信を、首を長くして待ちました。

福岡に到着した久田は、頭山のもとを訪ね、一連の経緯と計画を話しました。そして、頭山の上京を促し、金と面会してほしい旨を伝えました。

頭山は、この話を了承しました。

福岡の玄洋社メンバーは、沸き立ちました。そして、この計画をサポートすべく、多くのメンバーが上京し、準備に加わることになりました。

頭山は、金と会うために福岡を発ち、神戸に向かいました。

神戸

四月十三日。

金玉均は金策のため、船で神戸入りしました。

彼は有馬温泉に宿をとり、そこで一足先に関西入りしていた樽井藤吉と面会しました。樽井は、奈良の有力者・土倉庄三郎のもとを金と共に訪問し、資金提供を請うことを提案します。

しかし、金は同行を拒否します。

このときの金の真意は判然としません。樽井の実力を見定めようとしていたのか、はたまた樽井に対して十分な信頼をおいていなかったのか、いずれにせよ金の本心はわからないのですが、彼は樽井と行動を共にすることを断りました。金は、『神戸又新日報』の主筆・矢田績《やだせき》らにも資金提供の依頼をしたことが記録に残っています。もしかすると、他の有力者との面会を優先したのかもしれません。

金の説得に失敗した樽井は、単身で土倉のもとを訪れます。しかし、土倉の説得はうまくいきません。

土倉は言います。

　自分の財産と云《い》つても大体が山であり、現金は無い。金にするには抵当より外《ほか》方法が無いが、今年の凶作で金融はすつかり梗塞《こうそく》して居る。一寸《ちよつと》借してくれさうな銀行も無い。お気の毒だが〔田中 一九七〇：一六〇〕。

結局、樽井は当てにしていた土倉からの資金獲得に失敗しました。困った彼は郷里の友人・桜井徳太郎と会い、相談を持ちかけます。

樽井は、何とか金玉均の信頼を獲得したかったのでしょう。どうしても派兵クーデターを自らの手で成功させたかったのでしょう。彼は気がおけない仲の桜井に対して、金と面会の際に「自分が三万円を提供する」と、とりあえず言ってほしいと懇願しました。

桜井は戸惑ったでしょう。急に朝鮮でのクーデター計画という途方もない話を持ちかけられ、計画を前に進めるために、仮に「三万円出す」ことを金玉均の前で公言してほしいと言うのですから。

しかし、桜井はこの依頼を引き受けます。桜井は、樽井が構想する朝鮮改革クーデターに強い関心を示したのです。

二人は有馬温泉の金のもとを訪問しました。

樽井は、金を前にして桜井を指差し、「此人が金三万円を出し呉るる筈なり」と言います。金は桜井に対して「貴殿が金三万円を出し呉れらるるや」と尋ねると、桜井は「左様なり」と答え、「唯、今、手許に有合せざれども、本年中には取纏め差出すべし」と答えました［五條市史編集委員会 一九八六］。

これを契機に、桜井は急速に朝鮮でのクーデター計画にのめり込み始めます。彼は朝鮮で事を起こし、それをきっかけに日本の「内治改良の時機を造る」構想を練り始めました。

桜井は、情報収集のため朝鮮に渡ることを思いつきます。そしてすぐに行動を起こし、六月に単身で朝鮮に渡りました。

しかし、彼は現地で落胆します。

甲申事変後の朝鮮では、すでに開化派のメンバーは力を失い、グループは完全な崩壊状態に陥っていました。また生き残った残党メンバーもみな気力を失い、クーデター計画どころの状況ではありませんでした。

彼は失意のまま日本に帰国します。そして、樽井の計画の実行不可能性を認識し、その情熱を喪失してしまいました。

一方、樽井による土倉への説得も一向に進みませんでした。樽井がいくら懇願しても土倉は資金提供を了承せず、五月半ばになって金が訪問しても、首を縦に振ることはありませんでした。

樽井の計画は、資金面で頓挫してしまいました。

彼にとっての最後の頼みの綱は、玄洋社の組織力でした。彼は大阪の天王寺に秘密の拠点を構え、玄洋社メンバーからの連絡を待ちました。

頭山満と金玉均の会談

一方、福岡を発った頭山満は、神戸の西村旅館に滞在中の金玉均を訪問しました。初対面の金の印象を、後年、頭山は次のように回想しています。

　俺が初めて金玉均と神戸で落合《おちあ》つたのは三十歳の時で、彼は三つ四つ年上ぢやつたが、話してゐる中に彼が非常な才物であるといふこと、野放図《のほうず》（横着）な所もあるが珍しい豪《ごう》の者であるといふことを見抜いた。そこで俺は宜《よろ》しい一臂《いつぴ》の労を取らうと決心した。その時彼も非常に困つてゐるやうだつたから持合せの旅金五百円を全部遣《や》つてしまつた［西尾編一九八一：一一八］。

この回想は、アジア主義史において非常に重要な意味を持っています。頭山は、この面会で金玉均を「才物」「豪の者」と見なし、強い共感を覚えました。そして、手元にあった旅費のほとんどを、即座に金玉均に手渡しました。端的に言えば、頭山は金を気に入ったのです。

――よし、金玉均のためなら一肌脱いでやろう。

そんな気分に、頭山はなりました。

この瞬間、アジア主義は新しい局面に入りました。玄洋社のリーダー頭山満が本格的にアジア問題に関心を抱き、行動に移す基点がここに誕生したのです。

この後、玄洋社はアジア主義の中心的存在として、さまざまな活動を展開していくことになります。その活動の視野は東アジアだけでなく、フィリピンやインド、そしてイスラーム圏にまで向けられます。彼らは朝鮮や中国でさまざまな政治工作に従事し、孫文やR・B・ボースをはじめとする亡命革命家たちを全力で匿《かくま》いました。

そんなアジア主義を牽引した玄洋社の基点は、神戸での頭山満・金玉均会談にありました。ここで頭山が金を「才物」として気に入ったからこそ、その後の玄洋社・黒龍会のアジア主義が展開することになったのです。

金玉均の亡命生活は約一〇年に及んだのですが、その間、頭山は常に彼をサポートし、友情を深めていきました。

金に刺客が迫ると、頭山は次のようにアドバイスし、金の安全を確保しようとしました。

　俺は彼の身辺が気遣《きづか》はれてならないので、大石内蔵之助《くらのすけ》が京都で吉良《きら》の諜者《ちょうじゃ》に油断させた故事の倣《なら》つて、従来の憂国的行為を悉皆《しっかい》捨て、馬鹿のありたけを尽すやうに彼に勧めた［西尾編 一九八一：二一九］。

金は、頭山の勧めに従い、花町で遊興する日々を送るようになったといいます。これは会談から数年後の話で、日清戦争の開戦が迫っている頃の逸話です。

さて、話を会談直後に戻しましょう。

頭山は早速、資金集めに奔走することにしました。

彼は一旦福岡に戻り、資金を用立ててから上京することを計画しました。しかし、なかなか思うようには資金が集まりません。福岡の同志や関係者から集金しようとしても、その額はとうてい目標額には到達しませんでした。

東京では来島や的野らが、頭山の上京を今か今かと待ちわびていました。しかし、頭山は現れません。メンバーのなかにも焦りが出てきました。

そんな折、頭山は福岡を発ち、大阪の樽井のもとを訪問しました。そこで頭山は、樽井に対して次のように言ったといいます。

玄洋社は、志士が多いが金がない。私の才覚では二万円が精一杯だ。朝鮮で仕事をするにはどう見積つても十万円は要る。多少心あたりがあるので、東京から越後《えちご》方面へ金策に行つて来る。それに此計画もどうやら少し嗅《か》ぎつけられたらしいから、足下《そつか》もこゝに居ては危険である。暫《しばら》く玄洋社へ行つて身を隠すがよかろう［田中 一九七〇：一六二］。

頭山は、さらなる金策を進めますが、「十万円」という目標金額を集めるのは難しいという見通しを語っています。そして、この計画が官憲に嗅ぎつけられている可能性を示し、樽井に注意を喚起しています。

この後、頭山は東京に向いました。

当時、頭山が東京の定宿にしていたのは芝口の田中屋という旅館でした。ここは天井が低く、狭苦しい宿屋でした。

そんな部屋に、東京の玄洋社メンバーが集まってきました。頭山の到着を待ちわびていた彼らは、血気盛んに派兵クーデター計画の実行を迫りました。

しかし、頭山は動きません。

逆に、彼はメンバーを諫め「軽挙する勿れ」と諭しました。

頭山は、官憲の動きを気にしていました。玄洋社、樽井の他にも金玉均と連携して朝鮮で事を起こそうと企むグループが存在し、その活動が官憲に嗅ぎつけられていることを察知していたのです。

そのため、頭山は計画を進める危険性をメンバーに説き、自重を促しました。代わりに頭山は釜山に日本語・朝鮮語・中国語の三カ国語を教える語学学校「善隣館」を設立する計画を説いたといいます。頭山の構想は、この「善隣館」に日本の有志を送り込み、普段は語学の勉強に従事するものの、「その時」が来ればクーデターに参加するメンバーとなって活躍させるというものでした。この構想の背景には、平岡浩太郎が関わった東洋学館の経験が反映されていたのかもしれません。

しかし、この「善隣館」計画が実行された形跡はありません。こちらも資金面で挫折したのでしょう。

玄洋社の派兵クーデター計画も、ここで潰えることになりました。

大井憲太郎と大阪事件

さて、頭山が「官憲に嗅ぎつけられたのでは」と気にしていた動きですが、その中心は大井憲太郎たちの計画でした。

大井は急進的な自由民権運動の指導者として知られ、一八八二年には自由党に参加しました。この年の七月に壬午軍乱が起こると、彼は清に対する不信感と敵対心を強め、朝鮮の開化派への支持を固めました。

一八八四年に甲申事変が起こり金玉均の亡命が伝わると、大井は仲間と共に派兵クーデター計画を構想し、一八八五年五月頃から実行のための資金集めを開始します。

彼らの計画は、まず朝鮮で革命を起こし、第一段階として金玉均を中心とする開化派に政権を奪取させることを構想しました。次に、この革命によって朝鮮から清の勢力を一掃し、日本と清の対立を煽ります。そして、その動きを利用して日本の国内改革を断行するというのが最終的な目標でした。

彼らは以前から清との対立を深めるフランスとの提携を志向し、板垣退助・後藤象二郎などはフランスと手を組んで朝鮮に開化派政権を樹立する構想を持っていました。

彼らにとっての敵は、封建的で前近代的な清政府であり、むしろ文明を共有するフランスのほうが、手を結ぶことのできる相手と見なされたのです。

大井らの価値基準は、常に「西洋文明」にありました。彼らの朝鮮派兵計画は、「文明」によって朝鮮を清から解放するというもので、「アジア的価値」へのシンパシーはほとんど見受けられません。

このような観点から見ると、彼らをアジア主義者と見なすのは難しく、むしろ「文明論」に基づく日本の国内改革と権力闘争にこそ主眼があったと捉えるほうが適切なのでしょう。政府からの弾圧によって窮地に陥っていた自由民権運動を建て直し、閉塞状況を打破するきっかけとして派兵クーデター計画を遂行しようとしたというのが実情だったようです。

大井憲太郎一派は計画実行のための資金調達に奔走します。そして、その過程で時に強盗をはたらき、爆弾の製造を行うなどの違法行為を繰り返したため、次第に官憲からマークされるようになりました。

そして遂に、十一月二十三日にメンバーの一斉逮捕が行われました。この逮捕地が大阪であったことから、この一連の事件は「大阪事件」といわれ、旧自由党メンバーの過激な行動の一つとして知られるようになりました。

金玉均が、大井らの動きをどのように捉えていたのかは、定かではありません。ただ、官憲側の記録では、金は大井に対して「猜疑心」を抱き、深く信頼する様子はなかったと書かれています。

また、樽井藤吉の計画との連携も実行することができませんでした。樽井にとって旧自由党のメンバーはライバルであり、自分こそが彼らを出し抜いて朝鮮での革命を主導したいという思いが先行していました。そのため、両者の連携は難しかったのでしょう。

結局、①樽井藤吉の計画、②玄洋社の計画、③大井憲太郎一派の計画は相互に有効な連携を取ることができず、大井らの一斉逮捕によって、弱体化することになりました。

この「大阪事件の発覚」の煽りを受けて、樽井藤吉も逮捕されました。彼は金玉均との関係や大井憲太郎との関係などを取り調べられましたが、結果として予審免訴となり釈放されました。

樽井にとっては、敵対するライバルのとばっちりを受けた逮捕でしたが、この収監は彼に新しい道を切り開くことになりました。彼は獄中で自らの構想をまとめる時間を確保し、その考えを草稿としてまとめる作業を開始しました。

これが、のちに刊行されることになる『大東合邦論』の原型です。残念ながらこのときの草稿を樽井は紛失してしまったため、一八九三年に刊行されたものと如何なる相違があるのかはわかりません。草稿自体が本当に存在したか否かも確かめることはできず、樽井の回想を信じるほかないのですが、しかしこのとき一連の派兵クーデター計画を通じて金玉均と対話し、日本と朝鮮の対等な合邦という方向性を構想し始めたことは事実でしょう。

一八八五年の金玉均の行動は、結局、政治的には実を結びませんでした。むしろ大阪事件の発覚によって金は日本政府から警戒されるようになり、東京から遠く離れた小笠原《おがさわら》や北海道での生活を余儀なくされることになります。開化派による政権奪取という夢は、遠ざかる一方でした。

しかし、この一連の騒動は、玄洋社をアジア主義の方向に誘引する大きなきっかけとなりました。頭山満を筆頭とする玄洋社メンバーは、金玉均との交流を通じてアジア主義的心情を深め、このあとの活発な活動を展開することになったのです。

また、初期アジア主義における最重要文献とされる『大東合邦論』も、この年の樽井藤吉・金玉均の交流から構想されたものでした。

このような点において、一八八五年はアジア主義の本格的始動の基点となる重要な年として記憶されるべきなのです。

第六章
来島恒喜のテロと樽井藤吉の『大東合邦論』

小笠原

一八八五年十一月の大阪事件発覚により、金玉均を支援する派兵クーデター計画は頓挫しました。朝鮮の封建体制打破を画策し、計画の遂行に気持ちを高ぶらせていた人々は、意気消沈しました。玄洋社のメンバーは、頭山満が計画の早期挙行に消極的だったことから逮捕者もほとんど出ず、冷静な対応を見せていましたが、それでも派兵計画に積極的だった来島恒喜は落胆し、革命計画の難しさを痛感しました。

夢破れた来島は、的野半介ら玄洋社メンバーと共に「南洋探検」に新たな希望を見出そうとします。来島はこのとき、次のように言ったといいます。

> 南洋問題たる、古《いにしえ》より東邦問題と離る可《べ》からざる関繋《かんけい》を有せざるはなし。苟《いやしく》も我国民にして、東邦経営の任務を全《まっと》うせんと欲《ほっ》せば、亦併《またあわ》せて南洋経営の設備を懈《おこた》る可からず。今や、政府の圧迫日に甚《はなは》しく、吾人《ごじん》の東邦問題に対する運動、意の如《ごと》くならざるものあり。若《し》かじ、此際《このさい》に当り、吾人は世上の閑却《かんきゃく》する南洋方面に於《お》て、探検の実を挙げ、宝庫を発見し、利源を開発し、由《よ》て以《もっ》て徐《おもむ》ろに東邦問題に対する準備の策を講ぜんには［的野 一九八〇：六八］。

読みづらい文章なので、現代語で要旨をたどってみましょう。

〈東邦問題は南洋問題とリンクしている。日本人が東邦経営の任務を果たそうとすれば、南洋経営をぬかってはならない。最近は東邦問題に関する運動に対する日本政府の圧迫が厳しいので、なかなか思うようには運動を展開することができない。いっそのことこの際、私はみんなが放置している南洋を探検し、「宝庫」を発見することで、「利源を開発」しようと思う。そして徐々に東邦問題への準備を進めていくことにしよう〉

来島は、南洋を「未開の地」と見なし、そこに眠っている「宝」を発見・開発しようと考えました。みんなが目を向けていない南洋にいち早く乗り込み、資源の開発・経営を進めることで資金力をつけ、中国・朝鮮問題に乗り出すタイミングを計ろうと考えたのです。

このとき来島が目をつけたのが小笠原諸島でした。彼は、小笠原を基点として南洋の無人島を「探検」し、発見した島で「利源の開発」を進めようと企んだのです。一八八六年四月。来島は、同志の的野半介・竹下篤次郎《とくじろう》と共に小笠原に向かいました。彼らはやっとのことで父島に到着し、島司の立木兼善《たつきかねよし》と面会します。立木は一八七三年から一八七四年にかけて福岡県令を務めた人物で、来島ら一部の玄洋社メンバーとは面識がありました。

来島は、立木の了解を得て、南洋の無人島探しに出発しようとします。しかし、この事業には船の購入など多大なる資金が必要でした。しかし、彼らのもとにそんな大金はありません。来島らはやむを得ず小笠原で足止めとなり、無為の時間を過ごすこととなりました。

そんなときです。

小笠原に、驚くべき人物がやってきました。

金玉均です。彼はこの年の夏、日本政府から小笠原への流配を命じられたのです。日本政府は閔妃政権から金玉均の身柄引き渡しを要求されていました。さらに金のもとには朝鮮から刺客が送られ、命を狙っていました。日本政府は六月、この刺客と金玉均の双方に国外退去命令を発し、厳しい態度で臨む方針を示しました。

金はアメリカかフランスへの亡命を希望しましたが、なかなか渡航の資金が集まりません。日本政府は国外退去命令を出したものの、彼がロシアなどに渡ると朝鮮半島情勢に影響が出ると考え、国外への亡命にも慎重な態度を取り始めました。

日本政府としては、金がいつまた過激な自由民権運動の活動家と交わり、大阪事件のような問題を起こすのではないかという不安を抱えていました。かといってロシアなどで不穏な動きを企てられると、日本に不利な状況が生まれる可能性があり、これも不安です。日本での活動を封じながら、海外にも渡航させないためにはどうすればいいのか——。

そのような状況のなかで出てきたのが小笠原への流配でした。

金はこれに必死で抵抗しますが、日本政府の方針は覆りません。最後は、有無を言わさない強制執行のような形で小笠原行きの船に乗せられ、横浜港を後にしました。事実上の幽閉です。

天候不順が続いたため、金を乗せた船が小笠原に着いたのは、約一カ月後のことでした。金が父島に到着したことを知った来島らは、早速、面会に赴き、予期せぬ再会を喜びました。彼らは毎日のように金のもとを訪ね「前途の運命を策」しましたが、なかなか展望は開けませんでした。

結局、一冬を越した後、来島・的野は「南洋探検」を断念し、東京に戻りました。

一方、金玉均の小笠原生活は約二年間に及び、その後も北海道に流配されました。金の焦燥感はますます高まるばかりでした。

大隈重信暗殺未遂事件

東京に戻った来島は一八八八年二月、地元の福岡に帰郷します。

その頃、社会で大きな話題になっていたのが条約改正問題でした。明治維新以降の日本にとって、最大の外交課題は治外法権の撤廃と関税自主権の回復でした。何とか不平等な条約を改正し、西洋諸国と対等な関係を結ぶことが最大の悲願でした。

一八七九年に井上馨が外相に就任すると、政府は治外法権撤廃と関税自主権の一部回復を目指して、積極的な条約改正外交を展開します。井上は条約改正を実現するために、①日本の土地を外国人に開放すること、②外国人裁判官を過半数任用すること、③欧米同様の法典を編纂すること、を諸外国に提案。一八八三年には鹿鳴館をオープンし、欧化政策によって日本の国力をアピールしようとしました。

しかし、このような井上の外交に対しては、繰り返し批判の声が上がりました。特に問題になったのは「外国人裁判官の過半数任用」でした。一八八六年にノルマントン号事件（イギリス人乗組員は脱出し、日本人船客二三人は全員溺死）が起こると、不平等な内容を含む井上の条約改正案への批判は頂点に達し、一八八七年九月、井上は外相辞任を余儀なくされました。

来島は、このような井上外交に怒りを強めていました。彼は「是れ実に売国的条約案なり。国家の為に之を打破せざる可からず」と憤慨し、条約改正反対運動に加わりました。

井上は外相を辞任しますが、一八八八年八月には黒田内閣で農商務大臣に就任し、閣僚に復帰しました。当時福岡に戻っていた来島はこれに激怒し、井上の福岡訪問時に彼の暗殺を企てます。彼は懐に短刀を忍ばせ、井上に近づこうとしますが、的野ら仲間から止められ、やむなく計画を中止しました。

井上の後を継いで外相に就任したのは大隈《おおくま》重信でした。彼もまた条約改正に取り組むのですが、「外国人裁判官を大審院に限り任用すること」を改正案に盛り込んで交渉に挑んだため、再び国民からの批判が高まりました。玄洋社もこれに猛反発し、頭山満は内相兼蔵相の松方正義《まつかたまさよし》や前首相で枢密院議長の伊藤博文を訪問して、説得を試みました。その結果、伊藤らは反対の側に回り、大隈の条約改正案は頓挫する見込みとなりました。

しかし、です。首相・黒田清隆《きよたか》は反対意見を押しのけ、大隈案を支持します。一八八九年十月十五日の閣議で最終決断を迫られた黒田首相は、「改正断行」を宣言。これに反発した伊藤は枢密院議長を辞任しました。

これに激怒したのが、玄洋社のメンバーでした。伊藤らの説得に成功し、大隈改正案は通らないだろうと考えていた彼らは、予想外の決定に愕然とし、黒田・大隈への反発を強めました。

政府有力者への説得でも駄目。国民的言論運動を起こしても駄目。

反対派の彼らは追いつめられていました。

――「これは暗殺テロしかない」。

反対運動の中心で活動していた来島は、そう決断しました。

閣議決定から三日後の十月十八日、来島は傘の中に爆弾を忍ばせ、霞《かすみ》が関《せき》に向かいます。彼が狙ったのは大隈外相。外務省前で、大隈が現れるのを待ちました。

午後四時頃。

二頭立て馬車が、外務省表門に現れました。

来島は、大隈が乗っていることを確認すると、傘の中から爆弾を取り出し、馬車に向かって投じました。

爆弾は命中。大隈は倒れ、地面に投げ出されました。

大隈の死を確信した来島は、皇居に向かって拝礼し、懐から短刀を出して自らの首を一気に切りました。

来島は即死。享年二十九でした。

一方の大隈は、片脚を失う重傷を負ったものの、一命は取り留めました。しかし、条約改正に取り組む状況ではなくなり、彼の改正案は頓挫しました。

来島は最後まで金玉均のことを気にしていたといいます。彼のアジア主義は、封建制を打破したアジア諸国が連帯することと、日本の国際的地位を高める対外的ナショナリズムが一体となったものでした。

樽井藤吉『大東合邦論』

さて、このような初期アジア主義を代表する書物が一八九三年に出版されます。樽井藤吉の『大東合邦論』です。これはアジア主義を議論する際、最も重要な文献の一つで、これまで数多くの人に言及されてきました。その評価は、絶賛から酷評までさまざまです。

樽井の提起した議論を評価する人たちは、日本と朝鮮の「対等合邦」の必要性を強調する点を取り上げ、アジアの対等な連帯を志向する独創的なものと論じます。一方で、厳しい評価を下す人たちは、後の「韓国併合」に繋がるアジア侵略・同化政策の巧妙な論理だと論じます。

国民国家の論理を超えるアジア連帯思想の先駆けなのか、あるいは植民地支配を拡大する帝国主義の先駆けなのか――。

大きく評価の分かれる『大東合邦論』をじっくりと読み解くことには重要な意味があります。

前章でご紹介した通り、樽井が『大東合邦論』を書き始めたのには、出版からさかのぼること約八年前の一八八五年でした。この年、彼は朝鮮への派兵クーデター計画が行き詰まり、頭山満の勧めもあって玄洋社で国際法の勉強に取り組んでいました。そのときに書き始めたのが「日鮮連邦論」という草稿です。彼は大阪事件によって逮捕されますが、このときに原稿は官憲に没収され、釈放になっても返却されませんでした。当時はコピー機などない時代ですから、樽井は手許に写しを持っておらず、せっかく書いた原稿のすべてを失うことになってしまいました。この草稿は、現在に至るまで発見されていません。

樽井はその後しばらくの間、論考を放置していましたが、一八九一年の五月から十一月にかけて雑誌『自由平等経綸』に未定稿を連載し、一八九三年八月に書籍として出版しました。一八八五年の草稿は日本語で書かれたようですが、一八九一年の連載原稿と一八九三年の出版本は、すべて漢文で書かれたものでした。彼は『大東合邦論』を日本以外の東アジア諸国（特に朝鮮と清）の人に読んでほしいと考えていたため、必死で漢文を習得し、出版にこぎつけたのです。韓国併合が実施された一九一〇年には改訂版が出版されますが、ここでは若干の変更が加えられるとともに、「再刊要旨」が巻頭に付けられました。

さて、中身です。

樽井は、白人に対する脅威論を展開します。彼は、現在の世界で白人こそが体力・知力・財力のいずれも凌駕していると論じ、その脅威を訴えます。

樽井が恐れたのは、人口増加による領土争いの激化でした。白人が食糧を求めてさらに勢力を拡大し、黄色人の住む東アジア地域にも強い力で進出してくるにちがいないと考えたのです。

彼は、国家が単位となって領土争いを繰り広げる時代は終わろうとしていると見ていました。むしろこれからの生存闘争は人種間で起き、白人は一致団結して異人種に闘争を仕掛けてくると読んでいました。

だから東アジアの黄色人は、白人のパワーに対抗するために連帯しなければなりません。黄色人が一致団結し、白人連合に対抗していかなければ、生き残ることができないのです。

同種多数一致の勢力を得ざる者は、必ず滅《めっ》す。これ必死の理《ことわり》也《なり》。

同じ黄色人種は「多数一致の勢力」を築かなければ、必ず滅びてしまうと樽井は考えました。このような「生存闘争」のなかを日本人は生き抜かなければならず、そのためにはどうしても東アジアの連帯が必要だと訴えたのです。

わが黄人にして勝たずんば白人の餌食《えじき》とならん。しかしこれに勝つの道は、同種人の一致団結の勢力を養《やしな》うに在《あ》るのみ。

朝鮮との対等合邦

ここで重要なことが提起されます。

日本と朝鮮の「対等な合邦」です。日本と朝鮮が一つの国家となって結びつき、一丸となって白人の帝国主義に対抗していこうというのです。

このときに彼がこだわったのが「国号」でした。つまり「合邦後の国の名前をどうするか」という問題です。例えば、面積や人口規模が大きい国の名前に統一したりすると、どうしても一方の国がもう一方の国に併合されたという形になってしまいます。国力が強大なほうの名前にしたりすると、その傾向は著しくなります。それではどうしても対等な合邦とはいえません。一方的な支配になってしまいます。

ではどうすればいいのか。

彼は、日本と朝鮮の双方とも旧国号を放棄し、新たな国名を冠することが必要と説きました。

そこで出てきた名前が「大東」。

この名前をつけることで、日本と朝鮮の合邦が対等であることをはっきりさせる必要があると考えたのです。


いま両国の旧号に拠《よ》らずして、もっぱら大東の一語をもって両国に冠するは、この嫌いを避《さ》けんと欲するのみ。（中略）いま合邦を称して大東となすは、両国将来の隆興《りゆうこう》日の昇るがごときを祝うなり。


次に問題になるのは、両国の「君主」の存在です。日本には天皇が存在し、朝鮮にも李朝の国王が存在します。両国を対等に合邦した場合、両国民にとって重要な「君主」の存在をどうすればいいのでしょうか。

一方を残し、一方を取り潰すようなことをすると、合邦がうまくいくわけがありません。これは国号の問題と同様、一方的な支配になってしまいます。かといって、歴史的背景の異なる両者を一つにまとめてしまうこともできません。両者を対等に取り潰すことも不可能でしょう。そんなことをすれば、日本の皇室も朝鮮の王室も黙ってはいません。両国民も、そのような革命に近い変化を喜ぶとは思えません。

そこで樽井が出した案は、両者の並列的な維持でした。

朝鮮王、永世の尊栄《そんえい》を保《たも》たんと欲せば、また日本と合同するに如《し》かず。日本の皇統はもとより万世一系たり、国民忠誠の実想《じつおも》うべきなり。今これと兄弟の誼《よしみ》を結び、彼此《ひし》並立すれば、その王統は日本国民の擁護《ようご》するところとなり、もってこれを万世に伝うること、なお麻《あさ》の中の蓬《よもぎ》のごとし。何となれば、合邦の制はその民たがいに各邦の君を尊奉《そんぽう》すればなり。朝鮮王のためにこれを言うに、いずくんぞ賀《が》せざるを得んや。ゆえにいわく、合邦の利は朝鮮をもって多しとなすと。

とにかく王室の統合や廃止など考えず、両方を存続させればいい。各国民は、相手の君主を尊重し、自らの君主を敬愛すればいい。これで両王家の王統は守られつつ、国家統一が成立する――。

これが樽井の構想でした。

要するに、これは二つの地域にそれぞれの「君主」を認める変則的な立憲君主制でした。彼はこれで朝鮮の専制君主制の改革が進み、国民の権利や自由が守られる開化が実現すると考えていたのです。

日本が朝鮮を指導する

彼は、この合邦の利益は朝鮮の側こそより大きいと強調します。彼の見るところ、朝鮮はいまだ文明開化がなされず、産業も興っていません。「智見」も進んでおらず、日本とは大きな格差があります。そんな国を日本が合邦によって「導く」のは、朝鮮側にこそ大きな利益があると言います。

樽井の中では、日本が朝鮮を指導する立場であることは自明でした。日本が朝鮮の封建制を改革し文明開化に導くというのが、樽井にとっての使命感でした。

彼は言います。

日本はかつて朝鮮から多くのことを学び、発展してきたではないか。朝鮮が文明から取り残されているのは「時運の致すところ」であり、お互い様である。「今我の彼を導くは、徳に報ずるなり」――。

彼は、両国の合邦の「通有の利」（＝共通のメリット）を八つ挙げます。

一にいわく、両国合同すれば一敵国を滅ず。二にいわく、合同して大を致さば他邦より畏敬《いけい》せらる。三にいわく、政治の最も公平なるは合邦たり、公を秉《と》らざれば合同成らざるなり。四にいわく、両国ますます親密を致す。五にいわく、対《つい》馬海峡《まかいきよう》の鎖鑰《さやく》は、おのずから強固たり。六にいわく、公使領事の費を節《せつ》す。七にいわく、貿易、旅行、通運等の便を開く。八にいわく、最も清・露二国の敬畏を受く、と。

これだけのメリットがあるのだから、日本はいろいろとコストが掛かるけれども、朝鮮との対等な合邦を進めるべきであるというのが、樽井の見解でした。

では、お隣の大国・清との関係はどうするべきと考えていたのでしょうか。

彼は、清とは「合邦」ではなく「合縦」すべきと主張します。清は何といっても大国です。日清戦争以前の話ですから、まだまだ国力は清のほうが上だという意識が強くありました。

そんな清とすぐに一つの国になるということを、樽井は想定していませんでした。「合縦」とは「同盟」のことです。清とは同盟を結び、しっかりと連携しながら西洋諸国と向き合っていくべきというのが彼の構想でした。

朝鮮とは「合邦」、清とは「合縦」。

ここで重要になるのが、「合邦の形式」です。「君主の並立を認める立憲君主制」というのが漠然たる構想のようですが、彼はこれを明確には示しません。

いわく「合邦の説は実に是なり、しかれどもその体、ドイツに倣《なら》って友国連邦となすや、イギリスに擬《こ》って同治合邦となすや、北米合衆国の制に取って主権会盟となすや、そもそもまた会盟邦国の制に従うや、いまだにその適従《てきじゅう》するところを知らず」と。これ当然の疑問なり。余《よ》もとより定見《ていけん》の存《そん》する有《あ》り。しかれどもこれを今日において述《の》ぶるを欲せず。

何とももったいぶった記述ですが、とにかく樽井は「はっきりとしたヴィジョンはあるが、今は言いたくない」と書いており、明言を避けています。

さらに、彼は次のようにも言っています。

新たに合同を図るものは、よろしく新機軸《しんきじく》を出《い》だしてもって彼此の便を開くべきなり。もし両国約《やく》を立て、これを行なうこと数年にして情形なおいまだ便ならざるもの有らば、すなわち更《さら》に制を解《と》きてもって旧に復《ふく》すもまた可なり。

「合邦の形式」についてはは国際的にいろいろなものがあるけれども、今のところ確定した制度はないので、「新機軸」を出して新しい「形式」を作っていかなければならず、もし合邦してみて数年後に「これはうまくいかないな」ということになれば、元に戻せばいい、というのが彼の見解でした。

このあたりの記述を読んでいると、樽井の構想がきわめて曖昧で、緻密な研究や制度設計に基づくものではないことがわかります。彼の合邦論は、大胆な構想ではあるのですが、実現のための「政策」や具体的な「ヴィジョン」というには、程遠いものでした。

スペンサーの社会進化論

そして、何といっても『大東合邦論』の特徴は、議論の重要な部分がスペンサーの議論に基礎付けられているという点です。この点は、これまでの研究であまり強調されてきませんでした。

スペンサーは十九世紀に活躍したイギリスの哲学者で、生物や自然が進化を遂げてきたように人間社会も理想的な姿に向かって進化するという「社会進化論」を唱えました。この議論は共産主義者たちに大きな影響を与え、社会主義革命を正当化する論理に援用されました。日本でも一八七〇年代後半から翻訳本が出始め、一八八〇年代にはスペンサーブームといえる状況が生まれました。政府の中枢にいる政治家から自由民権運動の活動家まで、十九世紀後半の日本が受けたスペンサーからの影響は計り知れないものがありました。

樽井の議論は、このスペンサーの社会進化論に大きく影響を受けています。彼は「競争」による「生存競争・優勝劣敗・自然淘汰」が、西洋世界に開明と進化をもたらしたと論じ、スペンサーの議論に言及しています。そしてこの議論を土台に、社会の段階的な進化によって「世界統一」が成し遂げられるという見通しを説きました。彼は社会進化の先駆的取り組みとして、日本と朝鮮の対等合邦を成立させるべきことを説いていたのです。

一方、彼は東洋的な専制政治に強い嫌悪感を示しています。彼は朝鮮や清の専制政治を早急に打破し、共和的な社会に進化させるべきことを訴えました。

このとき重要なのは、樽井が「競争」と共に「親和」という概念を重視していることです。彼の見るところ、「競争」はヨーロッパのような「異種族混合の社会」で起こり、「文化は高度に達」していきます。ヨーロッパ社会では専制君主が打破され、共和主義的な民主性が拡大しました。しかし、「競争」ばかりの社会では、「協力分労」が成立せず、個人主義的な傾向が強まります。人々はなかなか「一致せず」、社会はまとまりません。支配者は巧みに「智力」を用い、宗教と法律で人々を縛ります。いずれこの「競争」社会は乗り越えられるべきですが、専制政治を打破し、文明開化を促進させるためには重要な要素です。

では、どのような観念によって乗り越えられるべきなのでしょう。

それが「親和」でした。樽井は「親和」を東洋社会の構成要素だと捉えます。元来の東洋社会は儒教的な「聖人の道」に基づいており、政治は「懲悪」よりも「勧善」を重視していました。

その代表例が尭舜《ぎようしゆん》の時代です。彼らは徳をもって政治を行い、人々に安楽を提供しました。そこでは「王道」政治が行われ、人々は善き方向に「教化」されていました。しかし、このような「勧善」「教化」を重視する「親和」社会は、東洋では崩壊してしまいました。それはなぜか。

原因は専制政治の横行です。人民の幸せを軽視し、特権階級の利益を重視する体制によって社会は疲弊し、文明開化への道は閉ざされてきました。

ああ。尭舜周公《しゆうこう》の道は、今日欧米に行われて東亜に行われず。欧州昔日《せきじつ》の野蛮《やばん》は、化《か》して今日の富強開明となり、東亜の諸国は萎靡《いび》振《ふる》わず。古今東西、盛衰《せいすい》地を易《か》うるは、あにその国政の本を悟《さと》らずして、専制の弊《へい》を守るをもってにあらずや。

「親和」社会は、むしろ文明開化を遂げた西洋社会に広がりつつあるのではないかと、樽井は見ていました。封建制を脱した西洋社会は、東洋的伝統だった「親和」を立憲主義や共和主義によって部分的に実現し、次の段階に進んでいると捉えたからです。

しかし、先に見たように西洋社会も理想的な状態ではありません。すべてが「勧善」と「親和」に覆われた社会などではなく、「競争」による個人主義的な闘争が続き、政治は「懲悪」によって秩序を保とうとする不完全な社会でした。

　ヨーロッパの現況は、年々数十億万金を軍事に費《つい》やす。これ懲悪をもって政本となすの余弊《よへい》なり。もしこの巨億万金を教化に用《もち》うれば、数年を出でずして罪悪おのずから消滅せん。

彼の発想は、決定的にスペンサーの社会進化論に規定されています。社会は未来に向かって進化し、理想的な「世界統一」が段階を経て成立するという考えが、樽井の議論には色濃く反映されていました。これはきわめて重要なポイントです。

少しまとめておきましょう。

樽井は、尭舜周公の時代の「勧善・親和社会」を原始的な理想社会として評価します。しかし、このような社会は封建的な専制政治の横行によって崩壊し、人民の幸福は制限されていきました。これを突破したのが、ヨーロッパの近代です。彼らは文明開化を成し遂げ、立憲主義や共和主義によって封建制を打破しました。しかし、そんな近代西洋社会も理想的なものではありません。社会には「競争」と「懲悪」の論理が広まり、外に向けては帝国主義的態度を露骨に示しています。このような時代をさらに突破し、世界統一への道筋を作るためには、日本と朝鮮が先駆的に「対等合邦」し、理想社会への次の一歩を踏み出すべきです。西洋の帝国主義に対抗しつつ、新たな段階に社会を進化させるためには、日本と朝鮮の合邦こそが重要なのです――。

樽井の中では、このような社会進化のプロセスを歩むことこそ、「覇道」から「王道」への転換だと捉えられていたのでしょう。尭舜に代表される東洋的な「王道」政治への回帰は、西洋近代の成果を取り入れ、その弊害を打破することを通じて達成されると考えたのです。そして、究極の理想としての「王道」政治の実現のためには、まずは次の段階に進化する必要があり、その重要なステップとして日本・朝鮮の対等合邦が位置づけられたのです。

アジア主義は、国家を超えたアジアの連帯を模索する潮流です。封建社会を打破し、西洋の帝国主義に対抗しつつ社会を次の段階に進化させるためには、国家を超えた「アジアという領域」を政治単位とする必要があると、多くのアジア主義者は考えました。そして、そのような構想に対して、同時代のヨーロッパからもたらされた社会進化論が、絶妙な形で呼応しました。

多くのアジア主義者は、国家を超えたアジアの連帯こそ「世界統一」という理想に近づく第一歩だと考え、その進化のプロセスの中にアジア主義構想を重ね合わせました。これは次の時代の北《きた》一輝・大川周明や戦後の世界連邦運動まで、一貫して続いているものです。そして、このヴィジョンは同時代のアジア諸国にも波及していきました。樽井の『大東合邦論』は朝鮮や中国で多く読まれ、共感を集めました。

しかし、この構想は日本の帝国主義に容易に転化してしまう側面を有していました。隣国の植民地支配を「世界統一」に至る社会進化の一プロセスとして容認するロジックを、結果的にアジア主義は与えてしまいました。そしてその典型が、他でもない韓国併合時の樽井藤吉の言論でした。一九一〇年に再版された『大東合邦論』の「再刊要旨」では、韓国併合を追認する論理が展開されました。この点については非常に重要なので、いずれ詳述することにします。

第七章 天佑俠と日清戦争

朝鮮浪人と武田範之

一八八〇年代後半から一八九〇年代前半にかけて、日本の政治体制は徐々に確立されていきました。一八八九年には大日本帝国憲法が発布され、一八九〇年には第一回帝国議会が召集されました。自由民権運動の成果が形となったことにより、運動の担い手の一部は議員となり、政治の中心にポストを得ました。

しかしもちろんのこと、すべての活動家が政治の中心に参画できたわけではありません。多くの者は具体的な官吏の役職に就くことができず、浪人生活を続けていました。

そんな者のなかから、朝鮮に渡って政治改革に参加し、ひと旗揚げようという壮士が多く現れるようになりました。いわゆる朝鮮浪人の誕生です。彼らは特定の職に就くことなく、行商などをしながら、政治変革への参加機会を窺っていました。

彼らの多くが集まったのは釜山。当時、朝鮮には九〇〇〇人強の日本人が在留していたといわれ、そのうちの半数以上が釜山に集結していたとされます。

さて一八九一年、釜山から西へ約一〇〇キロはなれた金鰲島《クムオド》に、一人の日本人がやってきました。

武田範之《はんし》。

顕聖寺（新潟県高田市／曹洞宗）の住職です。

彼は福岡県の久留米《くるめ》に生まれ、国内での放浪生活ののちに仏教と出会い、若くして出家しました。彼は僧侶として高い能力を発揮し、将来を嘱望されますが、旧友・関常吉に感化され、朝鮮問題に関わるべく一旦、寺を出ました。

武田は朝鮮で事業を興します。彼は金鰲島に渡り、そこで漁業事業を経営し始めました。しかし、計画はきわめて杜撰で、経営方針も一貫していなかったため、事業はあえなく失敗します。借金は何とか共同経営者の李周会《イジュホエ》が負担することになりますが、武田は金鰲島を離れ、釜山に移りました。

武田は、仏教僧としてインドに滞在することを夢見ていました。彼は日本仏教の現状に批判的であり、アジアと連帯することで、信仰に基づく理想社会の構築を考えていました。彼は「萬国を以て一家となすべし」という理想的普遍主義を心に秘め、その一過程として朝鮮の国内改革を模索していました。彼のアジア主義は、政治的野心や心情的義憤のようなものだけでなく、仏教に基づく思想的な契機を有していました。一八九三年になると、釜山には続々と朝鮮浪人が集まり、それぞれ独自の活動を展開し始めていました。

そのなかの一人に大崎正吉という人物がいました。

大崎は前年の秋、友人の吉倉汪聖《よしくらおうせい》から朝鮮旅行の話を聞き、新天地での活躍を夢見るようになります。大崎は吉倉と「朝鮮に渡って大に志を伸ばさうという盟約」を結び、旅費をかき集めて釜山に渡ることにします〔黒竜会編 一九六六a：一四八〕。

旅費の都合で吉倉が先行して旅立ち、遅れて大崎が釜山に到着。大崎は「有馬」という旅館に宿泊しました。ここは日本の朝鮮浪人がよく利用する宿で、この時も他の日本人が数組宿泊していました。

ある日、大崎が部屋で酒を飲んでいると、男が突然部屋に入ってきました。

武田範之でした。

この時、彼らは軽く言葉を交わしただけだったのですが、翌日、武田は大崎を自室に招いて、じっくりと酒を酌み交わしました。彼らは初対面ながら意気投合し、互いに志を熱く語り合いました。そして、次の日からさっそく行動を共にするようになり、自然と一つの浪人グループが形成されていきました。

釜山生活のなかで彼らが苦労していたのは、当面の生活資金の調達でした。彼らには漠然たる志はあるものの具体的なプランはなく、特定の仕事があるわけでもありません。しかし、何とかして現地で糊口をしのぐための資金集めが必要でした。

大崎には日本で学んだ法律の知識がありました。そのことから、彼らは釜山の日本人が現地の朝鮮人に対して貸付けたこげつき債権の取り立てを行う事業を考案し、「大崎法律事務所」を開設します。彼らはここを「梁山泊」と呼び、連日、酒を飲みながら豪放な合宿生活を送りました。

そうして、一八九三年は終わっていきます。

金玉均暗殺

一八九四年に入ると、東アジア情勢は急展開し始めます。

場面は変わって東京。

亡命中の金玉均のもとへ一通の招請状が届きました。送り主は、清の李経方《りけいほう》。李鴻章《りこうしょう》の養子です。

招請状の中で、李は金を上海に招き、李鴻章との面会を要請しました。

金は、すでに日本での亡命生活が一〇年目に突入していました。先の見えない亡命生活のなかで、彼は苛立ちと焦燥感を高めていました。

そんな時に、事態を打開するチャンスが清からもたらされたのです。金は悩んだうえで、この誘いに乗ることにしました。

しかし、この話は危ういものでした。

頭山満らは、陰謀のにおいを嗅ぎつけ、金に渡航を思いとどまるよう説得しました。しかし、金は「虎穴に入らずんば虎子を得ず」と答え、李鴻章との面談に向かう決意を語りました。

彼が長崎を出発したのは三月二十五日。同行者は洪鍾宇《ホンジョンウ》、呉葆仁、そして和田延次《えんじ》郎《ろう》の三人でした。

金は、当初から洪を警戒していました。船中でも寝室を遠ざけ、隙を見せないようにしていました。また、側近の和田にも洪への警戒を語っていました。

二十七日、船は無事、上海に到着しました。一行は日本人が経営する旅館・東和洋行に入り、休息をとりました。

翌二十八日の午後、金は体調が思わしくなく、自室で休んでいました。その時、突然ピストルを持った洪が部屋に入ってきたのです。洪は金の頭をめがけて引き金を引きました。

金はその場で倒れ、間もなく息を引き取りました。享年四十三でした。

金玉均暗殺の知らせが日本に伝わると、閔氏政権に対する批判と憎悪が巻き起こりました。朝鮮政府の封建的な姿勢とともに、それを背後でサポートし、金暗殺を後押しした清政府に対しても批判的な感情が沸き起こりました。

甲午農民戦争

金玉均が暗殺された頃、朝鮮では一人の人物に注目が集まっていました。
——全琫準《チョンボンジュン》。

彼は農民の子弟への教育を行いつつ、ほそぼそと農耕に従事していました。彼は、時とともに農民たちからの信望を集め、次第に彼らを導く指導者へとなっていきました。

当時の朝鮮の農村は厳しい状況に置かれていました。財政難に陥った政府は高税率を課し、地方の官吏は私腹を肥やすための水増し徴税を行っていました。農民たちは総じて貧しく、知識も乏しい状態でした。彼らが官吏に対する抗議を繰り返しても、その声は聞き入れられず、さらなる徴税を課される始末でした。そのようななか、政府の悪政を批判し、その支配構造の問題点をわかりやすく説いたのが全琫準でした。

彼は「東学」といわれる宗教のメンバーでした。東学とは、一八六〇年に崔済愚《チェジェウ》によって創設された民衆宗教で、ヨーロッパの西学（＝天主教・カトリック）に対抗するものとして登場しました。東学では「人すなわち天」が教理の核心として掲げられ、人民の平等が強調されました。この教理は、当時の封建的支配・身分秩序を否定するもので、両班《ヤンバン》からの差別に苦しんでいた民衆に支持されました。また、東学は病気治しなどの現世主義的な傾向を強く持っていたため、この点でも現実の生活苦に陥った民衆の心を広くつかみました。

崔は、政府から邪教とのレッテルをはられ、弾圧されました。彼は異端の唱導者として逮捕され、一八六四年に処刑されます。しかし、東学はそれ以降も爆発的に広がり、信者の拡大が止まらなくなりました。

東学のメンバーは、繰り返し朝鮮政府とぶつかります。一八九三年には彼らは崔済愚の汚名をそそぐ運動を展開し、大規模集会を開催しました。東学の幹部はソウルにのぼり、王宮正門前にひれ伏して、国王への直訴を行いました。

また、彼らは外国勢力への排撃運動を展開し始めます。彼らは各国の公使館や領事館を回り、「斥和斥洋」（日本と西洋を斥ける）「斥倭洋倡義」（日本と西洋を斥け、大義を唱える）というスローガンを書いた紙を、塀や壁などに張り付けて回りました。彼らにとっては、日本もヨーロッパ諸国も、排撃の対象でした。この点で、彼らの運動が、人民平等の主張と外国の不当介入を批判する「下からのナショナリズム」だったことがわかります。

このような東学の運動が、次第に農民の政府批判と繋がるようになり、一八九四年二月十五日、全羅道の古阜郡で大規模な農民蜂起が起こりました。農民は水増し徴税を繰り返してきた郡守の圧政に反発し、実力行使で郡庁を占拠しました。彼らは牢獄に監禁された仲間を解放し、武器庫から火縄銃などを奪いました。

この農民蜂起を指導したのが東学のリーダー全琫準。農民蜂起は、東学のメンバーだけが行ったのではなく、さまざまな農民が参加していました。運動の中心に東学のリーダーが担がれ、そのメンバーの参加も多かったことから、かつては「東学党の乱」と呼んでいましたが、最近は参加者の幅広さを考慮して「甲午農民戦争」と呼ぶのが通例になっています。

郡庁を占拠した農民たちは、全琫準を中心に郡守の罪を訴える声明文を作成し、中央政府に向けて発表しました。これに対して、政府は彼らの声を受け入れ、具体的な改善に乗り出すことを約束しました。全はその約束を信じ、農民を説得して武装解除を行いました。

しかし、です。

あろうことか政府は、約束を反故にし、逆に大規模な東学メンバーへの弾圧に乗り出しました。東学メンバーは捕らえられたうえ、住宅を焼き払われました。また家財は略奪され、関係者は暴行されました。

これには全琫準も激怒しました。彼は三月の下旬、各地の東学リーダーに決起を促す檄文を送り、蜂起の準備を進めました。この檄文がきっかけで農民たちは立ち上がり、次々と全のもとに集結しました。一大勢力となった農民軍は、四月から五月にかけて武装蜂起を繰り返し、圧倒的な勝利を収め続けました。

このような事態に沸き立ったのが、釜山の朝鮮浪人たちでした。彼らはようやくチャンスが到来したと喜び、対応を協議しました。彼らはこれを機に閔氏政権打倒に参画し、日本が主導する形での政治改革の実行を考えたのです。自分たちが中心的なポストに就き、改革の一翼を担うことも思い描いていたのでしょう。

しかし、問題がありました。それは全琫準らの蜂起の真意を把握し切れなかったことです。

東学の主張には、政府批判とともに外国勢力排撃（特に日本を排撃する姿勢）も含まれていました。そのため、今回の蜂起の主眼が、政府の圧迫に対する反発にあるのか、日本に対する反発にあるのかを見極める必要がありました。

しかし、なかなか正確な情報が入ってきません。そのため、彼らは独自のルートを開拓して情報をつかむ必要性に直面しました。

メンバーは協議の結果、各自が行商を装って偵察してまわり、情報収集を行うことに決しました。

清と日本の介入

事態は刻々と変化していきます。

六月一日。

農民軍は全羅道の首府・全州《チョンジュ》を攻撃し、全州城を占拠しました。全州は李王家発祥の地であり、そこを農民軍に制圧されたことは、朝鮮政府にとって衝撃的なことでした。

政府は苦慮の結果、自らの軍力で農民蜂起を鎮圧することは不可能だと判断し、清に援軍の要請を行うことにしました。清側はこれを承諾。直ちに軍を送る準備に入りました。

清にとっては、日本に先んじて朝鮮支配を強化する絶好のチャンスでした。清の李鴻章は一気に出兵準備を整え、二四〇〇名ほどの軍兵を派遣しました。

一方、日本もこの事態にすばやく反応します。翌二日には、陸奥宗光《むつむねみつ》外相が朝鮮への出兵を閣議にはかり、了承を得ました。六月七日、日本政府は清国政府から出兵の知らせを受けたのですが、その二日前に海軍陸戦隊四三〇名を朝鮮に向かわせており、一気に緊張が高まりました。

清国軍は六月八日に上陸。翌九日には日本の陸戦隊も上陸しました。そして翌十日、日本軍はソウルに陸戦隊四三〇名を入城させるという早業を見せたのです。

この状況に驚いたのは、朝鮮政府でした。彼らは清に対しては出兵要請をしたものの、まさか要請をしていない日本軍までもが、朝鮮に兵を送り込んでくるとは考えていませんでした。しかもあっという間にソウルに兵隊を送り込んできたのです。

――このままでは日本の進出が一気に進み、朝鮮政府の地位までもが危うくなる。

そう考えた政府は、農民軍との和解を急速に進め、日本の朝鮮進出の口実を消し去ろうとしました。

全琫準を中心とする農民軍は、自分たちの要求が全面的に受け入れられることを確認したうえで、一気に「和約」を結びました。全琫準は農民軍に解散を命じ、ほとんどの農民を帰農させました。朝鮮政府も農民軍も、外国勢力の進出を何とか避けたいという意図を共有していたのでしょう。両者の争いはあっけなく決着がつき、農民軍は一気に解散されました。

朝鮮政府は早速、日本に対して撤兵を求めました。とにかく国内の農民蜂起は治まり、農民軍は解散されたのですから、農民軍鎮圧のために出兵してきた日本軍の大義はなくなったわけです。

しかし、日本軍は撤兵しませんでした。

日本側は、まだ内乱の要因は除去されておらず、朝鮮政府の改革を進める必要があるとして朝鮮に居座ったのです。

——とにかく実効性のある改革が断行されるまでは、日本は兵力を引かない。

これが日本側の繰り返した主張でした。陸奥外相はこの際、朝鮮における日本の影響力を確立させようとし、朝鮮政府からの撤兵要求を拒否し続けました。

ここから、鎮圧する相手がいないにもかかわらず、清国軍と日本軍が朝鮮に軍隊を駐留させ、静かに睨み合うという状況が続きました。清、日本、朝鮮政府の三者の思惑が絡み合い、約一カ月半にわたる神経戦が繰り広げられたのです。

天佑侠の結成

さて、農民軍と朝鮮政府が「和約」を結んだ六月十日頃、釜山の朝鮮浪人グループが情報収集の旅から戻り、「大崎法律事務所」に結集していました。彼らは持ち寄った情報をもとに情勢分析を進めました。

争点は、今回の農民騒乱の原因にありました。

彼らが出した結論は、全琫準らの意図はあくまでも閔氏政権に対する反発であり、地方官吏の農民に対する圧制が原因であるというものでした。そのため、東学農民グループの敵は閔氏政権とそれを後押しする清国であると見なし、日本人は東学農民グループと共に政府を打倒する仲間だという思いを強めました。

――「閔氏政権＋清」vs「東学農民グループ＋日本」

これが浪人グループの描いた図式でした。

彼らは、このとき朝鮮政府と農民軍との間に「和約」が結ばれ、農民軍が解散されたことなど知りませんでした。彼らは早急に農民騒乱に加わり、全琫準らと共に閔氏政権を倒すことを構想していました。

しかし、彼らには資金と人員が不足していました。また、農民軍に提供する武器などの用意もできていませんでした。

そのため、彼らは大崎を東京に派遣し、資金と人員の調達を進めることに決しました。翌六月十一日には、東学農民軍が解散されているにもかかわらず、大崎が東京に向けて出発します。また、浪人グループの関屋斧太郎《おのたろう》、西村儀三郎は福岡に渡り、鉱山からダイナマイトを調達することになりました。

六月十五日頃東京に到着した大崎は、『二六新報』の主筆・鈴木天眼《てんがん》に支援要請をしました。すると鈴木は、玄洋社の頭山満と的野半介を紹介し、協力を願い出ました。頭山は、大崎の構想に賛同し、資金提供を約束。三日後に一〇〇円を用立てて、彼に手渡しました。

的野は大崎に同行する「壮士」を玄洋社内で募集するため、福岡に向かいました。しかし、福岡では官憲当局が朝鮮浪人グループの動きを察知し、警戒を強めていました。

福岡には、すでに関屋と西村が到着していました。彼らは炭鉱用のダイナマイトを入手するため、玄洋社メンバーに話を持ちかけました。そのとき格好の協力者として浮上したのが若き内田良平でした。内田はこの頃二十歳。当時は叔父・平岡浩太郎の仕事をサポートするため、赤池炭鉱の現場監督の任に就いていました。

関屋と西村は内田に話を持ちかけ、ダイナマイトの引き渡しを懇願します。内田は、申し出を了承し、その準備に取り掛かりました。

しかし、関屋・西村には官憲の尾行がついていました。これを察知した内田は、急遽、彼らにダイナマイトを手渡すのを中止し、朝鮮の炭鉱で強奪する計画を立てます。関屋・西村はそれでも福岡周辺での入手をあきらめず連日奔走しますが、結局官憲に逮捕されてしまい、朝鮮へ渡航できませんでした。

一方、内田はこれをきっかけに朝鮮浪人グループの計画に参加することになります。彼は門司《もじ》で大崎らと合流し、釜山に向かいました。のちに黒龍会を結成し、日韓合邦運動を牽引することになる内田は、こうしてアジア主義の潮流に合流していったのです。

全琫準との接触

さて、釜山への船を待つ門司の宿で、浪人グループの名称が決まります。

——天佑俠。

「天佑」とは「天の助け・加護」のことです。「俠」は「信義に篤く、弱きを助ける男気のある人」。

彼らは頭山満から資金を得られたことや、朝鮮へ渡航する人員が集まったことなどを「天佑」と見なし、自分たちの集団を「天佑俠」と名づけました。

六月二十七日。

彼らは釜山に到着します。

門司からやってきたのは六人。現地にはすでに武田範之ら八人が待機していました。

これで天佑俠メンバーは一四人。彼らは鉱山でダイナマイトを強奪し、それを持って東学農民グループに接近しようと試みました。

ただし前述の通り、このとき東学農民軍と閔氏政権の戦闘は終結していました。それでも天佑俠メンバーは東学農民軍と接触し、再起を促すことを目指しました。

彼らは釜山に隣接する昌原《チャンウォン》の金鉱に押し入り、強引にダイナマイトを奪い取ります。

そして各々武装し、東学の首領と接触するために朝鮮半島を北西方向に進みました。

途中、彼らは住民と小競り合いを起こし、乱暴を働いたといいます。

七月六日。

天佑俠メンバーは南原《ナムウォン》に到着します。この町の隣の淳昌《スンチャン》には農民軍の一隊が駐屯していたことから、彼らはここで東学の中心メンバーとの接触を試みました。

七月八日。

東学農民軍の方から書状が届き、宿舎の指定を受けます。その宿舎に到着すると、今度は「済衆義所」という駐屯所に招かれ、ここで会談の場を持つことになりました。天佑俠側は武田をリーダーとし、四人のメンバーを派遣しました。そこで彼らは「金泰均」と名乗る人物と接触し、意見交換を行いました。

一体、この「金泰均」とは誰だったのでしょうか?

現在でもはっきりしない部分があるのですが、朝鮮史研究者の姜昌一《カンチャンイル》は「『金泰均』は、間違いなく全琫準であると断定できる」としています［姜一九八八：一四］。もし「金泰均」が「全琫準」だったとすると、天佑俠メンバーはいきなり農民騒乱の中心人物と接触し、議論を交わしたことになります。

では、彼らはどのような議論をここで交わしたのでしょうか。

天佑俠メンバーは、閔氏政権の失政を説き、地方官史の虐政を批判しました。また、清国の袁世凱《えんせいがい》が閔氏の圧制を背後でサポートし、農民を苦しめていることを訴えました。そして、日本こそが朝鮮の農民の味方であり、天佑俠は農民軍と手を結んで共に戦う意思があることを伝えました。さらに彼らは東学への入信を請うとともに、ダイナマイトをはじめとする武器を多数保有していることを語りました。

翌七月九日、今度は天佑俠メンバー全員が「済衆義所」に招かれました。ここで彼らは武器が本物であることを試験して見せ、「金泰均」に再起を促しました。そして再度、農民軍に入隊し、共に戦う意思があることを伝えました。

この頃は、前述のように清国軍と日本軍の双方が駐留し、睨み合いを繰り広げていた時期でした。東学の中心メンバーも連日、状況の推移を注視しており、様子を探っている状態でした。

東学農民軍は翌日、天佑俠メンバーの入信を認めるとともに、僅かな金銭と衣服を提供しました。そして東学農民軍が八月一日に再結集される予定であることを伝え、その時の合流を提案したといいます。彼らはその直後、淳昌を去っていきました。

天佑俠メンバーはこのとき、東学農民軍と共に淳昌周辺で政府軍と戦闘を行ったと記録しています。しかし、朝鮮側にはこの戦闘の記録は残っていません。彼らが実際に戦闘を行ったかどうかについては、研究者からも疑問が呈されています。

それはともかく、天佑俠メンバーと東学農民軍の中心メンバーは、一時の交流の時間を持ちました。そこでの詳細な意見交換の内容は資料的に確定することが難しく、断定はできないのですが、何らかの共感と合意が成立したと見るのが妥当でしょう。

天佑俠メンバーの意図は前述した通りです。では、東学側の意図はどのようなものだったのでしょうか。

まず考えられるのが、天佑俠メンバーが持っていた武器に関心を持った可能性です。彼らが保有していたのは、何といってもダイナマイトです。東学側には、そのような武器はなかったと考えられています。東学メンバーは、このダイナマイトを手に入れることで、今後の再起に向けた体制を整えようとしていた可能性があります。

また、天佑俠メンバーが力説した閔氏政権批判や日朝連携案についても、関心を示した可能性は捨て切れません。東学のメンバーは、きわめて普遍的な理想主義・ユートピア志向を共有していました。彼らは万民平等社会の実現を訴え、封建勢力打破を説いていました。

このような志向性は、日本のアジア主義者たちも共有する思想でした。特に天佑俠の中心メンバー・武田範之は、世界が一つに融合する理想主義をもち、その一歩としてアジアの連帯（特に日本と朝鮮の提携）を構想していました。このような思想は、前章で詳述した樽井藤吉の『大東合邦論』でも説かれた構想でした。同時代に同じ東アジアという空間で、国内の封建制と西洋の帝国主義に対する批判を掲げた東学メンバーと日本のアジア主義者は、思想的な共通点を期せずして有していたといえます。

彼らは思想的に共感しあったのでしょうか。

真相は明らかではありませんが、一つのアジア主義の可能性が芽生えた瞬間だったことは指摘できるでしょう。しかし、このような可能性は、あっという間に藻屑となって消え去ってしまいます。

それは何故だったのか。

天佑俠メンバーは七月十三日に全州城に到着し、十八日には鶏龍山《ケリヨンサン》の新元寺に入りました。ここで彼らは武装解除し、一部の者は情報収集に出かけ、ある者は陸軍に復職するために離脱しました。

そして、七月二十五日。彼らは衝撃的な一報に接します。

日清戦争の勃発でした。

日清戦争

この日、日本の第一遊撃隊が兵員輸送中の清国艦を攻撃し、撃沈します。「豊島沖《ほうとうおき》海戦」です。

八月一日、日清両国は正式に宣戦布告を行い、戦争状態に突入します。天佑俠メンバーは、それぞれ偵察活動などに従事しながら、その多くが日本に帰国しました。ここに天佑俠の活動は終結しました。

一方、東学農民軍は、開戦直後に日本軍が王宮を占拠したことによって日本人に幻滅し、明確な「反日」姿勢を示すようになりました。彼らは、再び「斥和」「斥倭」に回帰し、「斥日勢力」として活動することになりました。天佑俠との連帯は幻の構想になってしまいました。

結局、日清戦争は翌一八九五年四月十七日に下関条約《しものせきじょうやく》が締結され、終わりを告げました。条約では清と朝鮮の宗属関係が解消され、朝鮮の独立が認められました。また、遼東《りょうとう》半島、台湾、澎湖《ほうこ》列島の割譲が決定し、賠償金二億両が支払われることになりました。他にも、重慶《じゅうけい》などの港を開港し、そこに至る河川の通行権が与えられました。

日本にとっては、大きな戦果でした。

この日清戦争の勝利によって、大きく変化したことがありました。

それは日本人の中国観です。

日清戦争以前の中国は、日本人にとって政治的にも文明的にも「大国」でした。日本人の間には、中国に対する敬意と強国イメージが共有されていました。

しかし、その中国に日本は戦争で勝利を収めました。これによって中国の強国イメージは瓦解し、アジアにおける日本の大国意識が高揚していきました。これはのちのアジア主義の展開を考える際、非常に重要なポイントです。

さらに、アジア主義を論じる際に重要なことがありました。

下関条約締結後の三国干渉です。

日本は遼東半島の領有を勝ち取ったのですが、これに対してロシア・フランス・ドイツが介入し、遼東半島の返還を要求しました。

日本国民は猛反発を示しましたが、政府は列強の圧力に抵抗しきれず、要求に応じます。国民の間では「復讐のために耐え忍ぶこと」を意味する「臥薪嘗胆」という語が共有され、屈辱感が高まりました。

のちにアジア主義者として活躍する満川《みつかわ》亀太郎は、自伝のタイトルを『三国干渉以後』とし、このときの感情をアジア主義の原点としています。

――アジアにおける優越感と西洋列強に対する屈辱感。

このアンビバレント（両価的）な感情が、こののち拡大するアジア主義の潮流を大きく規定していきます。

第八章
閔妃暗殺

ロシアの脅威

一八九五年四月十七日。

下関条約が締結され、日清戦争は日本の勝利に終わりました。この条約の結果、日本は清から二億両の賠償金を受け取り、台湾などを割譲されました。また、清が朝鮮を「完全な自主独立の国」だと承認することが確認されました。日本にとっては、清と朝鮮の宗属関係を切断し、朝鮮の独立を確立するという念願がかなったのです。

しかし、この「朝鮮の独立」は、日本政府の意向に規定された政治体制の誕生に他なりませんでした。下関条約が締結される三カ月前の一月七日、国王の高宗は施政方針を宗祖の霊前で読み上げ、全国に宣布したのですが、そこには朝鮮の独立とともに、政治の中心から閔妃や閔氏一族を追放することが盛り込まれていました。

　これは、明らかに日本側の意向を強く受けたものでした。閔妃らは強く反発しますが、日本軍の勢いが強いため、真っ向から対立することはできませんでした。日清戦争終結後も日本の陸軍兵力は朝鮮に駐屯し続け、日本の朝鮮でのプレゼンスは決定的なものになったかに見えました。

　しかし、この日本の勢いが大きくそがれる事態が生じます。

　三国干渉でした。

　前章で述べたように、これはロシア・フランス・ドイツが日本に対して遼東半島を清に返却するよう求めたもので、日本は列強の武力の前に要求を受け入れざるを得ませんでした。

　この三国干渉の中心になったのがロシアでした。

　遼東半島はロシアにとっても、のどから手が出るほど手に入れたい場所でした。特に、この半島にある旅順《りょじゅん》は、何としても手に入れたい港でした。

　――とにかく冬でも凍らない港を手に入れたい。不凍港を手に入れて、南方進出の足がかりにしたい。

　これが当時のロシアの強い願望でした。

　しかし、日清戦争の講和条約によって、あろうことか旅順を含む遼東半島が日本に割譲されることに決定したため、ロシアは武力行使の可能性をにおわせ、日本を脅しました。ロシアは日本に遼東半島を手放すよう圧力をかけたのです。

日清戦争の直後に、再び強国ロシアと戦うことは、当時の日本にとって無謀でした。世論はロシアに対してあくまでも強硬でしたが、政府は勝てる見込みはないと判断し、三国干渉を受け入れることになりました。

この経緯をじっくりと見ていた人物がいます。

閔妃です。

彼女は、日本の弱点をはっきりと認識しました。

――ロシアと繋がることによって、日本を牽制すればいい。ロシアを後ろ盾にすればいい。

そう考えた閔妃は、急速にロシアに接近していきました。そして、政治の主導権を回復していきます。

当時の日本は、朝鮮に対して、鉄道や電信の敷設権、鉱山の採掘権などを次々に要求していました。また、在留日本人のなかには横柄な態度で街を闊歩する者も多くいました。そのため、朝鮮の人々は日本に対する不信感と不満を募らせ、反日感情が拡大していきました。

当時の朝鮮公使は井上馨でしたが、谷干城《たてき》は伊藤博文宛の書簡の中で、次のように井上を批判しています。

叢《くさ》の為《た》め雀《すずめ》を駆《か》るの鸇《はやぶさ》と成《な》るの愚《ぐ》

これは『孟子《もうし》』の一節に手を加えた文章で、「草むらに雀を追い立てるハヤブサのような愚かなこと」を意味します。

谷は、何を言いたいのでしょうか。

ここで「草むら」はロシアを指すものと思われます。そして「雀」は朝鮮、「ハヤブサ」は日本を指します。つまり「日本が朝鮮を追い立てるあまり、ロシアの懐に入ってしまうのは、実に愚かしいことだ」と述べているのです。

実際、閔妃はロシアのウエーバー公使に接近し、政府内の親日派を排除していきました。また、日本が進めようとした王室と政府機能の分離政策や国政の近代化を図る制度改革も、次々に頓挫していきました。日本は、朝鮮を猛烈に追い立てるあまり、政治の中枢メンバーをロシアへと急速に接近させてしまったのです。

三浦梧楼の登場

井上の朝鮮政策が行き詰まったことにより、日本政府は朝鮮公使の更迭を決定しました。

新しい朝鮮公使に内定したのは三浦梧楼《ごろう》。長州出身の軍人でした。

三浦は一八四七年生まれで、このとき四十八歳。陸軍の反主流派として知られ、武断派というイメージが先行していました。一八八一年には鳥尾小弥太、谷干城、曽我祐準《すけのり》と共に憲法議会の早期開設と憲法制定、そして北海道開拓使払い下げ中止を要求する「四将軍上奏事件」を引き起こし、陸軍士官学校長に左遷されました。一八八八年には早くも予備役に編入され、学習院の院長を務めていましたが（一八九二年まで）、このとき久しぶりに政治の表舞台に登場することになりました。

三浦の赴任は、あっさりと決まったわけではありませんでした。三浦は「我輩は外交の事は素人である」と再三固辞し、それでも赴任を求められると、政府の朝鮮政策の明示を求める意見書を提出しました。

しかし、これに対しても政府ははっきりとした答えを提示しませんでした。三浦は、「我輩にはできぬ」と言って熱海にこもってしまったのですが、それでも山縣有朋が「一日も速やかに渡韓してくれ」と懇願したため、赴任に応じることになりました。

実は、この三浦人事を誰がどのような意図で推し進めたのかが、このあと重要な問題になってきます。外交経験のない三浦を朝鮮公使という重職に就けた人物（もしくは組織、グループ）とは、いったい誰なのか。その人物は、三浦に何らかの指示を送ったのか。どのような意図をもって三浦を朝鮮公使に据えたのか。

これが閔妃暗殺の真相にとって重要な意味を持ちます。

例えば、この事件を先駆的に扱った角田房子『閔妃暗殺—朝鮮王朝末期の国母』（新潮社、一九八八年）では、政府の特定の要人が三浦をコントロールしていたとは考えられず、日本政府による直接の関与はないと結論付けています。また、秦郁彦「閔妃殺害事件の再考察」（『政経研究』四三巻二号、二〇〇六年）も「どうやら事件の首謀者ないし主犯は三浦梧楼、それも彼の単独犯行という線におちつきそうである」と論じ、政府の関与に否定的な立場を取っています。これまでの日本における通説では、この三浦梧楼の単独犯行説が有力視されてきました。

一方、韓国側の代表的な見解を示している研究としては朴宗根『日清戦争と朝鮮』（青木書店、一九八二年）を挙げることができます。ここでは三浦単独犯行説が否定され、長州閥を中心とする日本政府の中枢が主導した国家犯罪であることが強調されています。韓国側の一般的な見方は、日本政府の直接的・間接的関与を認めるもので、日本政府に対する国家的責任を問う議論が主流となってきました。

近年、韓国側から出されたものとしては、崔文衡『閔妃は誰に殺されたのか—見えざる日露戦争の序曲』（彩流社、二〇〇四年）を挙げることができます。この研究では、これまでの韓国側の見方からさらに踏み込んで、三浦の前任者・井上馨こそが首謀者だという新説が出されています。これは研究者の間で大きなインパクトをもちましたが、これまでのところなかなか追随する研究者は現れていません。

二〇〇九年に出版された金文子『朝鮮王妃殺害と日本人―誰が仕組んで、誰が実行したのか』（高文研）では、大本営の川上操六らが「電信線」の確保のために仕組んだ事件という結論が出されています。これが事実だとすると、閔妃暗殺の黒幕は大本営だということになり、日本政府の関与が濃厚になります。

他にも上垣外憲一『暗殺・伊藤博文』（ちくま新書、二〇〇〇年）では、事件の筋書きを事前に了解していた人物として山縣有朋が挙げられています。

このように、三浦梧楼は誰かからの指令を受けて計画を遂行したのか、それとも独断で計画を練り上げ実行したのか、という論争は尽きることがありません。最近では、二〇〇二年に韓国で金辰明『皇太子拉致事件』という小説がベストセラーとなり、再び閔妃暗殺に注目が集まりました。また、日本側でこの事件に関わった人物の子孫が、閔妃の墓を訪れ謝罪したことがニュースやドキュメンタリー番組で放送されました。閔妃暗殺は今でもアクチュアルな政治問題であり続けています。

私も、正直なところ、どの説が正しいかジャッジすることができません。すべての説は「それなり」の論証がなされているのですが、どこかに類推や想像、史料の飛躍的な読みが介入しているため、「これが真相だ」と断言できるまでには至っていません。推測部分を削っていくと、三浦梧楼による単独犯行説が残るのですが、これも他の説を否定する確固たる証拠があるわけではありません。

この論争は、これからも決定的な史料が出てくるまで、まだまだ続くでしょう。

公使の側近・柴四朗

さて、本稿の目的は、閔妃暗殺の真犯人探しではありません。この事件とアジア主義の関係を検討することにあります。

そのときポイントになる人物がいます。三浦梧楼が側近として同行した柴四朗です。

柴四朗とは誰か？

この名前を聞いてピンとくる人はそれほど多くないと思います。しかし、彼は高校の教科書にも登場する有名な小説を書いたことで知られます。

その小説とは何か？

『佳人之奇遇』です。

この作品の著者は「東海散士《とうかいさんし》」ですが、これはペンネームで、本名は柴四朗です。

柴は少年時代に会津藩士として戊辰戦争を戦い、敗北を経験しました。彼は、東京で謹慎生活を余儀なくされ、勉学に励もうとしても学費に困窮する毎日を送りました。

柴の人生を変えたのは、西南戦争でした。このとき、彼は谷干城にその才能を見込まれ、秘書官に抜擢されます。そして、岩崎家の援助などによりアメリカへの留学がかない、一八八五年に帰国。『佳人之奇遇』を書いたのです。

柴はその後、一八九二年に衆議院議員に当選します。そして、一八九五年に三浦梧楼の側近として、朝鮮に赴くことになりました。

このとき柴を推したのは、谷干城でした。

谷は井上馨の朝鮮施策を批判し、伊藤博文首相に対して三浦梧楼を推挙したのですが、そのときに「柴をして三浦の手足となり働か令めば、円滑に相運可申と被存候」と進言しています。結局、この提案が受け入れられ、柴は三浦にお供することになりました。

さて、この柴四朗。

何故に、アジア主義と閔妃暗殺を結ぶキーマンなのでしょうか。なぜ、彼が重要な役割を果たすことになるのでしょうか。

それは、彼がかつて『二六新報』の編集顧問を務めていたことに起因します。

『二六新報』とはどのような新聞か。

ここまで熱心に読んでくださっている方は、ちょっと引っかかりを覚えたのではないかと思います。

そうです。前章で「天佑俠」を論じたときに登場した新聞です。

東学党による農民反乱が起こったとき、釜山で「大崎法律事務所」を開設していた大崎正吉が、活動資金の調達のために頼ったのが『二六新報』でした。大崎は、主筆の鈴木天眼を通じて頭山満に会い、資金提供を受けました。『二六新報』は、特派員を朝鮮に送り、最新の動向を詳細に伝えました。彼らは「天佑俠の代弁紙」を自称し、メンバーの活躍や奮闘を伝える記事を連日掲載しました。

ちなみに当時の『二六新報』の文芸部長は、与謝野《よさの》鉄幹《てっかん》でした。鉄幹は、天佑俠に加勢するために朝鮮に向かった同僚への歌を『二六新報』に掲載していました。また、日清戦争勃発時には、「従軍行」という詩を掲載しました。

おもしろし、千載一遇《せんざいいちぐう》このいくさ、大男児、死ぬべき時こそ来りけれ……

鉄幹は、戦争に従軍したくてたまらなかったのですが、念願がかなわず、戦争を題目にした詩や歌を『二六新報』に掲載することで、自らを慰めていたのです。

鉄幹はその後、『二六新報』を辞め、朝鮮に渡りました。彼は親友の誘いを受け、ソウルの日本語学校で教師を務めました。そして、彼も閔妃暗殺の一味に加わり、計画の中に組み込まれていきます。しかし、事件が予定よりも早まったことから、旅行に出ていた彼は実際に暗殺に加わることはありませんでした。

武田範之の再登場

天佑俠結成当時、柴は編集顧問を退任していましたが、同郷の後輩・鈴木天眼らとの人脈は続いていました。天佑俠の活躍も『二六新報』の報道を通じて知っていたことでしょう。

約一年後、柴は三浦梧楼と共に公使館に着任しました。九月一日のことでした。

そして、このとき柴と共に一人の人物がソウルに姿を現しました。天佑俠メンバーの武田範之です。

武田は、天佑俠解散後、密かに日本に戻り、顕聖寺の僧侶として生活していました。そんな武田が、再びソウルに現れたのです。しかも、今度は政府要人の柴と共にやってきました。

柴は、日本で武田と接触し、自らの朝鮮赴任に同伴させました。この頃、同じ輪の中に大崎正吉も入っていました。天佑俠の主要メンバーが、柴に伴われて公使館の周辺に現れたのです。

のちに武田と大崎は、閔妃暗殺に加わり、実行犯として逮捕されるのですが、彼らを柴が日本から連れてきた目論見は何だったのでしょうか。当初から、閔妃暗殺計画は規定路線だったのでしょうか。

このあたりは、はっきりとしたことはわかりませんが、かなりの可能性として、計画が日本にいるときから進められていたといえるのではないかと思います。そうでなければ、武田らのソウル入りはタイミングが合致しすぎています。閔妃暗殺を意図していなかったとしたら、武田らを同時にソウル入りさせた意味がはっきりとしません。武田や大崎にとって、閔妃暗殺は天佑俠からの一連の流れとして捉えられました。彼らは、朝鮮の封建的な体制に反旗を翻した東学グループをサポートし、閔氏政権を打倒しようと目論んでいたため、閔妃に対する敵対心を強くもっていました。

武田は、天佑俠解散のとき、次のような抱負を述べていました。

八道の風雲既《すで》に収まって天日復《ま》た清明なるを得《え》ば、我は再び樹木石上の旧身に返り、而《しこう》して道徳を天下に宣《の》べ、現時器械的文明の弊害《へいがい》を弾明し、人類をして必ず霊性のある人類に改善せしめて止《や》まん［清藤一九八二］。

武田のアジア主義は仏教に基礎付けられていたため、西洋近代の「器械的文明」に対する強い批判を伴っていました。彼の最終的な目標は、人類を「霊性のある人類に改善」することであり、その第一歩として「日朝連携」の実現が目指されていました。そして、そのときに最も大きな障害となると見られたのが、閔氏政権の存在でした。

しかも一八九五年には、天佑俠メンバーと共に会見したとされる東学グループのリーダー・全琫準が処刑されていました。武田の閔氏政権に対する反発は日に日に大きくなっていました。

武田はソウルに入ると、すぐにある人物を訪ねていきました。

李周会。

四年前に金鰲島で共に事業を立ち上げ、失敗した仲間です。李はこのとき出世し、軍部協弁という政府の要職に就いていました。

久しぶりに顔を合わせた二人は、固く手を握り合いました。再会を喜んだ李は武田を家に招きいれ、昔話に花を咲かせました。

李は、政府の要人に抜擢されていましたが、閔妃に対してきわめて批判的な立場を取っていました。彼は大院君を支持しており、このときも閔妃に対して怒りをあらわにしました。

このような姿勢は、のちに李の立場を複雑なものにし、命を失うことに繫がります。

月成光

さて、もう一人、三浦梧楼が側近として朝鮮に伴った人物がいました。

月成光《つきなりひかる》。

彼は玄洋社のメンバーでした。

月成は来島恒喜と親しく、来島が大隈重信に爆弾を投じた事件では、背後で彼を援助していました。月成は当時、早稲田に下宿し、大隈の動向を探りました。来島が外務省前で爆弾を投げ自死したときも、月成は現場に同行し、来島が失敗したときには後を受けて襲撃する予定にしていました。月成は、来島のテロが成功したことを見届け、張り裂けそうな思いを胸に、現場を離れました。月成はこの件で共謀の嫌疑をかけられ、投獄されることになります。

出獄後、月成は頭山満の自宅に書生兼会計係として住み込み、頭山の身辺の世話を献身的に務めました。彼はその後、日清戦争に従軍します。そして、一八九五年六月に帰国したところ、柴から面会の申し込みが舞い込んできました。

月成に会った柴は、「君の凱旋の報を得て来着を待てり」と歓待し、ついては朝鮮公使として赴任する三浦の側近として、朝鮮に同行してほしいという依頼を行いました。月成はこの依頼を引き受け、頭山に報告します。頭山もこの人事に賛成で、話は一気に進んでいきました。

頭山、月成は下関で三浦梧楼との会談の席をもちました。その席には、後述する佐々《さつさ》友房《ともふさ》も同席したのですが、会談で月成は正式に三浦の随行員として朝鮮に渡ることになりました。

いったいこのときの会談では、何が話し合われたのでしょうか。単に月成の人事の確認だけがなされたのでしょうか。閔妃暗殺計画まで踏み込んだ話し合いが行われたのでしょうか。

会談の内容までは記録に残っていないため、結論づけることはできませんが、玄洋社のリーダー頭山と熊本国権党のリーダー佐々が、下関まで出向いて赴任直前の三浦と会談していることは、何らかの内容をもった会談が行われたと考えるのが自然でしょう。閔妃暗殺計画にまで踏み込んだ話し合いが行われたと考えていいのではないでしょうか。

月成にとって、閔妃は憎き相手でした。盟友・来島恒喜は、甲申事変に敗れた金玉均をサポートし、朝鮮への派兵クーデターを企画していました。しかし、その計画も実現せず、金は上海で閔妃の送り込んだ刺客に暗殺されてしまいました。他の玄洋社メンバーと同様、月成も朝鮮の停滞と混乱の元凶は閔氏政権にあると捉えていました。三浦は、月成が閔妃に対する憎悪の念を有していることを前提に、側近に抜擢したのでしょう。頭山の忠実な会計係であった月成をわざわざ引き立てる理由は、他に見当たりません。

このように三浦梧楼―柴四朗のラインが同伴した壮士たちは、閔妃に対して強い憤りを共有する者でした。そして、彼らは命を顧みず行動を起こす力を有していました。

三浦・柴の狙いは、赴任前から閔妃の命を奪うことにあったと見ていいのではないかと思います。

さて他にも、三浦・柴が現地で仲間に引き込んだ壮士たちがいました。

例えば中村楯雄と難波春吉。

彼らは一八八五年に大井憲太郎が首謀した大阪事件に連座し、受刑した人物でした。大阪事件は、日本から朝鮮への派兵クーデター未遂事件で、閔氏政権の崩壊を目指していました。

また、事件当日に派手な活躍を見せた寺崎泰吉は自由党の出身者で、彼も封建的な閔氏政権の打倒を目指していました。寺崎は自由党壮士団の一員で、当時は官憲から政治犯として追われる身でした。

かつての過激な自由民権運動の活動家にとっては、閔氏政権打倒こそが残された課題でした。朝鮮の国内改革を阻み、新しい政治制度を取り入れようとせず、農民の生活を苦しめ、国際社会の新秩序に背を向ける閔氏政権は、日本の壮士・浪人たちにとって、苛立ちと嫌悪の対象でしかありませんでした。そのため、彼らは三浦の周辺から閔妃暗殺計画を耳にすると、喜び勇んで計画に参入したのです。

さらに三浦が現地で実働部隊として目をつけたのは、熊本国権党のメンバーでした。当時、ソウルでは『漢城新報』という新聞が刊行されており、そこの社長を安達謙蔵が務めていました。

安達は熊本出身で、佐々友房が開学した済々黌《せいせいこう》で学びました。済々黌は西南戦争などで疲弊した熊本の活路を海外に求めるため、中国・朝鮮の語学教育に力を入れていました。安達はそこで佐々に見込まれ、頭角を現しました。佐々は一八八一年に紫溟会を設立し、一八八九年熊本国権党に改称しますが、安達はそこの若手リーダーとして活躍しました。

一八九三年、安達は朝鮮に渡ります。そして、徐々に日本の諜報活動の中に組み込まれていきました。一八九四年には外務省の機密費で運営されていた漢城新報社の社長に就任し、社内の要職のほとんどを熊本出身者で固めました。安達は三浦梧楼とも佐々を通じて面識があり、三浦の公使赴任後すぐに連絡を密にとるようになりました。

天佑俠、『二六新報』、玄洋社、自由党、そして熊本国権党。

閔妃暗殺に関与した壮士メンバーがここに出揃いました。

閔妃暗殺

三浦梧楼は公使就任後、表立った活動は行っていませんでした。彼は、公使館に籠り、読経を繰り返す毎日だったため、「読経公使」と呼ばれたりしました。しかし、彼は着々と閔妃暗殺の準備を進め、実行のネットワークを構築していました。

問題は、この事件の偽装工作にありました。日本の朝鮮公使が前面に立って閔妃を暗殺したということになると、それは大きな国際問題になることが予想されました。もちろん日本の壮士・浪人たちが起こした事件となっても同様です。

そのため、事件は朝鮮国内の権力闘争の結果という形にしたいというのが、三浦の構想でした。彼は、郊外の孔徳里の別邸で引退生活を送っていた大院君を担ぎ出すことを考えます。大院君は閔妃に対して長年の敵意を蓄積しており、彼が指揮するクーデター事件を装うことが賢明だという結論に達しました。

そのとき、大院君の側近として利用したのが李周会でした。李は武田とも親しく、閔妃に対してきわめて批判的な立場を取っていたことから、彼をクーデター計画の首謀者として偽装することが構想されました。

また実行部隊にも問題がありました。日本軍が公然と介入することはどう考えても問題になるため、彼らは一計を案ずる必要がありました。そのとき、目をつけたのが、朝鮮政府軍内に新設されていた「訓練隊」の存在でした。訓練隊は日本人将校が軍事指導をしており、普段は王族の警護を担当していたため、好都合でした。三浦は訓練隊を閔妃への反逆メンバーに組み込むことを計画しました。

閔妃の住まいである景福宮は、国王直属の部隊「侍衛隊」約八〇〇人によって固く警護されていました。この守りを突破するには、日本人の壮士・浪人たちでは容易でないことが予想されたため、組織的な戦闘力をもつ日本の「守備隊」の力を使う必要がありました。しかし、守備隊が前面に出てしまうと日本の陰謀であることが公然となってしまうため、問題になります。そのため、朝鮮政府軍の訓練隊を前面に立て、守備隊は王宮の包囲や門の封鎖の任にあたることになりました。

計画の決行は十月十日に決まりました。

しかし三日前の七日、閔妃が急遽、訓練隊を解散するという情報が入ってきました。閔妃は日本人の息がかかった訓練隊を苦々しく思っており、ロシアの力を背景にこの軍隊を解体しようと目論んでいました。

困ったのは日本側です。

訓練隊が解散されてしまうと、計画は大きな変更を余儀なくされてしまいます。日本の守備隊が全面に立つことはどうしてもできないため、訓練隊が存続している間に何とか暗殺を決行してしまう必要がありました。

三浦は、決断します。

決行は今夜。

彼は夜遅くに側近メンバーを大院君のもとに送り込みました。彼らは就寝中の大院君を起し、ソウルへ同行するよう促しました。枕元には、李周会も駆けつけ、大院君を説得しました。

しかし、大院君は迅速には応じませんでした。彼はのらりくらりと同行を渋り、時間ばかりが過ぎていきました。結局、大院君は観念したのか日本人の意向に従い、輿に乗ってソウルに向かうことになったのですが、どう急いでも取り戻すことができない時間の遅れが生じていました。

この時間のロスは、想定外でした。本来であれば、夜の暗闇の中ですべての事件を終わらせてしまう予定だったのですが、大院君が景福宮に到着した頃には、朝日が昇り始めていました。

結局、周囲が明るくなった早朝に、計画は実行されました。日本兵は用意してあった梯子を使って内部に侵入し、中から門を開けました。壮士・浪人グループは閔妃が住む景福宮内の乾清宮に向けて突進して行きました。

しかし、問題がありました。

誰一人として閔妃の顔を知らなかったのです。

彼らは王妃の御殿に到着したものの、閔妃と宮女を区別することができませんでした。彼らは、着衣が優美な女性を次々に殺害し、閔妃の所在を尋ねました。しかし、どこに閔妃がいるのか、判然としません。

そのうち彼らは、すでに殺害した女性のなかに閔妃がいるのではないかと考え始めました。そして、遺骸を検分していると、そのうちの一人が閔妃であることが判明しました。

彼らは閔妃の遺体を絨毯で包み、宮殿裏の松林の中に運びました。そして、絨毯に石油をかけ、火を放ちました。

閔妃の波乱に満ちた四五年の人生は、ここに終わりを告げました。

この事件は、朝鮮国内の政治闘争として処理される予定でした。しかし、早朝の明るい時間帯に起きた事件だったため、目撃者が多数存在することになってしまいました。特にこの惨劇を、侍衛隊の軍事教官でアメリカ人のウィリアム・マック・ダイとロシア人電気技師のサバチンが目撃し、各国外交官に伝達していました。事件の首謀者が日本人であることは、世界に広く知られてしまいました。

三浦梧楼は、それでも「知らぬ存ぜぬ」で通しました。そして、大院君に親日派で固めた改造内閣を発足させ、事件の責任を李周会らに押し付けました。

結果、李は閔妃殺害の罪を問われて処刑されました。

三浦をはじめとする事件関係者は、日本に帰国後、広島で拘束されましたが、裁判の結果、無罪が確定し、釈放されました。

自由の身となった三浦を、頭山満は鈴ヵ森まで出迎えました。そして「本気でやるなら、今度はやらうと思つた」と歓迎の辞を述べたと言います［西尾編 一九八一：二三四］。

金玉均をサポートし、朝鮮の政治改革を待望してきたアジア主義者たちにとって、閔妃暗殺は一つのクライマックスでした。日清戦争に勝利し、閔妃も葬って開化派の親日政権が誕生するという目標まで手が届きそうになりました。

しかし、事態は彼らの思うようにはいきません。閔妃暗殺に恐れを抱いた国王・高宗は一八九六年二月十一日、日本兵士の警備の目を掻い潜って、ロシア公使館に逃げ込みました。そして、親露派のメンバーを集結させ、新政府の組閣を行ったのです。日本にとっては、まさに寝耳に水の出来事でした。

――「叢の為め雀を駆るの鸇と成るの愚」。

ハヤブサは、雀をさらに深い草むらの中に潜り込ませてしまったのです。

第九章
孫文の登場
――宮崎滔天・内田良平・南方熊楠

宮崎滔天をどう見るか

アジア主義を語る時、どうしても外すことのできない人物がいます。宮崎滔天です。

彼は孫文を若い時から献身的に支え、分裂していた中国の革命運動を巧みに合同させました。また、辛亥革命を支えた恩人として称えられ、中国国内でも評価の高い日本人として知られています。

滔天は、一九〇二年に『三十三年の夢』という自叙伝を出版しました。彼は幼き日の思い出からアジア主義に目覚めたきっかけ、そして孫文との交流に至るまでを力強い筆致で描き、話題を呼びました。この『三十三年の夢』は、翌一九〇三年に章士《しょうし》剣《しょう》が中国語に訳し、『孫逸仙』というタイトルで出版されました。これは中国をはじめとする東アジアで広く読まれ、孫文の知名度を上げることに貢献しました。『三十三年の夢』は、今でも多くの愛読者を持ち、岩波文庫にも収録されています。日本のアジア主義を代表する名著といえるでしょう。

宮崎滔天の生涯は、波乱に満ちたもので、かつロマン主義をかきたてるものです。彼は一切の役職や名誉を求めず、財産を擲《なげう》って中国革命に情熱を注ぎました。そこには中国への侮蔑や支配欲などは見受けられず、ひたすら無私の献身を続ける姿がありました。また、その夢が一旦破れると、彼は桃中軒牛右衛門《とうちゅうけんうしえもん》という芸名を名乗って浪曲師となり、全国を興行してまわりました。その無骨な風貌と世俗の欲望に頓着しない姿勢は、多くの人の共感を呼び、「善良なアジア主義者」として現在に至るまで高い評価を得ています。

滔天の義侠心と行動力は、日本のアジア主義者の中でも群を抜いているといえるでしょう。中国の革命家と連帯を求めるひたむきさと身を粉にして奔走する純朴な姿は、アジア主義の最良のものといえます。いまだにファンが多いことも頷けます。私も滔天に対して敬意を持っています。

宮崎滔天については、上村希美雄『宮崎兄弟伝』（全六巻、葦書房、完結篇のみ『宮崎兄弟伝完結篇』刊行会）や渡辺京二『評伝　宮崎滔天』（書肆心水）という名著があります。上村氏の著書は、滔天および彼の兄弟の歩みを詳細に追究した研究書として高く評価されています。渡辺氏の著書は、滔天の文章を徹底的に読み込むことで独自の滔天像を描き出しており、こちらも幅広い評価を集めています。

渡辺氏は、滔天を「俠と狂」の人と捉え、「冷徹な自己批評」「内省」のできる「知の人」と評しています。晩年の滔天は、繰り返し自己が抱いた中国革命の夢を「誇大妄想」と呼び、そこに没入した自己の行為を「一種の酔狂沙汰」だと回顧しています。渡辺氏は、このようなシニカルな自嘲を超えた厳しい自己批評の中に、滔天の生涯に一貫する「自己破却の衝動」を読み取っています。

　事実の問題として、われわれが彼の生涯を通観するとき、挫折へのあるのっぴきならぬ衝動、いいかえれば、自己を成功とは逆の位相へひきおろして行こうという衝迫《しょうはく》が、彼の一生をくりかえし襲っていることに気づく。それは現世的な成功や社会的認知に対する理性的な批判に縁由《ゆえん》するものという以前に、むしろ体質的生理的なものであり、より直截《ちょくさい》にいいきってしまえば、ある原罪的な自己破却の衝動である［渡辺二〇〇六：一七］。

渡辺氏の見るところ、滔天の生涯は「落魄、流亡、埋没、自己破却へ向う」「狂の衝動」に突き動かされています。滔天は政治的成功を積極的に放棄し、意識的に自己を「無意味」へと追いやろうとしています。

渡辺氏は、その原動力を西南戦争における兄の死に求めています。熊本協同隊に参加し、西南戦争で散った兄の精神こそ、滔天が受け継いだものだと言います。

明治十年革命戦争の敗北と兄の惨死は、彼の生のもっとも初原的な経験核であり、意識の深層にあって彼の一生の行動を支配し続けたといってよい。（中略）滔天は兄八郎一派の推進した明治十年革命の遺産相続人であり、熊本協同隊の最後の理念的メンバー、いいかえれば最後の幻の協同隊員であった［渡辺二〇〇六：二五］。

渡辺氏の分析では、滔天は「幻の協同隊員」として中国革命に参加し、自己破却することを前提に行動したということになります。

たしかに滔天の文章を読んでいると、積極的に破綻を選ぼうとする彼の姿に気づかざるを得ません。そして、そのような非合理的な人生の歩みそのものが、滔天にとっての近代に対するアンチテーゼだったのではないかと思えてきます。

このような「俠と狂」の生涯は、アジア主義をどう規定していったのでしょうか。

少年から青年へ

滔天は一八七一年一月、熊本県玉名《たまな》郡荒尾《あらお》村（現在の荒尾市）に生まれました。彼の実家は地元の豪農だったため、比較的裕福な環境のなか、育ちました。

滔天は一一人兄弟の末っ子で、父が五十二歳、母が四十三歳の時の子供でした。しかし、上の兄弟の四人は早世していたため、実質的には四人の兄と二人の姉がいたことになります。

滔天にとって重要な意味を持つのは、兄たちの存在でした。

まずは長男の八郎。彼は明治の初めに東京で遊学し、英学や万国公法を勉強しました。そして民権の思想に目覚めます。彼は「台湾征討」に参加し、帰国後、熊本民権党の中心人物として活躍します。

八郎は中江兆民《ちょうみん》と交流し、兆民が訳したルソーの『民約論』を熟読しました。彼は新聞などのメディアで盛んに民権論を展開し、厳しく政府を批判しました。頭脳明晰で、文才もありました。周囲の人望も厚く、強い意志の持ち主でもありました。

熊本民権党のメンバーは、西南戦争において熊本協同隊を結成し、西郷が指揮する薩摩軍に合流しました。この中に八郎も加わり、西南戦争に参戦することになります。そして、八郎は一連の戦いの中で戦死しました。

この八郎の死は、家族に大きな影響を与えました。彼らは兄の死を誇りに思うとともに、「もう一生官の飯はくわん」と誓いました。父はこの悲しみの大きさからか、翌々年に死亡してしまいます。

八郎が亡くなった時、滔天はまだ十歳。父は繰り返し八郎を称え、幼い滔天に対し「豪傑になれ大将になれ」と教育したといいます。また、親類や村人もこぞって八郎を賞賛し、「兄様のようになりなさい」と言い続けました。

滔天は言います。

余《よ》は大将豪傑の何者なるやを知らずして、大将豪傑たらんことを望み、自由民権の何物なるやを知らずして、自由民権を善き事と思い、また官軍や官員や、総《すべ》て官のつく人間は悪人の類と心得《こころえ》居たり。嗚呼《ああ》家庭余に善からざりし歟《か》［宮崎 一九九三：三七］。

こうして兄の死をきっかけに、滔天は官吏に対して根源的な反発を持つようになり、兄・八郎の精神を受け継いで生きていくことになりました。

彼は中学に入学しますが、将来の志望を官吏になることと公言する同級生に馴染めず、立身出世を目指す学校の雰囲気に嫌悪感を抱きました。そして、彼は中学を中途退学し、熊本で徳富蘇峰《とくとみそほう》が経営する大江義塾に入学しました。

滔天は、蘇峰からフランス革命史などを学び、徐々に民権思想を育んでいったのですが、ここでも同窓の塾生に馴染むことができず、塾を去ることになりました。彼は旧友を頼って東京に出ることにします。

しかし、滔天はこの東京での生活にも適応することができませんでした。さまざまな欲望が溢れかえる東京では、旧友たちもその虜になっていました。人々は享楽に走り、文明開化の掛け声のもと浮き足立っていました。滔天は逃げ場を求め、教会に通い始めます。そして、番町教会で洗礼を受け、クリスチャンになりました。

ちょうどその頃、二兄の弥蔵が上京し、滔天のもとにやってきました。滔天はしきりに弥蔵をキリスト教の道に誘い込みますが、弥蔵は逆に自らが考える中国革命の志について熱心に語りました。この時は滔天の主張のほうに説得力があったのか、弥蔵は中国革命の志士よりもクリスチャンになることを選択します。しかし、この時の弥蔵の話が、のちの滔天の人生を大きく左右することになります。

その頃、熊本の実家に戻っていた兄・民蔵から、凶作のために家計が傾いたとの知らせが入りました。弥蔵と滔天は学費・生活費が続かず、実家に戻ることになります。彼らは熊本に戻り、そこで農民が苦しむ様子に直面し、社会主義への関心を高めました。

滔天は、熊本で海老名弾正《だんじょう》の指導を受けるようになります。彼はここで神学を学びますが、逆にキリスト教への疑問が大きくなり、兄弟揃ってクリスチャンを辞めることになりました。滔天は長崎に行き、そこからハワイに渡ろうとしますが、そこに兄・弥蔵が現れました。

中国革命への目覚め

弥蔵は、滔天に対して再び中国革命への志を語りました。

弥蔵は言います。

——自分たち兄弟は、自由民権の家庭に生まれ、自由民権の教育を受け、自由民権主義で生涯を貫かなければならない。日本で運動を展開し、自由民権社会を実現したとしても、西洋諸国のアジア侵略が進むと、結局のところ根拠地が奪われることになり、元の木阿弥になってしまう。肝心要なのは、やはり中国である。中国をロシアの進出から守り、新政権をうちたて、自由民権の大国を建設しなければならない。中国が新しく生まれ変われば、その流れは東南アジア諸国やインド、中東にまで波及し、やがて世界全体を変革することができる。中国革命に挺身することが、宮崎家の人間としての使命なのではないか。

滔天は、この壮大な構想を聞いて感動しました。中国で革命を起こすことで、世界を変えていこうとする弥蔵の志に激しく心を動かされ、ハワイ行きをやめてしまいました。彼は兄に従って中国革命の道へと進む決心をします。この日は「実に是余が半生の方針を確立する記念の一夜」となりました。

弥蔵の議論が新鮮だったのは、日本の改革よりも中国の革命を優先していることでした。彼は日本の自由民権をアジア諸国に敷衍させるという発想をもっていませんでした。彼はアジアの中心軸を中国におき、そこで革命が起きることによって世界をアジアの側から反転させようと考えたのです。

——中国が変革すれば、その流れが日本にも波及し、自ずと国内の自由民権も確立される。中国こそが、世界革命の起点であり根拠地である。

これが弥蔵の革命論の核でした。

しかし、この構想には難しい問題がありました。中国革命を行うといっても、弥蔵はあくまでも日本人です。日本人が中国国内の革命に介入し、日本との連帯を構想するということでは、どうしてもそこに権力的な力が関わってくる可能性があります。日本政府による東アジア政策に絡め取られ、中国への抑圧的な要求を担う可能性があります。

弥蔵は、この問題を驚くべき方法で乗り切ろうとしました。

——中国人になってしまおう。

彼は日本人であることを捨て、中国人になりきることで革命に参加しようと考えたのです。

実際、のちに弥蔵は髪型を辮髪にし、周囲を驚かせました。彼は横浜の中国の商館に勤め、英語、フランス語、中国語を習得します。そして、横浜在住の中国革命派のメンバーと接点をもち、革命の準備を積み重ねました。

滔天は、この兄の姿を見て奮い立ちました。滔天にとって弥蔵は「闇中の燈明」となり「一生の進路を指示する羅針盤」となりました。

一八九一年。

二十歳の滔天は、思い切って上海に渡ります。しかし、資金難のために何もできず、たった一カ月半で日本へ帰ってきました。

彼はなかなか中国革命への糸口を摑むことができず、悶々とした日々を過ごしました。そんな時、弥蔵と滔天が相談相手として想起した人物がいました。

金玉均です。

一八九四年の春、彼らは東京で亡命生活を送る金のもとを訪問しました。金は純朴な二人の青年を気に入り、中国での活動を共にすることを約束しました。そして、自らが先んじて中国に乗り込み、帰国後、詳細な計画を練ることを提案しました。

結局この後、金は上海に渡り、刺客に暗殺されてしまいます。弥蔵と滔天の計画は再び挫折し、暗中模索の日々が始まりました。

兄・弥蔵の死

そんななか、滔天が注目したのがタイ（シャム）でした。

滔天は、タイの華人社会の中で生活することで中国の風俗に慣れ親しみ、タイ在住の中国革命派の人物と連携することを志向しました。また、日本で困窮している民衆をタイに連れて行き、新天地で豊かな生活をすることを志しました。

しかし、この事業はうまくいきません。滔天は二〇名ほどの移民と共にタイに渡ったものの、頼りにした植民会社の事業はすでに破綻し、解散した後でした。さらに政府当局も日本人移民には関心を示さず、積極的には動いてくれませんでした。

滔天は、広島にある親会社を説得するために、単身で日本に戻りました。しかし、親会社の幹部は、事業の再開には動きません。滔天は先の展望も開けぬまま、再びタイに渡り、事業の再興を図りますが、うまくいきませんでした。

滔天は、また帰国します。そして郷土熊本に帰り、病気の母を見舞っていると、思いがけない一報が入ってきました。

――「弥蔵、危篤」。

滔天は急いで横浜に向かいました。しかし、彼が到着した頃には、すでに弥蔵は帰らぬ人となっていました。

最愛の兄を失った滔天は、失意のどん底に落とされます。しかし、兄との中国革命の約束を想起し、再び奮闘することを誓いました。

その後、滔天は犬養毅《いぬかいつよし》に見込まれ、彼の援助で中国に渡ることになりました。そして、出国前にある重要な人物と出会いました。

陳少白《ちんしょうはく》。

陳は一八九五年十月、孫文をリーダーとして広州蜂起を企てた人物で、蜂起失敗後、孫文と共に日本に逃れてきました。孫文は日本を離れ、ハワイ、アメリカ、ロンドンと拠点を変えながら、中国革命の土台作りに奔走しました。一方、陳は孫文から日本での拠点づくりと革命工作を託され、横浜にとどまっていました。

この陳と密かに接触していたのが、兄・弥蔵でした。弥蔵は、陳から孫文のことを詳細に伝えられ、手紙でタイの滔天に伝えていました。

滔天は曾根俊虎《そねとしとら》から陳のことを聞き、出国前に会いに行きました。

陳は弥蔵の死を知りませんでした。滔天からその話を聞くと深く落ち込むとともに、弥蔵に代わって滔天に対して期待を抱きました。陳は滔天に孫文について語り、また孫文の著書を見せました。そして、今後の連携と情報の交換を約束し、別れました。

その後、滔天は香港に渡ります。そこで彼は孫文についての情報を探り、その居所

を突き止めようとしました。すると、孫文がちょうど日本に入国しようとしていると
ころだという情報を掴みました。
滔天は孫文と面会すべく、急いで日本に戻りました。

横浜での邂逅

一八九七年九月初旬。

滔天は横浜に戻り、陳少白の家に向かいました。

孫文はその半月前に、日本に到着していました。そして陳の家に身をひそめていました。そんなところに突然、滔天が訪ねてきました。

孫文は滔天を迎え入れました。

しかし、急な訪問だったため、孫文は寝間着姿のままで、顔も洗っていませんでした。当時、孫文は三十一歳。東洋の豪傑を期待していた滔天にとっては、何とも頼りなく見えました。

しかし、そんな印象は話を聞くなかで吹っ飛んでしまいます。

滔天は、孫文に対し革命の趣旨や方法を尋ねました。すると孫文は熱を込めて理想を語り始めました。

余は人民自ら己《おの》れを治むるを以《もっ》て政治の極則なるを信ず。故《ゆえ》に政治の精神に於《おい》ては共和主義を執《と》る。然《しか》り、余や此《この》一事を以てして直に革命の責任を有《ゆう》するものなり。況《いわ》んや清虜政柄を執る茲《ここ》に三百年。人民を愚にするを以て治世の第一義となし、その膏血《こうけつ》を絞るを以て官人の能事となす。即ち積弊《せきへい》推委して今日の衰弱を致《いた》し、沃野《よくや》好山《こうさん》、坐《ざ》して人の取るに任するの悲境に陥《おちい》る所以なり。心あるもの誰か袖手《しゅうしゅ》して傍観《ぼうかん》するに忍びんや。是吾徒自ら力を揣《はか》らず変乱に乗じて立たんと欲して空《むな》しく蹉跌《さてつ》せしゆえんなり［宮崎 一九九三：一八〇］。

孫文は自分の理想を「共和主義」だと語りました。そして、清朝が約三〇〇年にわたって人民を目覚めさせず、官吏は民衆から利益を絞り取るばかりを仕事にしていると説き、このままの状況を傍観しているわけにはいかないと訴えました。

孫文は滔天に対して、是非この思いを助けてほしいと訴えました。そして、その行為は中国の民を救うだけでなく、広くアジアにおける西洋列強の支配を覆し、アジアに人道を敷衍させることに繋がると説きました。孫文も、兄・弥蔵と同様に、中国革命こそが世界の問題を解決する軸になると捉えていたのです。

滔天は、心から感銘を受けました。この人にすべてをかけてもいいと思いました。彼は言います。

> 孫逸仙の如《ごと》きは実に己に天真の境に近きものなり。彼何《なん》ぞ其《その》思想の高尚《こうしょう》なる。彼何ぞ其の識見の卓抜《たくばつ》なる。彼何ぞ其抱負の遠大なる。而《しこう》して彼何ぞ其情念の切実なる。我国士《こくし》中、彼の如きの果して幾人《いくにん》かある。誠に是東亜の珍宝なりと、余は実に此時《このとき》を以て彼に許せり〔宮崎 一九九三：一八三〕。

――孫文は思想も高尚で、見識も抜群。抱負は壮大で、情念は切実。こんな人物が日本の国士の中に幾人もいるだろうか。孫文は東洋の宝である。

滔天は、孫文に惚れこみました。何としても孫文を支え、中国革命を成し遂げようと心に誓いました。

滔天は孫文を犬養に紹介しました。そして、犬養から時の外務大臣・大隈重信に話が渡り、孫文を東京で匿う手筈が整いました。孫文は、滔天の同志・平山周の中国語教師という名目で早稲田鶴巻《つるまき》町に居を構え、革命の準備に取り掛かりました。

内田良平とロシア

一八九八年九月、孫文は滔天を介して内田良平の下宿を訪問しました。孫文と内田の出会いは、のちにきわめて重要な意味をもちます。二人がやがてすれ違っていくプロセスこそ、「アジア主義の帝国主義化」という問題と直結するからです。

内田は、第七章で論じた通り、若き日に天佑俠に加わった人物です。彼はその後、一八九五年八月にウラジオストクに渡り、ロシア情勢を探りはじめます。そして、約二年間、ウラジオストクに住み、密かに諜報活動を行いました。その間、柔道場を開設し、カモフラージュを図りました。

日本は日清戦争の勝利によって、一旦は遼東半島を手に入れることになったものの、ロシア・フランス・ドイツの三国干渉によって、その権利を放棄せざるを得なくなりました。三国干渉の中心はロシア。東アジアにおける権益の確保を、虎視眈々と狙っていました。

この頃のロシアは急速に、満州方面に勢力を拡大していました。彼らはシベリア鉄道を完成させ、さらに路線を満州に拡張することで、支配圏を拡大させようとしていました。

一八九六年の東清鉄道敷設権の獲得。一八九八年の旅順、大連《だいれん》の租借権獲得。そして、東清鉄道南満州支線の敷設権獲得――。

ロシアは、着々と満州への進出をすすめていました。

内田は、その動きを察知し、ロシアへの警戒心を高めていきました。そして、より詳細な動向・情報を入手すべく、諜報活動を展開しました。内田にとって、日本の安全保障上の最大の懸念は、ロシアの動向に他なりませんでした。

内田は情報入手のために、シベリア横断の旅に出ます。旅行中、彼は次のような和歌を詠みます。

顧《かえり》みる支那の北野《ほくや》は人もなし　誰《た》れ守るらん此《こ》の国を是《こ》れ［内田 一九三四］

彼は広大な大地を目の前にして、東アジアにおける日本の使命感に燃えます。そしてロシアの脅威に対する警戒心を、一層強めていきます。

内田はこの頃、兄に宛てて次のような手紙を書いています。

露国の西伯利亜《シベリア》荒原を拓殖《たくしょく》するは日本人の想像する如《ごと》く迂遠《うえん》ならず、実に恐るべきもの有之候《ありこれそうろう》。今日の如くして十余年経過せば、日本の面上に新強国を建設せられ、支那の滅亡は論を俟《ま》たず、朝鮮の貧弱露国の意に介《かい》する所にあらず。日本は唇《くちびる》破れて歯寒く、第二の支那朝鮮たるは火《み》を視るより明瞭《めいりょう》なることに御座《ござ》候。され共《ども》我が国人の露国に対して意を留《とど》むるものなく、此の方面に身命を擲《なげう》つものなきは、日本の末路なるかと嘆息仕候《つかまつりそうろう》［内田 二〇〇三：七九］。

このままロシアのシベリア開拓が進めば、あっという間に日本の「面上」に一大勢力が確立され、中国が支配されてしまう。朝鮮への進出なんてわけもない。そうなると日本の防衛は丸裸の状態になり、中国・朝鮮と同様の運命を辿ることは明白である。にもかかわらず、ほとんどの日本人はロシアの動向に気を留めず、命を投げ出してでもロシアの進出を阻止しようとするものがいない。これもう日本の末路なのではないかとため息が出る――。

内田の危機意識は切迫していました。

彼は旅を続け、ロシアの国内事情を探りながら、ペテルブルグに到着しました。そこで彼が見たものは、国内政治の乱れでした。

人倫の退廃、政治家の腐敗、不満の蔓延……。

内政の改善に取り組もうとする政治家は存在せず、対外的な拡大路線のみが唯一の国策となっている状態でした。

内田は、このようなロシアの状況から、革命の息吹を感じ取ります。彼は「革命派の一派は此の機運に乗じて帝政を転覆せんと欲し」ていることを察知し、その動向に注目しました。そして、この革命派が、政府転覆のチャンスを拡大させるために、あえて政府に対して外国への進出を誘導していることを見抜き、「露国政府は一層対外侵略の方針に出でんとしてゐる」と分析しました。

内田は言います。

斯《かか》る有様なれば我々が対露政策の如きも、到底樽俎折衝《そんそせつしよう》によつて局面の解決を期すべき性質のものにあらず、遂《つい》に一大衝突の免《まぬか》るべからざることを覚悟しなければならぬ。而《しこう》して一朝兵火相見《あいまみ》ゆる暁《あかつき》に於《おい》ては、我が国が必勝の地位に立つべきは毫末《ごうまつ》も疑ふべきではない［黒龍会編 一九六四a：五八三－五八四］。

内田は、ついに「ロシアとは一戦を交えるしかない」という結論に達しました。もう、ロシアと外交上の折衝を行ってもムダで、戦争は避けられないという覚悟は必要だと内田は説きます。そして、日本がロシアとの戦いに必ず勝つことを、微塵も疑っていないと豪語します。

これ以降、内田はロシアとの「必戦」「必勝」を主張するようになるのですが、この見解に耳を傾ける日本人は、当時はあまり多くは存在しませんでした。

革命か、戦争か

さて、孫文はロシアから帰国した内田と会いました。そして、熱心に中国革命の必要性を訴え、サポートを要請しました。彼は清朝の疲弊を打破し、東洋の振興を進めるには「革命手段に出づるの外道なし」と力説しました［内田一九八七：三三〇］。

これに対して内田は、認識が楽観的すぎると考えました。内田にとっての脅威はあくまでもロシアでした。もしいま強引に革命を起こし、中国に混乱が生じれば、南下のタイミングを狙っているロシアが侵入し、東洋全体に危機が訪れると説きました。そして、中国革命よりもロシアを打倒することのほうが先決であると主張し、「支那革命の時期は日露戦争後に於てするを可とすべし」と返答しました。中国革命は、ロシアを倒した後に手を付けるべきというのが、この時の見解でした。

孫文は、すかさず次のように返したと言います。


革命時に乗じ、縦令《たとえ》露西亜が支那の領土を奪取するとも深く憂ふるに足らず。革命政府にして一旦樹立する場合に至らば、清朝政府は必ず満州に走り、露西亜の後援によって国命を維持せんとすべし。之に対し新政府は日本と同盟して露西亜を撃たざるべからず。即ち露西亜との衝突は何れにするも免かる可らざる所にして、革命は一日も早きを有利とすべし。元来吾人の目的は、滅満興漢にあるものなれば、革命成就の暁は、満蒙、西伯利亜の如きは、挙げて日本に付与するも可なり［内田一九八七：三三二］。

この孫文の言葉は、内田良平が一九三二年に出版した『皇国史談　日本之亜細亜』に記されているものです。そのため、あくまでも内田の記憶に基づいた回想であり、絶対的な信憑性があるものではありません。実際、中国の研究者の中には、孫文の発言を史実と見なさない人もいます。しかし、内田の中国革命派への支援行動は、孫文の言葉への信頼に基づいて展開されます。孫文はこの回想と同様の発言をしたと推察するほうが合理的でしょう。

内田が理解した孫文の構想は、「中国革命が成就した暁には、革命政府と手を組んでロシアを攻撃し、満州・モンゴル・シベリアは日本に付与する」というものでした。内田は、中国革命派の支援を通じてロシア排撃を進め、革命後は満州一帯を日本の影響下に治めるという未来図を描きました。

この頃の孫文にとって、満族は異民族以外の何ものでもありませんでした。彼の目標は、「滅満興漢」という革命の成就であり、ロシアが中国の領土を取りに来れば、「日本と同盟して」ロシアを撃退すべきことを提起していました。革命が成功した時には満州やモンゴル、シベリアは日本に「付与する」ことも「可」であるとし、中国と満蒙を切り離して捉えるフレームを示していました。孫文にとって、満州は「外国」のような存在に他ならず、その構想は自民族中心（漢族中心）的なものでした。

孫文は武力革命の成功を優先しました。革命は満族が構成する清朝への打倒運動であり、革命後の国家構想は漢族をネイションとする共和制国家でした。孫文の中では、満州は満族の地であり、革命の範囲は漢族の地に限定されて構想されていたのです。また、日本が満州に進出することで清朝のロシアとの提携を阻止し、権力の息の根を止めたいという思いもありました。この時点で、孫文の構想と内田の構想は、それぞれの思惑は異にしながらも、軌を一にしていたのです。

内田は、この孫文の認識枠組みに寄り添い、武力闘争を支援するようになります。しかし、当初の構想は、辛亥革命の際に崩壊します。孫文は満州などの辺境地域も「中華民国」の一部と考えるようになり、日本への「付与」という発想を放棄していきます。

内田は戸惑うと共に、孫文への信頼を喪失します。そして、別の方法での満州権益の確保を模索するのですが、これが大きな問題に発展していきます。中国人の目には「日本のアジア主義は帝国主義以外の何ものでもなかった」と映る一方で、内田などのアジア主義者側からは「満州権益の獲得は孫文を支援する時の約束で、裏切ったのは孫文の方だ」という認識の溝が生まれます。この両者のギャップは埋まることなく、日本側の強硬な姿勢が中国人の反発を招くことになるのですが、一連のプロセスは第十三章と第十四章で論じることにします。ここでは孫文と内田が当初、手を結んだ論理と構想を頭に入れておいてください。重要なポイントです。

ポンセ来日と布引丸事件

一方この頃、フィリピンの独立革命が大きな山場を迎えていました。一八九六年八月、秘密結社・カティプーナンは武装蜂起を起こし、独立戦争を開始。支配者であるスペイン官憲は、拘束していた英雄ホセ・リサールを処刑し、弾圧を強化しました。

これに反発した独立派はスペイン軍を各地で撃破し、ルソン島の中南部を掌握するまでに至りました。一八九七年には独自の憲法を制定し、フィリピン独立を宣言します。大統領にはアギナルドが選ばれ、フィリピン共和国が立ちあがるのですが、スペインの反撃により再び平定されてしまいます。アギナルドは国外退去を余儀なくされ、独立運動は失敗に終わりました。

しかし、翌一八九八年キューバ革命が起こり、米西戦争が勃発すると、アギナルドはアメリカと手を結び、スペインへの攻撃を再開します。この作戦は功を奏し、彼は見事、帰国を果たします。そして、政権樹立を宣言し、再び大統領の座に就きました。

アギナルドはアメリカの力を背景に、スペイン支配を打倒します。しかし、今度はアメリカが手のひらを返し、フィリピンを占領します。独立派の敵は、スペインからアメリカに替わることになりました。

この争いの過程で独立運動家たちが注目したのが、日本の存在でした。日本は日清戦争の勝利によって台湾を領有しており、フィリピンの間近まで勢力を拡大していました。独立派は、日本の協力を得る構想を練り、マリアノ・ポンセを派遣することにしました。

ポンセは香港で実業家・梅屋庄吉《うめやしょうきち》と知遇を得ており、彼の人脈を使って日本滞在中の孫文と知り合いました。孫文は滔天や犬養毅を紹介し、アジア主義者との交流が始まります。

滔天や内田はフィリピン革命運動に関わり始め、孫文も中国革命との連動を視野に、資金提供を行いました。内田良平主宰の黒龍会が編集した『東亜先覚志士記伝』は「支那の革命が遅れるとすれば、先づ比律賓の独立を援け、比島独立の暁にはその力を借りて支那革命の旗揚げに便するといふやうな計画」を孫文が抱いていたと記しています（上巻、六二八頁）。

ポンセの要望は、武器の調達と輸送でした。ここで活躍したのが憲政本党の代議士・中村弥六《やろく》です。彼が奔走することで武器・弾薬が揃えられ、輸送のための船（布引丸）も購入されました。ちなみに、中村をポンセの助力者として抜擢したのは犬養です。また、布引丸の航海に必要な石炭は、内田が玄洋社関係者を説いて調達しました。

中村はフィリピン革命への協力メンバーを集め、武器輸送グループと独立軍参加グループを組織しました。日本政府は、アメリカがフィリピンを支配すると、台湾が脅威にさらされるのではないかと懸念しました。そのため、メンバーには陸軍関係者が加わり、政府が援助する形でポンセへのサポートが展開されたのです。

武器弾薬を詰めた布引丸は通関手続きを突破し、無事日本を出港します。しかし、上海沖で台風にあい沈没してしまいました。乗組員一八名は死亡。武器も海の藻屑と消えてしまいました。布引丸事件です。

一方、数名の日本人部隊は密かにフィリピン国内に潜入し、独立運動に加勢しました。彼らはアギナルドと接触し、歓待されます。

この時、アギナルドは次のように言ったといいます。

> 自分は今まで白人を信じてゐたが、前には西班牙人の為に欺かれ、今又米国人に欺かれ遂に剣を抜いて起たざるを得なくなつた。自分は最早白人を絶対に信じない。之を仇敵として飽くまで戦はねばならぬ。白人に対抗して吾等の自由と独立を得る為には、有色人種が結束して起つ外はない［黒龍会編 一九六四ａ：六三七-六三八］。

フィリピン独立の国際的承認を求めていたアギナルドにとって、日本政府からの支援部隊の到着は重要な意味を持っていました。彼は独立支持という日本政府のメッセージと受け止め、彼らを歓迎したのです。

しかし、現場の軍人はあくまでも日本人を対等のパートナーとして遇し、次のような条件を提示しました。

待遇は総べて本国に於けると同様とし、大尉は大尉、軍曹は軍曹として軍に加はつて貰ふ。尚ほ又戦闘員は言語不通では都合が悪いから言語の出来ぬ者は採用しない［黒龍会編 一九六四a：六三八］。

日本側はこれに猛反発しました。彼らはフィリピン人が「一片の義に仗つて千里の波濤を凌いで来た志士を遇するの道を知らぬ」と憤り、抵抗しました。彼らは、独立軍の指導的立場に立つことを前提にしていたのでしょう。しかし、現場では対等な一戦闘員として処遇され、言葉の問題で意思疎通ができないものは戦列に加えられないと拒否されます。彼らは、やむを得ず数名を日本に帰すことにしました。

ここに計らずして日本側の尊大な姿勢が露呈してしまいました。彼らはフィリピン独立運動を支援しようとする義勇心を強く抱いていましたが、実際、現場で戦闘員として対等な扱いを受けると、道義をわきまえていないと立腹し、怒りをあらわにしたのです。
『東亜先覚志士記伝』では、次のような非難の言葉が記されています。

比律賓独立軍の幹部が日東志士の義勇の精神を解し得ず、言語問題の末節に拘泥して非難の態度に出でた愚かさは洵《まこと》に沙汰の限りである［黒龍会編 一九六四a：六三九］。

日本のフィリピンに対する「上から目線」は、このような形で可視化されました。この時のフィリピン独立運動家にとって、日本はアメリカに対抗するためのカウンターパートでありながら、目前の台湾まで迫りくる脅威の対象でもありました。日本からやって来た志士たちは、戦略上、利用価値のある支援者である一方、警戒すべき相手でもあったのです。

結局、意思疎通のできる日本人二人だけが、独立闘争に参加しました。しかし、アメリカ軍がこの情報をキャッチし、日本人探しが始まります。結局、彼らは戦況悪化に伴って隊列を離脱し、命からがら国外に逃亡します。フィリピンへの支援は成就せず、独立運動も鎮圧されました。フィリピンではこれ以降、アメリカによる支配が続くことになります。

ポンセはフィリピン独立運動の歴史をまとめた本を著します。これは一九〇一年に『南洋之風雲：比律賓独立問題之真相』と題して訳され、出版されました。彼は日本人に対して「先づ余の本国の政治的社会的状態の真相を知悉せられんことを」と訴え、フィリピン革命の歩みを伝えようとしました。日本の出版界では、山田美砂が小説『あぎなるど：比律賓独立戦話』を書くなど、フィリピンブームが起こります。しかし、独立運動への支援は拡大せず、滔天や内田の関心も中国・朝鮮へ集中することになりました。

康有為という存在

さて、滔天と孫文の関係に話を戻しましょう。

滔天は、再び犬養の命で中国に渡ります。彼は香港を拠点に革命家たちと連絡を取り、情報収集に努めました。孫文を支援し、中国革命を成功に導くためです。

この時、滔天が注目した人物がいました。

康有為《こうゆうい》。

彼は清朝の内政改革派で、「戊戌の変法」の立役者でした。

康は近代日本を範にとり、大胆な政治改革に取り組もうとしました。しかし、この改革は西太后《せいたいごう》ら保守派の反感を買い、たった一〇〇日ほどで政権から追い出されてしまいました。

滔天は、そんな康を日本に招き、孫文の革命運動と合流させようと考えました。

滔天は逃亡中の康に果敢にも近づきます。そして、香港で接触に成功し、日本への亡命を要請しました。

康にとっても、この提案は渡りに船で、彼は滔天の誘いに応じました。滔天は康を伴って、日本に帰国することになりました。

滔天は早速、孫文と康有為の結合を試みます。

しかし、両者の考えの間には大きな溝がありました。

孫文は清朝を武力革命によって倒し、共和制を敷くことによって中国を新しい近代国家に生まれ変わらせようと考えていました。一方、康有為はあくまでも清朝内部の近代化と改革を推し進めようと考えており、清朝打倒のようなことは想定していませんでした。

革命派の孫文。そして改革派の康有為。

滔天は、この両巨頭を結びつけることによって、運動の統一を図ろうと考えたのです。

これには犬養も賛成でした。政治家・犬養にとっては、中国に親日政権ができることが、望ましい展開でした。そのため、孫文と康有為の両者が日本を頼りにし、近代日本の歩みを参考にしようとする姿に期待を寄せました。犬養と滔天は両者の会見の準備を進めました。東京では康の弟子にあたる梁啓超《りょうけいちょう》と孫文、陳少白の話し合いの場がもたれ、康へのメッセージが送られました。

しかし、この試みはうまくいきませんでした。それは康有為が孫文との会見を最終的に拒絶したからでした。

康にとって、清朝を倒そうとする孫文は「無道の逆賊」に他なりませんでした。そんな相手と手を組むなど、康にとってはできないことでした。しかも、康は根っからの清朝のエリートです。孫文のことを対等な相手と見なさず、その政治スタイルについても非常に否定的でした。

一八九八年に第三次伊藤内閣が発足すると、政府の康に対する態度は冷淡なものになりました。康は日本を拠点とすることをあきらめ、シンガポールへと去って行きました。

恵州蜂起の失敗

この後、滔天は再び孫文と康有為を連帯させようと試みます。

一八九九年、滔天は香港に渡り、同地で活動する哥老会、三合会、興中会という三つの団体の統合に成功します。彼はこの団体を「興漢会」と名付け、その総裁に孫文を就けました。孫文の革命組織の糾合に成功した滔天は、いよいよ具体的な革命に着手します。一九〇〇年六月、滔天は孫文、陳などと共に再び香港に向かいました。そしてその後、二手に分かれてシンガポールを目指すことになりました。目的は康有為との合流でした。

　滔天は孫文に先んじてシンガポールに渡りました。そして康とコンタクトを取ろうと画策しました。

　一方、康は滔天を警戒しました。康は、孫文の盟友である滔天が、自分を暗殺しにきたのではないかと勘繰り、イギリス官憲へ密かに通報しました。これを受けて、イギリス官憲は、滔天を逮捕します。彼は留置場に入れられ、これを遅れて到着した孫文が、八方手を尽くして釈放にこぎつけました。これを機に、滔天は康との合流を断念します。

　一行は、再び香港に向かいました。彼らは香港に到着後、船上で秘密会議を開き、一気に武装蜂起を引き起こす計画を練りますが、成功の見込みが薄いことから孫文が反対し、いったん日本に帰国することになりました。

　この頃、内田良平は情況を一気に打開しようと、清朝の李鴻章・劉坤一《りゅうこんいつ》の暗殺を計画します。彼は孫文を支援していた山田良政と合流し、挙兵の準備を整えましたが、孫文が計画に断固反対したため、中止となってしまいました。

孫文は新たな武装決起を画策します。彼は中国国内の同志と連絡を取りつつ、台湾に渡りました。彼は台湾にいる後藤新平から資金と武器の援助を得ようと考え、コンタクトをとったのです。

後藤は当時、台湾総督府の民政長官でした。その背後には、初代総督で陸軍の児玉源太郎がいました。

孫文の法外な要求に対して、児玉は意外にもそれを受け入れました。児玉は台湾の対岸の福建省を占領地にしたいという思いを抱いていました。彼は孫文の革命勢力を軍事的に支援することで、革命が成就した際には福建省を手中に入れようと画策しました。一方、後藤は孫文に対して資金援助を約束しました。

これで武装蜂起の準備が整いました。

一九〇〇年十月六日。

孫文は香港の同志に、即時決起の命を下しました。革命兵士たちは一斉に蜂起し、政府軍と交戦を始めました。この戦いは、多くの農民にも支持され、革命軍勢力への同調者は日に日に増加していきました。

革命は順調に推移している、かに見えました。

しかし、大きな誤算が生じてしまいました。それは日本政府の側の態度の変化でした。

ちょうどこの時、政権は山縣内閣から伊藤内閣に代わろうとしていました。伊藤はこの恵州蜂起を認めようとせず、武器や資金のサポートの停止を命じました。伊藤は、革命に同調する児玉を東京に呼び寄せ、陸軍大臣に任命しました。そうすることで児玉を台湾から引き離し、自らの監視下に置こうと考えたのです。

革命軍は、次々に政府軍を倒していきました。その勢いはとどまるところを知りません。あとは日本のサポートを待つだけでした。

しかし、内閣の交代によって武器の提供は止められてしまいました。これを知った孫文は、蜂起の継続を断念し、武装闘争の中止を命じました。

こうして、孫文による恵州蜂起は失敗に終わってしまったのです。この過程で、武装闘争に参加した山田良政が亡くなりました。彼は滔天と共に武器提供に奔走し、蜂起失敗が決定的となる中、撤退の最中に戦死したのです。

滔天は、この情勢を見守った後、革命運動からいったん身を引き、浪花節の世界に没入しました。彼は桃中軒雲右衛門の弟子になり、桃中軒牛右衛門と名乗って全国を回りました。そして一九〇二年に、それまでの半生をしたためた『三十三年の夢』を執筆し、出版したのです。

日本のアジア主義者たちは、何故に孫文の革命を命がけで支援したのでしょうか。その認識が、当事者によって語られています。

『東亜先覚志士記伝』では、「我が志士が如何なる覚悟を以つて斯くの如く蹶起したか」と問い、次のように述べています。

第一は多年の積弊によつて自ら腐爛せんとする大支那を覚醒せしめようとする孫逸仙等の革命主義が、東亜の大局を救ふために必要なる手段であることを認めてゐたのは勿論である。従つて支那の革命に参加して兵火の巷に隣邦志士としての義俠の血を流がすことは彼等の元より甘んずる所であつた。そして彼等の経綸に照して特に重きを置いてゐたのは孫逸仙等の革命思想が滅満興漢といふことを標識としてゐる点で、漢民族によりて支那の革命が遂行される場合、満州民族は劣敗者となつて北方の故郷満州方面に衰残の運命を托し、自然に露西亜の南下政策に対抗し、満州、西伯利亜を席巻し、これらの地を我が勢力下に置くことゝなれば、東亜の形勢は玆《ここ》に定まり、大陸の地に我が皇徳を光被せしめることが出来る。是れ東亜の危局を救ふと共に我が国勢を伸張する所以である。我が東方志士の一団は即ち斯の如き遠大の見地から支那革命に参画し初めたのであつて、愛国と義俠との両精神が合致して南清の風雲に心を躍らせた次第であつた［黒龍会一九六四a：六五一 - 六五二］。

つまり、アジア主義者たちが「蹶起」に参加した理由は、「東亜の大局を救ふため」であったと同時に（いやそれ以上に）、革命をきっかけとして満州・シベリアの地を「我が勢力下に置く」ことで「国勢」の「伸張」を果たすことができると考えたからでした。

これは重要なポイントなので、何度も繰り返すことになりますが、アジア主義者たちが孫文に共感したのは、孫文が「滅満興漢」という「標識」のもとに革命を進めようとしていたからでした。清朝は満族の国であり、その国を打倒しようとする革命派の運動は、漢族の興隆を期した「反満族」の運動であると捉えたのです。そのため、満州に敗退した清朝の残党を、日本が支配下に置くことによって、満州の権益を確保できるという考えが共有されることになりました。

滔天が同様の認識を持っていたかどうか、定かではありません。おそらく彼の中では、中国革命に対する義俠心が大半を占め、将来的な日本の侵略的な大陸進出については意図していなかったと思われます。しかし、日本のアジア主義者の多くは、『東亜先覚志士記伝』が雄弁に語っているように、「我が国勢を伸張する」という「遠大の見地から支那革命に参画し初めた」ため、行動が熱を帯びれば帯びるほど、帝国主義的姿勢を加速させることになりました。そして、その「愛国と義俠との両精神が合致」した感情は、心躍るロマンとしてアジア主義者たちに共有されたのです。

アジア主義は、ここに大きな課題を背負い込むことになりました。

孫文と南方熊楠の交流

孫文は一九〇〇年、再び日本の地を踏むことになります。彼は日本で再起を決し、新たな運動の展開を模索しはじめました。

その時、ひとりの日本人との面会を切望します。

――南方熊楠《みなかたくまぐす》。

博覧強記の大博物学者と称される知の巨人です。熊楠は多分野の知識を応用し、壮大な宇宙観を構築しました。彼が真言密教から影響を受けて描いた「南方マンダラ」は、森羅万象を包括的に捉えるモデルとして知られています。

孫文が熊楠と出会ったのは、滔天や内田と出会う以前のことでした。場所はロンドン。一八九七年のことです。

孫文はロンドンで清朝公使館に拘束され、監禁される事件を経験していました。この時はイギリス政府が解放を求め九死に一生を得ましたが、この事件が彼を一躍有名にします。二人が出会ったのは一八九七年三月十六日。大英博物館東洋書籍部部長・ダグラスの紹介でした。

この時、孫文は熊楠に「一生の所期」を尋ねます。「所期」とは「期待すること」

ですから、要は「あなたは一生をかけて何をやりたいのか？」と尋ねたわけです。すると熊楠はダグラスの面前で次のように言ったといいます。

「願わくはわれわれ東洋人は一度西洋人を挙げてことごとく国境外へ放逐したきことなり」［南方 一九七二：一九六］

孫文が驚いて「失色」していると、熊楠は内心、「この輩いずれもあんまりえらい人物ならざる」と思ったといいます。

しかし、孫文と熊楠はこれから約三カ月半にわたって、頻繁に面会し、交流を深めます。二人は夕食を共にし、時に深夜まで語り合いました。

では一体、彼らは何を語り合っていたのでしょうか。

その内容は記録が断片的で、定かではありません。しかし、二人の置かれた状況と行動からおおよそを推察することができます。

まずは、政治的な話題です。孫文は革命家として駆け出しの頃で、この後、日本に渡って武装蜂起の準備を始めます。孫文は熊楠に対して、自らの革命に賭ける情熱や政治構想を語ったと考えられます。その証拠に、熊楠は必死でロンドン在住の日本人有力者を紹介しようとしています。渡日後の政治活動をサポートしようと考えたのでしょう。孫文から、紹介を依頼されたのかもしれません。

一八六七年に和歌山で生まれ、十五歳から東京で学んだ熊楠にとって、同時代の自由民権運動は強い関心の対象でした。彼は一八八六年に東海散士『佳人之奇遇』を読み、感銘を受けています。東海散士の本名は柴四朗。前章で述べたように、閔妃暗殺に関与した人物です。『佳人之奇遇』は、初発のナショナリズムが「民権論」として湧き上がる姿を描いた政治小説です。熊楠は同時代の若者と同様、この小説に熱狂し、国民主権ナショナリズムを高揚させました。また同時期に起きた甲申事変に注目し、日記に朝鮮の動向を記しています。一八九四年に金玉均が暗殺されると、「終日夜不快」と綴りました。

このような関心の延長に、孫文との出会いはありました。二人は革命についてのロマンを共有し、アジアの連帯を志向したと推察されます。出会った時の熊楠の啖呵は、アジア主義的文脈の中で理解されるべきでしょう。

次に、熊楠が専門とする生物学・博物学についても話題になったと思われます。二人は六月に植物公園や自然史博物館を見学しています。また、のちに孫文がハワイから熊楠に宛てて地衣（菌類と藻類の共生植物）の標本を送っています。このことから、孫文は熊楠の専門分野に多少の関心を抱き、概要を把握していたことがわかります。孫文はそもそも医学を勉強した人ですから、生物学には知識と関心があったのでしょう。

熊楠はロンドンで、中国・インドの古代天文学に関する論文などを執筆し、東洋的な知見を近代的学問の俎上に載せる研究を進めていました。熊楠はのちに振り返り「東洋にも（西洋一汎の思うところに反して、近古までは欧州に恥じざる科学が、今日より見れば幼稚未熟ながら）ありたることを西人に知らしむることに勖《つと》めたり」と述べています［南方一九七一：一六］。熊楠が東洋人として西洋に対する対抗心を持っていた様子が窺えます。

熊楠の学問の主眼は、東洋における知の蓄積を近代科学と対立するものと捉えず、その整合性を摑むことで、評価し直すことにありました。彼にとって、近代科学は東洋思想と連続した存在であり、サイエンスを厳密に考究すれば、いずれ宇宙の神秘的構造に接近するという確信を持っていました。

そのため熊楠の博物学や生物学は、きわめて宗教的な宇宙観と繫がります。彼はのちに次のような有名な言葉を記します。

> 大乗は望みあり。何となれば、大日に帰して、無尽無究の大宇宙の大宇宙のまだ大宇宙を包蔵する大宇宙を、たとえば顕微鏡一台買うてだに一生見て楽しむところ尽きず、そのごとく楽しむところ尽きざればなり［板倉・長谷川一九九〇：三〇〇］。

彼にとって、顕微鏡で見る細菌のミクロコスモスと大宇宙のマクロコスモスは一致しており、それはすべて「大日如来」に還元されるのです。彼は顕微鏡の中の生命活動に、宇宙の構造を見ようとします。特に粘菌の分裂と生成は、宇宙全体の生命現象そのものであり、常に変動する不可知の心と一致します。

——森羅万象の多元性は、一なる存在に回帰する。多なるものは一であり、一なるものは多なる姿で現れる。

この一と多の矛盾的一元論こそが、熊楠の生物学を支えていました。

そして、このような宇宙観を彼はアジアの宗教思想の中に求めました。彼の博物学的アジア主義は、西洋に対する対抗意識と共に、アジア的コスモスによって西洋近代を包み込む思想運動として展開されました。

孫文は、熊楠が思想・哲学に精通していることを熟知していました。彼はのちに犬養毅宛に熊楠を紹介する書面を作成していますが、そこで次のように熊楠を紹介しています。

君は欧米に遊学すること二十年にもなろうとしており、数か国語の言葉や文字に精通しております。哲学や理学に精通しておりますことは、西洋の専門大家さえ、いつも驚嘆しております。殊に植物学の部門では最も造詣が深うございます。

君は名利には無心で、ただ学問に心身を労し、独り研究して十余年一日のごとく暮らしております。本当に常人の及ぶべきところではございません［笠井 一九八六：七〇‐七二］。

孫文は、熊楠を植物学に最も造詣が深いとしながら、「哲学や理学に精通して」いると記しています。孫文は、熊楠を生物学・植物学者と捉えながら、一人の思想家として認識していることがわかります。

ロンドン時代の熊楠は、仏教に対する傾斜を深めていました。彼は、以前から仏教に関心を持っており、アメリカ滞在中の一八八九年には「龍聖法印に与ふる書」という論考を書いています。

ロンドン時代の彼に、仏教的な刺激を与えたのは真言宗の僧侶・土宜《どき》法龍《ほうりゅう》でした。二人は一八九三年十月に出会い、意気投合します。法龍はシカゴで開催された万国宗教会議に出席し、ヨーロッパを経由して日本に帰る世界一周旅行の途中でした。二人が会話を交わしたのは約四日間でしたが、熊楠は法龍の滞在先に三日間連続で宿泊し、濃厚な時間を過ごしました。

法龍はロンドンを離れ、しばらくパリに滞在するのですが、その間、二人は頻繁に手紙の交換を行っています。熊楠はチベット仏教に対する関心を示し、チベットに行きたいという希望を述べます。また、仏教を諸宗教との融合の中で捉え、「万教帰一」の認識を示しています。そして、その認識を古代インドのヴェーダーンタ哲学を土台として構築したことを述べています。

小生は宇宙の基本は一大理体（名のなきもの）ありて、それが分身流出して色々の物体となり、各右の一大理体の力の一分を偏有して現物界外心界を顕はずに非ぬかと思ふ。されば小生の見解は耶蘇にも又仏にもなく、梵教なり。すなはち、吾々が此紙筆と共に梵天の一部なるなり［奥山他二〇一〇：五七］。

熊楠にとって、万物は「一大理体（名のなきもの）」の多様な現れです。部分の中には全体が存在し、全体は部分として顕在化します。

批評家の安藤礼二は、熊楠の思想を次のように要約しています。

南方熊楠の宇宙論。それは身近で微細な諸生物、生命の具体的な観察から、この「私」を成り立たせている意識の発生、そして「事理」が縦横無尽に交錯する抽象的な宇宙のモデルに至るまで、森羅万象あらゆるものを一つにつなぐ原理、さらには、その原理が発生してくる力の根源を探る試みである。この大宇宙を生成させている根本原理。それを、熊楠は真言密教の教義を換骨奪胎して「大日如来」（光り輝く仏）と名づけた……［安藤二〇〇八：二一三］。

孫文は、何らかの形で熊楠の壮大な宗教的宇宙論を聞いたに違いありません。そうでなければ、熊楠を「哲学や理学に精通して」いると認識することはなかったでしょう。ロンドン時代は、孫文にとっても時間に余裕があり、思索を深めていた時期だと言われています。二人の間では、壮大な思想的アジア主義の交流がなされようとしていたと推察できます。

孫文は以降の人生の中で、アジア思想と政治構想を合流させようと奮闘します。その痕跡は、一九二四年に神戸で行った「大アジア主義演説」にも垣間見えます。演説にはロンドン時代に熊楠から教示を受けた内容が含まれている可能性があります。このことは第十四章で触れることにしたいと思います。

さて、熊楠はロンドンで孫文と別れる際、自らの日記帳を差し出しました。そして、まだ何も書かれていないページを開け、揮毫を求めました。孫文はそこに「海外にて知音と逢う」と記します。孫文は、熊楠を心の底まで理解しあった親友と捉えたのです。

二人は数年後、日本で再会することになります。和歌山に帰っていた熊楠のもとを、孫文が訪問しました。一九〇一年二月十四日と十五日のことです。

この時は時間が限られており、旧交を温め合っただけで終わってしまいました。この後、二人が顔を合わせることはありませんでした。

興味深いのは、この時、孫文が熊楠に一冊の本を贈呈していることです。それは出版されたばかりのマリアノ・ポンセ『南洋之風雲：比律賓独立問題之真相』です。ポンセは独立運動の志士でありながら、バルセロナ大学・マドリード大学に学んだ知識人でもありました。若き日のポンセはフィリピンの民俗世界に関心を持ち、十九歳にして著書を出していました。孫文を通じて熊楠とポンセが出会っていれば、豊穣な思想的アジア主義が生成したかもしれないのですが、この後、熊楠は熊野の森に入り、生物学的研究に熱を入れます。そして、次第に孫文との連絡もなくなり、交流は途絶えてしまいました。

孫文と熊楠の出会いは、これ以上、深められませんでした。この後、孫文の日本滞在は長期にわたり、辛亥革命後にも日本への亡命を余儀なくされます。孫文には日本で十分な時間がありました。

その亡命期間に、二人の交流がさらに濃密になっていれば、アジア主義の様相も違ったものになったかもしれません。その意味では、二人は実際に出会いながら、最終的には出会い損ねたといえるかもしれません。

しかし、二人のロンドンでの出会いは、アジア主義の可能性の中心に肉薄しています。そして、その可能性は、さまざまなところから芽を出し始めます。

*

さて熊楠が森の中で豊穣な思想を紡ぎあげ、滔天が『三十三年の夢』を執筆している頃、アジアの大国・インドで、一人の日本人が一冊の大著を書いていました。岡倉天心の『東洋の理想』です。

そこで我々は、二十世紀初頭に同時多発的に湧き上がった思想的アジア主義の息吹を目の当たりにすることになります。

第十章

岡倉天心「アジアは一つ」の真意

官僚としての挫折

岡倉天心（覚三）は、東京美術学校長などを務めた近代日本美術の立役者として、『東洋の理想』『茶の本』といった名著を英語で書いた国際的著述家として知られています。彼が『東洋の理想』の冒頭に書いた「Asia is one」（アジアは一つ）という言葉は、戦前・戦中にアジア進出の政治的イデオロギーに利用され、広く知られることになりました。

天心が生まれたのは一八六二年。亡くなったのが一九一三年ですから、おおよそ明治時代を生き抜いた人物ということができます。天心は十二歳のときに東京開成学校に入学しますが、この学校は一八七七年に東京医学校と合併して東京帝国大学となります。天心は十四歳のときに東京帝国大学文科大学の学生となりました。

天心が東大生となった翌年、一人の外国人教師が赴任します。

アーネスト・フェノロサ。

彼こそ、天心の人生を美術界と結びつけた人物でした。

天心は十六歳のときに結婚します。相手は十三歳の女性。翌年、妻は妊娠します。

天心は十七歳で東大を卒業することになり、卒業論文の制作に取り掛かりました。テーマは「国家論」。彼は約二カ月かけてこの論文を仕上げたのですが、妊娠中の妻と大喧嘩になり、妻が癇癪を起こして論文を焼いてしまいました。天心はあわてて約二週間で別の論文「美術論」を書き上げ、何とか無事、卒業することができました。

一八八〇年、大学を出た天心は、八月にフェノロサと共に京都・奈良を訪問します。天心は英語が得意だったため、フェノロサの通訳として重用されました。そして、翌九月、彼は文部省に就職します。最初は音楽取調掛に勤務し、お雇い外国人の通訳などを担当しました。

一八八四年六月には、文部省の仕事として京阪神地方の寺社調査に従事します。このとき彼はフェノロサと共に法隆寺の調査を行い、白布で覆われていた夢殿の秘仏・救世観音像の封印を解きました。仏像を信仰の視点から見るまなざしに対して、美術という視点が優先されたのです。これは大きな議論を生みました。

その後、天心は東京美術学校の設立にかかわり、校長に就任します。彼は、多くの芸術家を育成し、日本の美術界を牽引する存在になりました。また、彼は帝国博物館や農商務省の博覧会文化部にも影響力を拡大し、多くの権限を掌握します。二十代後半ながら、天心は「国事」と「美術」が接合する美術行政の頂点に立ったのです。

しかし、天心は予期せぬ形でこの地位を追われることになります。一八九八年（三十五歳のとき）、天心を中傷する怪文書が関係者の間に出回りました。そこには天心が「精神遺伝病」であると書かれ、彼の女性スキャンダルが列挙されていました。また、学校経営で私腹を肥やし、教育もまともに行っていないとも糾弾されました。

実際、天心は女性問題を抱えていました。よく知られる話ですが、彼は文部少輔・駐米特命全権公使などを務めた九鬼隆一《くきりゅういち》の妻と不倫関係にありました。のちに『「いき」の構造』を書く九鬼周造は、隆一と妻の間に生まれた子供でしたが、周造は幼少期から母と天心の不倫関係を見続けてきました。

天心は、さらに異母姪との間でも恋愛関係を結び、子供ができました。そんな泥沼の恋愛関係が複雑に続くなか、天心は心身のバランスを欠き、睡眠薬に依存する生活が続きます。彼は東京美術学校長を非職となり、若くして築いた美術界での地位を失うことになりました。彼は国家官僚としての華やかな人生から転落し、大きな挫折と疎外感を味わうことになりました。

天心は、再起をかけて東京・谷中《やなか》に日本美術院を設立します。彼は横山大観《たいかん》・菱田《ひしだ》春草《しゅんそう》らと共に敷地内に住み、新しい潮流の確立に尽力しました。日本美術院は、美術史上いくつかの重要な作品を生み出し、「朦朧体」などの表現上の重要な問題提起を行ったのですが、運営はあまりうまくいきませんでした。

天心は、再び行き詰まります。一九〇一年四月、彼は浮世のことが厭になり、突然、家出をしてしまいました。周りの人間は騒然となりましたが、居場所がすぐに判明し、谷中に連れ戻されました。天心には、時折、女性に対する甘えと厭世観から来る逃亡癖のようなものが見られます。

インドへ

そんな心の晴れない日々を過ごすなか、一人のアメリカ人女性が天心の前に現れました。ジョセフィン・マクラウド。彼女は、インド人宗教家・ヴィヴェーカーナンダの信奉者でした。

ヴィヴェーカーナンダはインド近代史を代表する宗教指導者で、ラームクリシュナミッションという宗教団体の設立者でした。マクラウドは、ヴィヴェーカーナンダの教えに深く共感し、宗教上の師と仰いでいました。

天心は、このマクラウドからヴィヴェーカーナンダとの面会を強く勧められます。

天心はその宗教思想に関心を抱き、彼を日本に招待することを企画しました。天心は五月頃、日本への旅費を用立て、インドにいるヴィヴェーカーナンダに三〇〇ルピーを小為替で送りました。

一方、その一カ月半ほど後に、一人の青年が天心のもとを訪ねてきました。堀至徳《ほりしとく》。まったく無名の若き僧侶でした。

彼は、師である丸山貫長《かんちょう》に従い真言宗の復興運動に従事していたのですが、丸山の行動や方向性に疑問を持ち、別の復興運動のあり方を模索していました。そんなとき、堀はあることを思いつきます。

――「インドに行ってみよう」。

当時の仏教界では、まだまだインドを訪問した僧侶は限定されていました。彼は仏教の原点であるインドに行くことで新しい運動の展開を切り開けるのではないかと考え、インド行きの思いを募らせました。

そのとき、堀は天心に相談することを思いつきました。天心は師匠の丸山とも親しく、東洋の美術にも造詣が深いことから、天心との面会を希望しました。

七月一日。奈良から上京した堀は、谷中の天心宅を訪れました。この日の堀の日記には、次のような記述があります。

岡倉氏訪問　印度《インド》行キノコト　英語研究ノコト　輪ノ作用　等有益《ゆうえき》ノ談話あり
印度ノせんこ　クジヤクの毛等もろて帰ル［堀一九七一：一〇四］

堀は、天心にインド行きの相談をしました。天心は堀に好感をもったのでしょう。さまざまな話をするとともに、彼に対してインドの線香と孔雀の羽をプレゼントしました。

以降、堀は何度も天心のもとを訪れ、インド行きの相談を繰り返しました。そんな頃、天心のもとにヴィヴェーカーナンダから、訪日は難しいとの知らせが届きました。ヴィヴェーカーナンダは体調が思わしくなく、日本への長い船旅は難しい状態でした。

天心は考えます。

——だったら、自分が堀と共にインドに行けばいいではないか。

彼はマクラウドにインド行きを相談し、一気に話を進めました。また、この夏から天心はマクラウドとジョセフィン・ハイドというアメリカ人女性に対して、自宅で日本美術史の講義をはじめました。このときの英文講義原稿が、後の『東洋の理想』の主要部分になったといわれています。

十二月。天心は日本美術院の運営を放置したまま、インドに旅立ってしまいました。

彼は、翌年の元日に南インドのマドラス（現在のチェンナイ）に到着し、一月六日にカルカッタ（現在のコルカタ）へとたどり着きました。

天心は、堀と共にカルカッタ郊外のハウラーにあるラームクリシュナミッションを訪問します。そして、そこでヴィヴェーカーナンダと面会しました。この出会いが、天心に大きな影響を与え、『東洋の理想』の冒頭「アジアは一つ」という言葉が生み出されます。

ヴィヴェーカーナンダと「不二一元論」

ではヴィヴェーカーナンダとは、いったい何者なのでしょうか。

彼は一八六三年、カルカッタに生まれました。彼は名門カルカッタ大学を卒業し、西洋的な教養を身につける一方で、宗教家ラームクリシュナの影響を受けました。

ラームクリシュナは自らの宗教体験をもとに、宗教の違いを超えた真理の普遍性を説きました。彼はヒンドゥー教徒でしたが、時にイスラームのスーフィズムの行法に基づいた修行を行い、別のときには教会でキリスト教の祈りを捧げました。彼は神秘体験を通じて宗教観の差異を乗り越え、メタレベルに存在する真理の唯一性を説きました。

ラームクリシュナは言います。

すべての川は最終的に海に注ぎ一つになるのと同様に、総ての宗教は一つの真理に流れ込む。

私には、どの宗教をみても、みな一つだ。すべては、あの一つのものから出ているのだ。無性無相の実在であるあの御方（＝神）が、同時に形をもっていらっしゃるのだ。いろいろ様々な形になって現れていらっしゃるのだ。

ヴィヴェーカーナンダは、この思想に強く惹かれます。そして、自らも宗教家として生きることを決め、師と仰ぐラームクリシュナの教えを各地で説く活動を行いました。

ヴィヴェーカーナンダが注目を浴びたのは一八九三年にシカゴで開催された万国宗教会議でした。彼は、ここで舞台に立ち、次のように宣言します。

私たちは普遍的な寛容性を信じるだけでなく、すべての宗教を真理として認めるのです。（中略）かつて催《もよお》された中で最も権威のある集まりの一つであるこの会議は、それ自体が、「如何《いか》なる形を通じてでも、私のもとに来る者は誰であれ、私は彼に接する。すべての人は、ついに私に到達するところの、さまざまな道を通って努力しつつあるのだ」という、ギーターに説かれている素晴らしい教えを、世界に向って証明し宣言しているのです［ヴィヴェーカーナンダ 一九八三：四］。

ヴィヴェーカーナンダの演説は、拍手喝采を浴びました。彼の話はきわめて論理的で、その英語力は卓越したものでした。彼は一気に東洋を代表する宗教家として認知され、万国宗教会議の主役に躍り出ました。会議では、ヴィヴェーカーナンダの論文が朗読されます。そこで彼は次のように訴えました。

宗教の科学は、それが死の宇宙における唯一の生命であるかれを、常に移り変わりつつある世界の恒常《こうじょう》の基盤であるかれを、すべての魂はそれの幻影的な現れであるにすぎないところの、唯一の魂であるかれを、見出したときに完全になります。このように、多様性と二元性とを経て、究極の単一性に到達するのです［ヴィヴェーカーナンダ 一九八三：二一］。

さらにヴィヴェーカーナンダは言います。「多様性の中の単一、というのが自然の計画でありまして、ヒンドゥーはそれを認識しています」。「一切の物の中心には、同一の真理が君臨しています」。

ヴィヴェーカーナンダは、この思想を「アドヴァイタ」（不二一元論）として提起します。彼の主張は、真理の唯一性とそこに至る道の複数性を説くものでした。彼は、この「アドヴァイタ」の思想によって世界の宗教的対立を乗り越え、偏狭な宗派主義から脱却すべきことを説いたのです。

ヴィヴェーカーナンダは、このあと数年間アメリカなどに滞在し、各地で講演を行いました。その巧みな弁舌は広く欧米人に受け入れられ、多くの信奉者を生み出しました。彼はニューヨークにヴェーダーンタ協会を創設し、インドに帰国後、ラームクリシュナミッションを設立しました。彼のもとにはインド人だけでなく、欧米からも信奉者が集まり、教団はその組織を拡大していきました。

Asia is one（アジアは一つ）

そんなとき、カルカッタのヴィヴェーカーナンダのもとを岡倉天心が訪れたのです。天心はヴィヴェーカーナンダと語らい、強く共感しました。ヴィヴェーカーナンダはこのとき、天心に対して「長い間離れていて、とうとう再会した本当の兄弟のようだ」と親しみを込めて語ったといいます。

意気投合した二人は、共に北インドへの旅に出ます。彼らは二週間にわたって行動を共にし、多くのことを語らいました。

この頃、天心が日本の織《お》田《だ》得能《とくのう》に宛てた手紙には、次のように書かれています。

> 過般来当地に参りビベカナンダ師に面会致《いた》し候　師は気魄《きはく》学識超然抜群一代の名士と相見《あいまみ》へ五天到処師を敬慕せざるはなし。（中略）師は又英仏語を能《よ》くし泰西最近の学理にも通じ東西を湊合《そうごう》して不二宗門を説破す　議論風発古代論師の面目あり　実に得《え》難《がた》き人物と存《ぞんじ》候《そうろう》［岡倉 一九八〇b：一四九］。

ここで「不二宗門」と書かれているのは「アドヴァイタ」、つまり「不二一元論」のことです。天心はヴィヴェーカーナンダの知性や学識に感銘を受け、「アドヴァイタ」によって「東西を湊合」しようとする姿勢に強く共感していることがわかります。

そんなヴィヴェーカーナンダとの出会いの延長上で書き上げられたのが『The Ideals of the East, with special reference to the art of Japan（東洋の理想）』でした。この本の日本美術史の部分は、おそらく日本での講義録で、その前後の序章と結論の部分が、インドで書かれたのではないかと推測されます。

では、天心はインドでどのようなことを書いたのでしょうか。

彼はまず「アジアは一つである」と宣言します。しかし、彼はその直後で、アジアの複数性を論じます。アジアには「孔子の共同主義をもつ中国人」と「ヴェーダの個人主義をもつインド人」が存在します。その両者の間にはヒマラヤ山脈が走り、両者を分断しているように見えます。しかし、それは両者の特徴を強調するために存在するにすぎず、アジアには間違いなく「共通の思想遺産」が存在します。アジアには「究極的」で「普遍的なもの」に対する「愛」が存在し、その「愛」こそが偉大な宗教を生み出してきたのです。

天心の見るところ、アジアは多様に存在しながら、単一の真理を共有しています。「複雑の中の統一」こそがアジアの特徴であり、それは日本美術の歩みのなかに表現されていると言います。

日本はアジア文明の博物館である。いや、たんに博物館には止《とど》まらない。というのは、日本民族の特異な天分は、古きを失うことなく、新しきものを歓び迎える、あの生ける不二一元論の精神によって、過去の理想のあらゆる局面を余さず維持しようと努める〔岡倉 一九八〇a：一一六〕。

ここで「不二一元論」と訳されているのは「アドヴァイティズム」です。天心は、アジアの可能性を不二一元論のなかに見出し、その表現を日本美術のなかに発見したのでした。

天心は結論部分で主張します。

> 今日のアジアの課題は、アジア的様式を守り、これを回復することにある。しかし、これをなし遂げるためには、アジア自身がまずこうした様式の意味を認め、その意識を発展させてゆかねばならない〔岡倉一九八〇a：一二二〕。

この言葉の裏には、アジア人がアジアの特性を見失い、疾走していることへの嘆きがあります。天心はアジア人こそ不二一元論の伝統を想起しなおし、そのあり方を自覚的に引き受けなおして、新しい時代を切り開かなければならないと訴えます。

天心は、他のところで繰り返しawakening（目覚め・覚醒）という語を使います。アジアはただそのままで存在するだけでは「アジア的」ではありません。アジア人は再帰的にアジア的なあり方を捉えなおし、その世界観を実現しようとしなければならないのです。つまりアジアはアジアに「目覚め」なければならないのです。

天心の「アジアは一つ」という言葉は、正確に書けば「アジアは多にして一つ」となるでしょう。アジアには、中国、インド、日本といった個性豊かな文化が存在し、ヒンドゥー教、イスラーム教、仏教、儒教といった複数の宗教が存在します。これらはバラバラのように見えて、実は唯一の真理を内包しています。逆を返せば、唯一の真理の多様な表現が、個別的な文化であり宗教です。

——多は一であり、一は多である。

そんな存在論・認識論こそ、アジアが発信する不二一元の世界観だというのが、天心の強い主張でした。

天心は、「アドヴァイタ」を解説して、次のように述べています。

「アドヴァイタ」という語は、二ではない状態を意味し、存在するものは外見上いかに多様だろうとじつは一であるという、偉大なインドの教説に対して用いられた呼び名である。かくて、あらゆる細部に全宇宙がかかわり、いかなる単一の分化現象のうちにも真理の一切が発見可能のはずということになる。一切がひとしく貴重なものとなるのだ［岡倉一九八〇a：一三二］。

このようなアドヴァイタに基づくヴィジョンは、ヴィヴェーカーナンダによって教示されたのと同時に、天心自身が以前から老荘思想を通じて体得していた思想でもありました。天心は、ヴィヴェーカーナンダという十九世紀インドを代表する宗教家と接触することで、自らの中に蓄積していた多一論的世界観を、きわめてクリアに表現することができたのです。

英文草稿「東洋の覚醒」

天心は、インド滞在時に、インド独立運動の闘士たちと密かに接触したといわれています。当時のベンガル地方では、イギリス知識人に信頼を寄せる国民会議派の穏健派に対して、大衆的な暴力革命を重視する急進派の活動が始動していました。天心は、そんな急進派のメンバーと関わりをもち、インド独立を鼓舞したといわれています。

そのような姿勢は、天心がインド滞在時に書き残した英文草稿ノートにはっきりと表れています。このノートにはタイトルが付けられておらず、全集などでは仮に「東洋の覚醒」という題が付けられています。

ここで天心は訴えます。

アジアの兄弟姉妹たちよ！
おびただしい苦痛が、われわれ父祖の地を蔽っている。東洋は柔弱の同義語となった。土着の民とは奴隷の仇名《あだな》である。われわれの温順にたいする讃辞《さんじ》は反語であって、西洋人からすればその礼儀正しさは臆病のせいなのだ［岡倉一九八〇

a：一三五〕。

彼は「ヨーロッパの栄光はアジアの屈辱である！」と言います。そして、「現実に目覚めようではないか」と鼓舞します。

天心は「目覚めること」、そして「アジアの精神」と意識的に「再び出会う」ことを要請します。彼は、不二一元的なアジアの存在論に覚醒し、手を取り合って西洋帝国主義に抵抗しなければならないと訴えます。

天心がこの草稿ノートで強調するのは、有機体的な社会観です。例えば、彼は次のように主張します。

東洋の社会は、相互に関係のある義務の調和において、不思議なくらい美しい。土地は仕事を供給し、仕事は共同体の理想を供給し、共同体の各成員は結合して、欠くことのできない全体を形作っている〔岡倉 一九八〇a：一五〇〕。

社会を構成する個人は、単にバラバラに存在しているのではなく、全体の中で果たすべき役割を持ちながら生きています。それぞれが各自の役割を果たすことで、全体は有機的に機能し、宇宙は安定的に存続します。アジアの社会は「相互に関係のある義務の調和」によって成り立ち、構成員はすべて欠かすことのできない意味を有しています。部分がなければ全体は存在せず、全体がなければ部分は存在しません。このような、互いが自分の場所で役割を果たすことによって全体が成立するという見方こそが、天心が示した有機体的な社会観でした。

このような社会観を、インドでは「ダルマ」という言葉で表現します。ダルマとは一般に「法」と訳されますが、これは「民法」や「刑法」といった実定法のことではなく、宇宙全体を司る法則・原理のようなものです。

インドでは、今でも「自己のダルマを果たせ」というようなことが言われたりします。これはまさに有機体論的な社会観に基づくもので、自己が宇宙から与えられた義務を果たすことで、世界の秩序安定に貢献するという世界観を表現しています。天心が不二一元論をもとに説いた社会のあり方は、まさに「ダルマ」という観念に寄り添ったものでした。

天心は言います。

われわれにとって自由とは、個人の内面的な理想を完成する力にある。真の無限は円周であって、延長された線ではない。すべての有機体は全体に服従する部分を意味する。本当の平等はおのおのの役割をそれにふさわしく達成することにある。（中略）魚は空中では解放されはしない［岡倉一九八〇a：一五二］。

天心は、ここで有機体的社会観の中に真の平等を見ようとしています。これは「トポス的平等」と言い換えることができるでしょう。天心の考える平等とは、人間が均一化・画一化され、個性が抑圧されるような平等を意味していません。真の平等とは、それぞれが自らの「場所」において個性を発揮することで世界の相互連関が成立する高次の平等です。このようなトポスを獲得した人間は、自由でありながら平等な存在です。一人ひとりは世界のために欠くことのできない重要な存在であり、代替不可能な存在です。すべての人間は、個別的な役割を持って世界に貢献し、世界はその存在を必要としています。農民には農民のトポスがあり、職人には職人のトポスがあります。それぞれの人間が相互に依存し、かつ相互に独立した有機体的社会こそ、天心が「アジア的」と見なす存在でした。

戦いとダルマ

しかし、このような有機体的社会を破壊し、人々を疎外する勢力が存在します。西洋の帝国主義でした。

天心は言います。

外国の勢力がわれわれを圧迫することに成功したことは、われわれの文明の劣《れっ》性《せい》をけっして証明するものではない。寄生虫の侵害は高等な有機体の悲しい宿命と言っていい。生命の重要な器官に食い込む悪性の癌《がん》はその毒性を誇示しても、それが棲《す》みつく組織の弱体を証明しない。だが、そうしている間にも血液は毒され、生命は衰えていく。立ち上がれ、そして、この生命をおびやかす腫瘍《しゅよう》を切り取ってしまうまで、ためらっていてはならぬ。われわれは屈強の外科医、希望の看護婦を、声をあげて呼ぶ。

われわれの回復は自覚である。われわれの治療は――剣である〔岡倉 一九八〇a：一五七〕。

天心は、戦うことを鼓舞します。彼にとって、西洋の勢力は有機体を侵害する「寄生虫」であり、「悪性の癌」でした。これらは血液を毒し、生命を衰えさせます。――だから、早急に切除しなければならない。

そう天心は訴えます。彼は、次のようにも言います。

『ギーター』のクリシュナは、結果ではなく行動を求めて足を踏みならし、どこまでも戦い、永久に戦いつづける。『コーラン』のどの頁もつねに剣の閃光《せんこう》によって輝いている。われわれの問題はきわめて簡単である。愛国心の組織的な昂《こう》揚《よう》と戦争にたいする計画的な準備あるのみである〔岡倉一九八〇a：一一六二〕。

ここで天心が持ち出した「『ギーター』」とは、インドの叙事詩『マハーバーラタ』の中の「バガヴァット・ギーター」です。ここでは、神クリシュナが王子アルジュナに対して、「我」を捨てて「ダルマ」を果たすべきことを説きます。

アルジュナは自らの王国の存亡をかけた戦いを前にして悩み苦しみます。もし戦いを続ければ、死傷者が多く出ることになり、また敵陣にいる親族を殺すことになるかもしれないと考え、苦悩します。そんなとき、クリシュナはアルジュナを鼓舞します。クリシュナは「道義的な義務を果たすことこそが、すべてのことに優先される」と言い、アルジュナに勇気を持って戦うことこそが「正義」を実現し、「ダルマ」を果たすことに繋がると言いました。

天心は、「バガヴァット・ギーター」を例示することによって、欧米列強と勇敢に戦うことこそアジア人の「ダルマ」であると説きました。そして、その戦いでは武装や暴力も辞さないという強いメッセージを掲げました。

近代を超えて

天心は、他の同時代のアジア主義者と同様に、欧米の帝国主義と武力を持って戦うべきことを主張しました。しかし、その主張の背景は、彼らと大きく異なる部分がありました。

玄洋社メンバーをはじめとするアジア主義者たちは、中国や朝鮮が封建社会から脱し、明治日本のような近代国家として生まれ変わることを期待しました。そのため、彼らは近代主義的革命家を援助し、日本に倣った新生国家の樹立を目指しました。そして、その革命後の国家と深く連携し、欧米列強と対峙しようと考えました。

それに対して、天心のアジア主義は、近代西洋の国家システム・経済システムへの根源的な懐疑が含まれていました。彼は不二一元論に基づく有機体的社会観をアジアの思想伝統の中に見出し、普遍宗教の立場から「近代」そのものを疑いました。

彼は、西洋を政治的先進地と見なし、日本以外のアジアを後進地と見なすまなざしから自由でした。また、アジア諸国を近代国家に改造しなければならないという使命感を決定的に欠いていました。『茶の本』の中では「西洋人は日本が平和な文芸に耽っていた間は、野蛮国と考えていたが、日本が満洲の戦場に大虐殺を行い始めてからは文明国と呼んでいる」と皮肉を述べています。天心はむしろ、近代国家が残忍な暴力を発動し、有機体的な社会連関を奪ってしまう側面を否定的に見ており、アジアの後追い的な西洋化に対してきわめて懐疑的でした。

一方で、天心はインド独立運動をバックアップしようとしました。彼は革命家たちと接触し、彼らの戦いを後押ししようとしました。この点で、天心は他のアジア主義者とも同様の傾向を有していたといえます。

しかし、彼のアジア主義は、近代国家の強化とその連帯を目的とするものではありませんでした。彼が目指したものは、近代主義的なものの見方・考え方を、アジアの側から根源的に変革することでした。そして、その闘争こそが反植民地運動でした。

天心が目指したのは「近代を超える」ことでした。そのため彼のアジア主義的主張は、近代日本の歩みと現状への懐疑的視点が含まれていました。その背景には、彼の国家官僚としての苦い挫折もあったでしょう。

天心がインドで行った著述活動は、アジア主義が「近代の超克」という壮大な思想課題に到達した瞬間でした。彼にとって、インドが単に政治的に独立することには意味がありませんでした。重要だったのは、有機体的社会観をベースとしたトポス的平等の実現であり、不二一元的な存在論と認識論の確立でした。それが『東洋の理想』の冒頭の「アジアは一つ」という主張となり、思想的アジア主義を切り開いたのです。

しかし、天心のアジア主義的行動は、インドから去った後、あまり継続されませんでした。彼の関心からインド独立運動は外れていき、ボストンと日本を往復する生活に変わっていきました。

ここで、竹内好の言葉をいま一度引用したいと思います。

（アジア主義的な＝引用者）その心情は思想に昇華しなかった。言いかえると、滔天は天心と出あわなかった［竹内 一九九三：三三七］。

宮崎滔天の「俠と狂」は、たしかに功利的な近代主義に対する反発と繫がっていました。頭山満をはじめとした玄洋社のメンバーの間でも、近代合理主義に対する抵抗が共有され、「功利」や「合理」よりも「任俠」や「義理」、「行動」、「精神性」が重視されました。しかし、その生き方と行動原理は、「近代の超克」という高次の思想課題にまでは到達しませんでした。彼らはむしろ、思想を観念的に追求するインテリ世界の中に脆弱性を見出し、そこから意識的に距離を取ろうとした人たちでした。彼らは、知性に耽溺する知識人を横目で眺めつつ、観念論に陥りがちな「思想」へのこだわりを積極的に放棄しようとしたのです。

一方、天心の思想は、滔天のような行動力を伴いませんでした。たしかに天心はインドの独立運動家とも交わり、その見解に強く賛同していましたが、命をなげうってでも革命をサポートしようとする「俠と狂」を持ち合わせていませんでした。

竹内は、この両者の出会い損ねを、アジア主義が抱えた構造的問題の象徴と捉えました。滔天の義勇心は、近代主義的革命家への支援に還元される以上、革命成就の先には近代国家の冷たいシステムが待っていました。滔天の行動は、近代への反発を動機としながら、結果的に近代の拡大を後押しするという逆説を伴っていました。滔天のアポリアは、自らの活動が政治的にうまくいけばいくほど、近代が加速してしまうというパラドクスにありました。彼は「その先の近代」のヴィジョンを示すことができず、その限界の淵からは浪花節が発せられるばかりでした。

この滔天のアポリアを乗り越えるためには、やはり天心のような「思想としてのアジア主義」が必要でした。アジアが突破しなければならないのは、封建的支配や帝国主義だけでなく、近代的世界のあり方そのものでした。だから、竹内は「心情としてのアジア主義」と「思想としてのアジア主義」の一体化の重要性を説き、滔天と天心の出会い損ねを問題視したのです。

そして、まさにこの両者の出会い損ねこそが、アジア主義の帝国主義化という不幸を生み出していくのです。

第十一章
黒龍会と一進会

黒龍会と日露戦争

アジア主義の名著『三十三年の夢』（宮崎滔天）と『東洋の理想』（岡倉天心）。この二冊は、ともに一九〇〇年代はじめに書かれました。

同時期の一九〇一年。

アジア主義運動の新たな展開を進める団体が結成されました。

黒龍会。主宰は内田良平でした。

二月三日、東京・神田の錦輝館で発会式が開かれました。この錦輝館は、一八九一年に開業した映画館で、のちにマルキスト弾圧の「赤旗事件」が起きた現場としても知られています。

黒龍会の「黒龍」とは、アムール川の別名・黒龍江《こくりゅうこう》（黒竜江）から採られたものです。のちに「ブラック・ドラゴン・ソサエティ」という英語に訳され、おどろおどろしいイメージが付きまとうことになるのですが、そもそもは極東を流れる大河の名前から採られた名称でした。

内田は、「黒龍会創立趣意」の中で、西洋諸国が「東洋の地を蹂躙」していることを批判します。そして、そのうえで清朝や韓国が「拱手閉目」（手を出さず傍観し、目を閉じてしまっている）状態に陥っていることを嘆きます。また、日本の「健在」だけが頼りになっていると主張し、今こそ日本がロシアと対峙する必要性を強調します。

しかし、日本人はなかなかロシア問題に目を向けず、十分な知識を持っているとはいえません。だから、我こそが滞在・視察の経験を生かして「世人に警醒を促」し、ロシア情報を伝える必要があると高らかに主張しました。

内田は『黒龍会会報』を発行し、会員と共にロシアの情勢分析を発表しました。また、第二号には無署名で「露国の実力を算して和戦の利害に及ぶ」という文章を発表し、ロシアとの主戦論を展開しました。この第二号は即日発禁処分となりますが、翌月には雑誌『黒龍』を創刊して、言論活動を継続します。また、この年には『露西亜亡国論』を出版しようとしますが、これも即日発禁になってしまいます。内田はやむを得ず、問題とされた箇所を削除して『露西亜論』として出版しました。

これらの中で内田が主張したのは、今こそロシアと戦争をする絶好のチャンスであるということでした。内田の分析では、ロシアは中国を「侵略」し、韓国を「併呑」することで「東洋制覇」を成し遂げようという野心を持っています。この野心がある以上、ロシアとの戦いは避けられません。しかし、ロシアはまだ旅順の港の整備の途上にあり、シベリア鉄道・東清鉄道も完成していません。だから、今こそがロシアに勝つ絶好の機会なのだ、と内田は言います。

内田は、ロシアとの戦争に勝利した際の要求まで明記しました。そこには「各国人へ、シベリアの土地所有権、採鉱・工業・農業などの同等の権利許与」という項目があり、ロシアからシベリアでの主権を剝奪することまで構想されていました。

内田はその後、ロシアとの和親を主張するようになりますが、再び一転してロシアへの強硬路線を主張します。そして、各地に支部を開設し、研究調査・言論活動を充実させていきました。彼らは世論喚起のため、積極的な出版活動を続け、またロシア語学校なども設立しました。

一九〇四年二月十日。内田の念願どおり、日露戦争が開戦します。

黒龍会は、日本軍をサポートするために、独自の活動に従事しようとしました。開戦直前に彼らが計画したのは、ロシアの輸送路の切断でした。彼らは、満州の馬賊と協力して東清鉄道・シベリア鉄道を破壊し、さらにバイカル湖上の船を撃沈することを参謀本部に提案しました。しかし、この提案は退けられ、実現されることはありませんでした。

戦争が始まると、彼らはカムチャッカ半島への上陸作戦を提案しました。しかし、これも途中で挫折し、実行に移されることはありませんでした。

開戦から約半年後、内田は戦争終結のあり方を模索し始めました。彼は桂《かつら》太郎（首相）、伊藤博文（枢密院議長）に招かれた席で「戦は六分の勝を以て全勝とすべしとは武田信玄の名言なり」と主張し、今こそ講和の絶好のタイミングだと進言しました。とにかく日本が国力を使い尽くして勝利を収めても、その後にイギリスやドイツ、アメリカが中国を侵略してきたらどうしようもなくなってしまうため、「前門の狼を防ぎ後門の虎に喰はるゝの愚」を冒してはならない、というのが内田の見解でした。

この意見に、伊藤・桂は合意します。そして、内田に対して世論形成の任務を依頼しました。内田はこれに応じて遊説に回り、講和への道筋をつけようと尽力しました。

しかし、講和条約の内容が伝わると、国民はその内容に納得せず、政府に対する批判が沸騰しました。この流れは熱狂的に拡大し、日比谷焼き討ち事件へとつながっていきます。内田にとっても、強硬な世論と暴動への発展は予想外のものでした。しかし、この一連の政治過程の中で、内田は伊藤をはじめとする政府の中枢部の信頼を獲得し、その関係を深めることになりました。

日露戦争の終結は、内田にとって新たな課題の始まりでもありました。日本はたしかにロシアに勝利を収め、当面の危機を脱することができたのですが、しかし、東アジア情勢が抜本的な解決に至ったわけではありません。内田の見るところ、清朝と韓国の政治体制が脆弱である以上、日本の安全保障体制は確立されたとは言いがたく、いつ西洋諸国の侵略を受けてもおかしくない状況でした。

そのため、内田は本格的に韓国問題に着手することを志向しました。彼は列強の脅威から韓国を隔離し、さらに満州に進出することで、日本の国防を安定させようと考えたのです。

内田は、この構想の実現のために、韓国内での協力者を探しました。そして、ある団体に目をつけました。その団体は韓国内で多くの会員を抱える一大勢力でした。

一進会です。

一進会の誕生

一進会は、一九〇四年十二月に独立協会の流れを汲む維新会（一進会）と東学の流れを汲む進歩会の二つの団体が合同する形で設立されました。

維新会は宋秉畯《ソンビョンジュン》を中心として設立された団体で、韓国政治の改革と民権の伸長を目指していました。彼らは韓国政府の改革を進めるために、日本に接近しました。彼らにとって日本は、近代的な国家改革を成し遂げた先進国であり、また活動に資金援助を与えてくれる相手でもありました。

一方、進歩会を指導したのは李容九でした。李は東学の主要メンバーで、天道教の第三代教祖・孫秉熙《ソンビョンヒ》とは兄弟弟子の関係にありました。

東学といえば、第七章で詳述したように、甲午農民戦争（東学党の乱）を起こした宗教団体です。東学メンバーは民衆の側から権力に対する抵抗運動を繰り広げてきた過去がありました。

李容九もかつては甲午農民戦争に加わり、政権や日本軍と抗争を繰り広げた当事者でした。彼は、逃亡と投獄を繰り返しながらも東学の指導者として活躍し、孫を支えながら勢力の拡大に努めていました。

日露戦争が近くなると、教祖の孫は韓国の危機を感じ取り、戦勝国の側につくことで、一定の地位を確保する戦略をとりました。

彼が選んだのは、かつて激しく戦った相手国である日本への協力でした。しかし、日露戦争が始まると、韓国政府は暴動への危惧から天道教メンバーを弾圧し、日本軍も甲午農民戦争の前例から、韓国政府と同様の立場をとりました。

この時、李容九は宋秉畯に会見を申し込みます。ようやくのことで会うことができた宋に対し、李は日本との取り次ぎを懇願します。李は自分たちの目的が「反日」にあるのではなく、あくまでも人民の幸福と政治改革にあることを主張し、合意を得ました。

李は宋との接触の中で進歩会を発足します。そして、その二カ月後、両者が連携し、合同の一進会が発足しました。

一進会は四つの綱領を掲げました。

1　皇室を尊重し、国家の基礎を鞏固《きようこ》にすること
2　人民の生命財産を保護すること
3　政府の政治改善を実施すること
4　軍政と財政を整備すること

確認しておきたいのは、1の「皇室を尊重し」という部分です。もちろんここでいう「皇室」とは「韓国の皇室」のことです。彼らは、この時点では高宗を中心に据えた国家改革を標榜しており、皇室の尊重を訴えています。

「日本に一任」

さて、一進会が発足する約一カ月前の十二月二日。

宋は一通の手紙を書いています。宛先は松石安治《やすはる》大佐。当時の第一軍参謀副長を務めていた日本の軍人です。

宋はこの書簡の中で、いくつか重要なことを述べています。彼は一進会の四つの綱領の原案を示した後、次のようなことを書いています。

如何《いか》ニシテ李朝五百年来ノ暴虐《ぼうぎゃく》ナル政令ノ下ヲ脱セン歟《か》……如何ニセハ二千万衆ヲシテ文明ニ浴《よく》セシメ子々孫々ヲシテ永遠無窮《むきゅう》福祉ヲ享受《きょうじゅ》セシムルヲ得ル歟

［西尾　一九七七：五二］

宋は「皇室を尊重」すべきことを訴える一方で、「李朝五百年来ノ暴虐」を非難しています。そして、どうすれば韓国民衆に「文明」をもたらし、子孫の代まで「永遠」に「無窮」の「福祉」を与えることができるのかと問うています。

宋は、皇室の存在の重要性は認めるものの、その政治の内実については厳しく批判しました。李朝の政治が韓国民衆を苦しめ、文明をもたらすことを阻害してきたと批判します。

では、どのような政治が韓国で行われるべきなのでしょうか。宋は驚くべきことを主張します。

韓国ノ内治外交ヲ日本政府ニ一任シ内治ノ刷新《さっしん》ト外交ノ伸張ヲ図ラレ韓国民ヲシテ日本臣民ト等シク待遇セラレ韓国民ノ子弟ヲシテ教育シ以《もっ》テ文明ノ学術ト共ニ日本語ノ普及ヲ図ラレ頼テ以テ韓国民ヲシテ自立ノ民タラシメラレン事ヲ期ス
〔西尾 一九七七：五二〕

なんと、宋は韓国の「内治外交」を日本政府に一任するというのです。そして、日本政府が韓国の内政を改革し、外交の伸張を図ってほしいと要求するのです。
さらに日本に対して、韓国民を日本国民と同じように扱い、子供たちに教育を与え、「文明ノ学術」とともに日本語を普及させることで、自立した民に導いてほしいと言います。

宋は言います。

現下世界大勢ノ趨向《すうこう》上将《は》タ東洋多端ノ現勢ニ処シ韓国民克《よ》ク韓国ノ独立ヲ維持シ得ル哉否《かないな》識者ヲ俟《ま》タスシテ一進会進歩会自ラ承知スル処ニ御座候〔西尾 一九七七：五二〕

つまり、現在の世界情勢を見ると韓国が独立を維持していくことは困難であるということを、自分たちは承知しているというのです。

さらに宋は次のようにも言います。

> 韓国ニ対スル日本ノ最大権域ヲ認ムル而已《のみ》ナラス自ラ進テ叡聖允武《えいせいいんぶ》ナル日本皇帝陛下ノ御聖徳ニ浴シ以テ東洋平和ノ保障トナリ若《も》シ将来東洋平和ヲ破ラントシ若《もし》クハ障害タルモノアラン歟進テ君ノ御馬前ニ斃《たお》レン事ヲ決心居候是レ時局ヲ済シ韓国民ヲシテ永遠ニ福祉ヲ享受セシム唯一ノ経路ハ他ニアラサル事ヲ自覚　罷《まかり》在《あり》候結果ニ御座候［西尾 一九七七：五二］

ここでは、韓国人が自ら進んで日本の天皇の臣下となり、東洋の平和の「保障」となることを誓っています。また、もしそれが破られたり、平和の妨げになるようなことがあれば、陛下の馬の前で斃死するとまで言うのです。そして、この考えは、現在の時局の中で韓国民に永遠の福祉を与えるための唯一の方法であると自覚した結果であると言います。

要は、国民の幸福実現のためには、政治全般を「日本に一任」してしまおうというのが、宋の主張でした。

この書簡は、一進会発足以前に書かれたものですが、李容九との合同協議の過程で書かれたものであり、進歩会も主語に含まれていることから、宋と李が共有していた考えであると見ることができるでしょう。それにしてもなぜ、彼らは自国の主権を放棄するような考えにまで至ったのでしょうか。

一つには、やはり切迫した世界情勢と、国民に「永遠の福祉」を享受させたいという思いがあったのでしょう。とにかく現体制のまま韓国が独立を保つのは難しく、国内改革が進むとも考えられない以上、日本に政治を任せることで、具体的な福祉の実現を成し遂げるべきであるというのが彼らの考えでした。日本からのサポートを得ながら腐敗した貴族政治を打破し、社会改革を進めていこうというのがその方針でした。国家の主権よりも、国民の福祉という実利を取ろうという発想が、彼らには共有されていたようです。

書簡の後半には、これまでの日本の行為に対する痛烈な批判が書かれています。彼らは日本の「不正」に対する告発も同時に行っており、無条件での「一任」を主張しているのではありません。あくまでも日本が、韓国人に対して対等な権利を付与し、福祉の享受を保障することが目指されています。

もう一つ考えておかなければならないのが、彼らの思想的な背景です。李も宋も、共に東学の教えに感化されており、論理の根底には独特の宗教思想がありました。

東学は「人すなわち天」という究極的な平等思想を核としています。東学では、究極的な存在である「天」が自己の中にも存在していると考え、「天人合一」や「天心即人心」という教えが説かれます。

また東学の中には「後天開闢」という思想が存在します。これは東学が唱えられる以前を「先天の世」とし、東学以降を「後天の世」とするものです。これによると、「後天の世」は天と人が直接結びつく時代で、すべての人間が「地上の神仙」となるような理想郷が実現する世の中です。「後天開闢」思想は、究極のユートピア論であり、国家を超えた理想郷の現前を志向する思想です。

宗教学者の川瀬貴也氏は、次のように指摘しています。


東学が無事に行える〝場所〟が彼等の「国家」なのであり、それは現実の李朝政権下ではなく「地上天国」であっても（むしろその方が）良いのである。普遍主義と結び付くことが、当時李朝よりは「文明」に近いとされた日本に対する抵抗力を奪ってしまったのである。

東学は創唱以来、長年李朝封建政府から酷《ひど》い弾圧を加えられ、「輔国」すべき祖国から心情的に追放された。李朝封建政府に対するナショナリズム（愛国）の契機を喪失した途端に、隣の（日本の）芝生が青く見えたのではなかろうか［川瀬一九九七］。

東学にとっては、その教えの核となる「天人合一」の平等に近づくのであれば、統治の形態や主体は不問とされ、李朝政権よりも日本のほうが先進的な文明に近いのであれば、「日本に一任」することこそ、教えに適っていると考えられた可能性がありま す。そして、この国家を超えた普遍思想こそが、アジア主義者との呼応を生み出す重要なポイントになったと考えられます。

「売国奴」

さて、一進会の日本への接近は加速していきます。日露戦争中は、兵員の輸送や物資の運搬、敵情視察などにメンバーが従事し、日本軍のサポートを行いました。また日本への留学生派遣事業を積極的に展開し、日本語学校の設立なども進んで行いました。

日露戦争が終結すると、今度は「第二次日韓協約」締結問題が浮上しました。結果的には一九〇五年十一月十七日にこの協約は結ばれ、韓国の外交権が日本に委任されることになるのですが、一進会はこの締結に先駆けて、協約に賛成する宣言書を公表しました。

これに対し、韓国国内では一進会を「売国奴」と非難する動きが拡大しました。さらに同時期には一進会メンバーが各地で悪行を働くという事態が起こり、一進会に対する評判はどんどんと悪化していきました。教祖の孫は、この事態を打開しようとして地方支部を廃止しようとしますが、李と宋がこれに強く反対し、実現しませんでした。

そんななか、一九〇六年八月に宋が手配中の政治家を隠匿したとして、韓国政府に逮捕されるという事件が起こります。さらに、翌九月には、李や宋などの一進会幹部が、天道教から除名されるという事態が生じました。教祖の孫は、世間からの批判を受けて幹部らに一進会からの退会を促し、しばらくの間、宗教的修養に励むべきことを進言したのですが、李はこれを拒否したのです。ここで李は、教祖・教団と別れることになりました。李は、十二月に新たに「侍天教」を設立し、自らがトップの座に就くことになります。

しかし、この一連の「事件」は一進会にとっては大きな打撃となりました。組織はガタガタになり、資金も底をついてきました。しかも、指導者の宋は獄中に囚われたままです。

このような苦境の時に、李の前に現れた人物が内田良平でした。

内田良平と李容九

一九〇六年十月二日。

内田は、はじめて李と会見しました。この時の様子が、内田の著書『皇国史談日本之亜細亜』に記されているのですが、内田は李に対して、次のように語りかけたといいます。

「日韓の将来に対しては如何に考へらるゝや。其《その》目的にして一致するに於ては、宋秉畯の奇禍《きか》を救ひ、併《あわ》せて一進会を援護せん」〔内田 一九八七：二五三〕

すると李は次のように返しました。

「自分の意見は丹方氏の所謂大東合邦《いわゆるだいとうがっぽう》にある」〔内田 一九八七：二五三〕

ここで李がいう「丹方氏」とは、樽井藤吉のことです。『大東合邦論』は日本と朝鮮を統一した「大東国」を成立させ、さらにアジア連邦、そして世界連邦へと進化させていくべきことを論じたものです。この本は前述の通り漢文で書かれたことから、中国や朝鮮でも広く読まれ、特に中国では密かなベストセラーになりました。

李は内田に対して、自分の考えは樽井藤吉の「大東合邦にある」と言ったのです。樽井は、金玉均へのサポートを通じて頭山満をはじめとする玄洋社メンバーとも親しく、内田とも面識がありました。

内田は、この一言で「直にその意を解し、大いに喜」びました。そして、李に対して次のように言いました。

「亜細亜連邦を成就《じょうじゅ》するには先《ま》ず日韓連邦の一家を実現し、諸国をして之れに倣《なら》はしめねばならぬ」［内田一九八七：二五四］

すると、李は「勿論」と答え、内田が「宋秉畯を始め一進会百萬の大衆が之れに同意すべきか」と問うと、李は次のように答えました。

「一進会員は天道の宗教を奉《ほう》じて居る。天道を行ふに当り、一人の異義あるべきものにあらず。況《いわ》んや宋秉畯の志も亦《また》大業に在り。之を達成する為《た》めに吾人《ごじん》と血盟して居るのであるから、宋を失ふは大業建設の技士を失ふも同然なり。切《せつ》に救

助を乞《こ》ふ」〔内田一九八七：二五四〕

内田はこの李の「熱誠」に感動し、宋の釈放に尽力することを誓いました。そして、「亜細亜連邦の大業を成さんと堅く誓ひて一進会の顧問となり」ました。内田は早速約束を実行し、宋の釈放を実現します。さらに一進会の財政難をサポートし、組織の建て直しを行いました。

ここで重要なのは、内田と李が、樽井藤吉の『大東合邦論』を媒介に、「日韓連邦」と「亜細亜連邦」の実現を約束しあっていることです。この記録はあくまでも後年の内田の記憶によるもので、どこまで正確なものかはわかりませんが、後の経緯から考えても、このような会話がなされたことは概ね事実でしょう。

ここから黒龍会と一進会による「日韓合邦運動」がスタートすることになります。一九一〇年に「韓国併合」という結末に至る運動ですが、二人の間で語り合った理想は、あくまでも両国の対等「合邦」であり、のちの「亜細亜連邦」へと繋がるワンステップでした。

そして、この運動の輪の中に、重要な人物が加わることになります。武田範之。天佑俠のメンバーで、閔妃暗殺にも加わった人物です。この武田が、李との間に深い友情を結ぶことになり、以後、日韓合邦運動の柱となっていきます。

二人には重要な共通点がありました。それは、互いに宗教者だったということです。武田は禅宗の僧侶。李は侍天教の教祖——。

いったい二人の宗教者は何を語り合い、どのような観念で繋がったのでしょうか。

そして、この二人の関係が、いかなる形で韓国の植民地化という悲劇を生み出したのでしょうか。

第十二章
韓国併合という悲劇

武田範之と東学

一九〇六年十二月二十四日。

武田範之は、内田良平の要請に応じて、再び韓国の地に降り立ちました。

場所は釜山。

そこは約一二年前、内田良平らと共に天佑俠を組織し、東学の動向を探った拠点でした。彼らは、当時を懐かしみながら市内を見物しました。しかし、釜山の街は大きく様変わりしており、当時の面影は薄れていました。

そんな束の間の休息の後、武田と内田はソウルに向けて出発し、二十六日の夜に到着しました。

年が明けて一九〇七年一月二日。

武田・内田のもとに新年の挨拶に訪問した人たちがいました。一進会のメンバーです。まずやってきたのが伊始炳《ユンシビョン》。一進会の前会長で最高幹部の一人です。彼はすでに内田と面識があり、武田とは初対面でした。

内田は伊を武田に紹介しました。このとき武田は、東学の教義についての質問を繰り返したあと、おもむろに「呪文」を口にしました。これは天佑俠の際に東学メンバーから伝えられた「秘密の呪文」で、武田は暗唱することができたのです。伊はこれに驚きました。東学メンバーの間だけで伝承されている「呪文」を武田が諳んじたことで、二人の仲は急速に接近しました。

武田は伊との対話によって、一進会の重要性を再認識しました。東学が「万人平等」の思想を掲げて民衆に浸透し、民権を訴えて政府に拮抗する勢力に発展したことに「誠に偶然に非ざるや」という感想を抱きます。曹洞宗の僧侶でもある武田は、東学への宗教的関心を高めていきました。

そもそも武田は、仏教思想に基づく「彼即此、此即彼」の「黄金世界」の実現を理想としていました。そして、そのためのアジア革命の必要性を強調し、世界革命の第一歩とすべきことを構想していました。

武田が重視したのは、アジアの宗教の合一でした。特に仏教・儒教・道教という三つの宗教が一つとなり、普遍宗教が確立されることを志向していました。彼は「均一平等」の社会を実現するために、アジアの宗教の融合を理想としていたのです。そのため、伊が語った東学の理想は、武田の宗教観に響くものがありました。

東学の教えの中には、「天人合一」思想に基づく千年王国的ユートピア観念が色濃くありました。彼らは、万人が仙人のような存在となって「天」と結び付く「地上天国」の実現を構想していました。

この考え方は、国民国家の枠組みを乗り越え、世界を理想郷へと昇華させようとする武田の仏教的アジア主義と呼応しました。東学の「後天開闢」思想と武田のアジア主義は、まさに同じ理想を共有する宗教思想として、双方が理解しあったのです。

李容九との出会い

さて、伊との会談が一段落ついたとき、武田を訪問してきた人物がいました。李容九です。

武田は、一目見た李の印象を次のように述べています。

> 断髪洋服。美髭《びし》を蓄え、風手瀟。微笑を含んで入る。然日角隆起。鳳《おおとり》のような目、海のような口、音吐《おんと》鐘《かね》の如《ごと》し［滝沢 一九八六：一四二］。

二人は共に、酒を酌み交わしました。武田も李も、共に酒豪。酒はどんどん進み、話は盛り上がりました。外は激しく雪が降っていましたが、そんなことはお構いなしに、二人は呑み続けました。ついに周りの人間は疲れ果て、帰路につき、卓を囲むものは二人だけとなってしまいました。

武田と李は意気投合しました。武田は韓国語ができず、李は日本語ができませんでした。そのため二人は通訳を介して話し、時に漢文による筆談で意思疎通を図りました。

この時は通訳も帰宅してしまったため、二人は互いの思いを書して会話を進めました。そして、この筆談が、両者の距離をより一層、縮めることになりました。武田は李のなめらかな筆遣いに感心し「酔筆龍の如し」と記しています。

昼から始まった酒宴は、ようやく夕暮れ時になってお開きになりました。この時の様子を、武田のパトロンだった川上善兵衛は次のように記録しています。

師（武田のこと―引用者）が李容九と相識《あいし》るは此時《このとき》に始まりしと雖《いえど》も従来の行動は図《はか》らずも期《き》せずして符節《ふせつ》を合はせたるが如く一致し、凡《すべ》て韓国政治の改善と民意の伸張に在《あ》ることは其《その》目的を一にするを以《もっ》て、始めての会見より旧知《きゅうち》の如き感ありと云《い》ふ［川上一九八七：一二三］。

二人が共感しあったのは、「韓国政治の改善と民意の伸張」という目的でした。そして、その背景には二人の宗教思想の共鳴がありました。武田は、李の侍天教について詳細を知りたい旨を伝え、再会を約束して別れました。

李は数日後、武田に対して手紙を送りました。この時、李は天道教から離脱し、侍天教を立ち上げたばかりで、独自の経典などがまだ整っていませんでした。そのため、李は「貴意ニ仰ギ副フコト能ハズ」と謝罪し、侍天教の現状を伝え、天道教の経典などを贈りました。

二月十五日。李は通訳を伴って、武田を訪問しました。そして、ようやく完成した「侍天教典・侍天教宗旨・侍天教世乗」を手渡し、その日本語訳を依頼しました。

武田は早速、これらの翻訳に取り掛かります。そして、三月十日、教典の訳と序文を完成させました。

武田はその序文の中で、次のように述べています。

一以《もつ》テ三教ヲ貫《つらぬ》カント欲《ほつ》スルノ情ハ文教アルヨリ以来恆《つね》ニ存《そん》ス。独《ひと》リ崔《さい》先生済《さい》愚《ぐ》此澆末《これぎょうまつ》ニ当リ、三教ヲ渾《す》ベテ而《しこう》シテ無極ニ帰シテ天下ニ倡《とな》へ、広済ノ徳ヲ以テ組織シテ之《これ》ヲ出シ、三千載行《おこな》ハント欲スル者先生能《よ》ク之ヲ行フ。乃《すなわち》三千載実ニ第三人ヲ得ル也《なり》。布教五年ナラズシテ刑ニ就《つ》ク、老弟之ヲ発《あば》キ青衿《せいきん》之ヲ揮《ふる》ヒ、四十七年ニシテ而シテ教徒百万ナリ。先生ノ勇挙三千載ニ故《ふる》クシテ而シテ三千載ニ新ナリ。則《すなわち》第三人ト曰《い》フト雖《いえど》モ、内以《もっ》テ宗教ヲ統《す》ベ外以テ人権ヲ万々斯年ノ今《この》ニ伸ブ。其《その》済世主ト称セラル丶ハ偶然ニ非《あらざ》ル也〔川上一九八七：二二八〕。

少し難しい漢文ですが、ここで重要なことは武田が仏教・儒教・道教の「三教」の合一を東学思想の中に見出し、それを高く評価しているということです。武田は東学から侍天教に至る系譜の中に「宗教の統一」と「万民の平等」を見出し、そこに自らの理想を重ね合わせようとしました。

武田は、同時に韓国国内の仏教再興にも着手します。彼は曹洞宗の僧侶だったため、その教えを広める拠点づくりにも乗り出しました。彼は「仏ト儒ト皆侍天ノ機関也」と言い、仏教の普及と、侍天教・一進会の勢力拡大が相互補完的であることを強調しました。

ハーグ密使事件と高宗の譲位

この年の五月、李完用《イワニヨン》内閣が成立すると、一進会の宋秉畯が入閣することになりました。これは韓国統監府初代統監・伊藤博文の後押しで実現したもので、一進会は政治団体として確固たる地位を築くことになりました。

そんななか、一つの事件が起こります。

ハーグ密使事件です。

これはオランダのハーグで開かれていた第二回万国平和会議に高宗が密使を送り、自国の外交権の回復を訴えようとした事件です。当時の韓国は、一九〇五年の第二次日韓協約によって外交権を日本に奪われていました。そのため、韓国は自国の代表を会議に出席させることができず、その不当を訴えるため、密使を送り込んだのです。

密使として送られた李相卨《イサンソル》、李儁《イジユン》、李瑋鍾《イウイジヨン》の三人は第二次日韓協約の無効を訴え、会議への参加を要望しました。しかし、列強は韓国の外交権は日本にあることを理由に彼らの参加を拒否します。憤慨した彼らは、現地で抗議活動を展開し、李儁は現地で憤死しました。

この密使の行動が伝わると、伊藤博文は激怒しました。彼は李完用を呼びつけ、高宗の責任を問いました。さらに自ら王宮へと乗り込み、高宗を問い詰めました。高宗は、自らの関与を否認し、密使の単独行動であると言明しました。

しかし、事態は収束しませんでした。

伊藤の激怒から三日後の七月六日、韓国政府は御前会議を開いたのですが、ここで宋秉畯は高宗に厳しく迫り、日本への正式な謝罪を求めました。これに対して高宗は憤慨しましたが、宋は折れません。七月十七日には第二回の御前会議が開かれましたが、高宗への批判は強まるばかりでした。

日本政府は、すでに高宗に退位を迫ることを決めていました。また、一進会も高宗の退位に賛成でした。

繰り返しになりますが、東学の思想の中心には「先天」と「後天」という二分法が存在します。これは東学が創唱される以前を「先天」、以後を「後天」とするもので、東学が新しい理想時代を切り開くという「後天開闢」という考え方と一体のものでした。

つまり、東学の系譜を汲む一進会にとって、「先天」の時代を担ってきた皇帝の地位は絶対的なものではありませんでした。彼らは皇帝の存在を重視しながらも、李朝が行ってきた封建的政治に対しては一貫して否定的でした。特に国民の権利を十分に付与せず、政治の荒廃と停滞を招いた高宗に対しては、否定的な見解を共有していました。

東学メンバーにとって重要なのは、あくまで「天人合一」の平等世界の現出であり、過去や現状は常に超克されるべきものでした。彼らにとって皇帝政治よりも日本による統治のほうが「民衆の権利の獲得」に近道であれば、そちらを選ぶというのが政治的にも宗教的にも筋が通る選択でした。

日本政府ばかりでなく、閣僚の宋からも強く退位を迫られた高宗は窮地に陥りました。そして、七月十九日。ついに高宗は皇位から退くことを表明しました。ここに日本の強い圧力による譲位が成立したのです。

日本はこれに続き第三次日韓協約を締結し、統監府が韓国内政全般の監督・指導権を掌握しました。また八月には韓国軍が解散させられ、軍組織は徹底的に解体されました。

この一連の動きに対して、韓国内では反日義兵闘争が活発化しました。日本人と一進会メンバーは標的とされ、これに対抗する形で「自衛団」が組織されました。

天皇という問題

武田はこの頃、いったん帰国しますが、すぐにソウルへ戻ります。それは日本の皇太子（後の大正天皇）が韓国を行啓することになったからです。武田は受け入れ準備のために、慌ててソウルに向かいました。

皇太子行啓に対して、一進会は各地の物産を献上することになっていました。武田は、李容九に代わって表文の原稿を作成しました。そして、その清書を一進会メンバーに託しました。

しかし、ここで問題が起こりました。清書を頼まれたメンバーは、武田の文章があまりにも屈辱的だったため、文章の一部を改変したのです。

このことを知った武田は、激怒しました。内田は笑ってこれを修正させたのですが、武田の怒りはおさまりません。「上国に対する礼辞を修めず」と立腹し、李に対して抗議の詰問状を送りました。

日本ノ皇室ニシテ而《しこう》シテ一《ひと》タビ貴会ノ精神ヲ憐《あわれ》メバ、則《すなわち》貴会ノ日本皇室哀恤《あいじゆつ》ノ下《もと》ニ立タンコト、弁《べん》ヲ俟《ま》タザル者有《ものあ》ル也。蓋《けだ》シ貴会ノ日本ノ皇室ノ憐ヲ受クルコトヲ屑《いさぎよ》シトセズシテ、而シテ生ノ草スル所ノ精神ヲ棄《す》ツルカ、然《しか》ラバ則貴会ノ今日有《こんにちあ》ル果《は》タシテ誰ノ力ゾヤ。

武田の怒りは尋常ではありませんでした。表文がどのようなもので、またどの箇所が改変されたのかはわからないのですが、内田が笑って書き直しを命じた程度のものが、武田には日本の皇室に対する許しがたい侮辱と捉えられました。そして、そのような一進会の行動は、分をわきまえない態度として、厳しく批判されました。

ここで明らかになったのは、武田の勤皇精神の強さとともに、天皇問題が一進会メンバーとの間にハレーションを起こすという事実でした。

一進会のメンバーは、あくまでも理想世界の実現の一過程として日本の統治を受け入れ、民衆の地位向上を図るというもので、日本の天皇制までも受け入れるという発想はまったくありませんでした。

李が共感した樽井藤吉の『大東合邦論』は、あくまでも日本の天皇と李朝の国王の並列的な維持を掲げていました。日韓の対等な合邦を強調する樽井の議論では、日本と韓国の両地域にそれぞれの君主が存在する変則的な立憲君主制が唱えられていたのです。

「後天開闢」を基礎とする東学思想にとっては、日本の天皇も韓国の国王も等しく相対的な存在でした。そのため、高宗の譲位については思想的に容認できても、日本の天皇制のもとに組み込まれることは、受け入れがたいものでした。

しかし、武田にとって、天皇を超克したアジア主義などありえない構想でした。彼の観念の中心には常に天皇の存在があり、天皇を中心とした万教帰一の世界統合こそ、目指すべき理想社会でした。

このあたりから、両者の思惑と理想の隔たりが明らかになってきます。

構想の相違

ちょうどその頃、内田は「一進会自治財団宣言書」を伊藤に提出しました。これは日韓合邦の成立後、一進会を殖産興業の団体へと変容させ、新たな自治組織を作る計画でした。

背景には、一進会メンバーによる満州開拓移民構想があり、その延長上にはアジア連邦を構築しようという野望がありました。この計画には李をはじめとする一進会幹部も賛成で、彼らの理想と夢は膨らむばかりでした。

内田は、自治財団実現を目指して交渉を繰り返しました。彼は伊藤から授産金交付の同意を獲得し、東京で山縣有朋・桂太郎らと会談を行いました。そして、桂から五〇万円を調達中との話を伝えられます。

しかし、内田・武田と一進会の勢力が大きくなるにしたがって、その活動は次第に疎んじられ、統監府から干渉を受けるようになっていきました。一九〇八年に入るとその傾向は顕著になり、内田と伊藤の間には隙間風が吹くようになっていきます。

そもそも伊藤と内田の間には、構想上の大きな隔たりがありました。内田が日韓合邦を足がかりとするアジア連邦を志向していたのに対し、伊藤は韓国の形式的な独立を維持しつつ、実質的な権益を掌握する道を探っていました。そのため、内田・武田・一進会の描く「日韓合邦」や「アジア連邦」の構想には、きわめて冷淡でした。

一進会の活動に利用価値を見出さなくなっていった伊藤は、密かに内田に対して一進会との絶縁を迫ります。しかし、内田はこれを拒否します。また授産金の額がおおよそ半額の二六万円になったことが伝えられると、内田と一進会幹部の伊藤に対する不信感は高まりました。

このままでは「合邦」の実現が困難になると考えた内田は、宋の閣僚辞職を画策します。

宋が辞職すれば統監政治は揺らぎ、伊藤は立場を失うことになります。焦った伊藤は、宋を慰留するため、彼を内部大臣に昇格させ事態の鎮静化を図りました。結局、宋が昇格を受け入れたため、内田の策略は失敗に終わります。すると一進会メンバーの間で統監府に対する不満が充満し、一触即発の危機が生じました。

こうして、内田・武田・一進会による日韓合邦運動は低迷期に入ります。武田と李は熱海で静養し、侍天教の教義の整備に着手しました。

一九〇九年九月初旬、一進会は一転して攻勢に出ます。彼らは西北学会、大韓協会との三派連合を画策し、その勢力基盤の拡大に着手しました。西北学会、大韓協会は韓国国内の団体で、共に日韓合邦には反対でしたが、反李完用内閣という点では一致していました。

そんな時です。事態を大きく動かす事件が起こりました。

安重根と伊藤博文暗殺

一九〇九年十月二十六日、ハルピン駅で伊藤博文が暗殺されました。

犯人は安重根《アンジュングン》。当時三十歳の青年でした。

安はもともと西洋列強の帝国主義に対して、アジアが団結して抵抗すべきことを掲げるアジア主義者でした。日露戦争の際には日本の勝利を喜び、「胸のすくような」思いを抱きました。

しかし、です。

あろうことか、今度は日本が韓国に対する侵略者として介入するようになりました。

安は獄中で書いた「東洋平和論」の中で、言います。

ところが悲しいかな、千々万々予想外に勝利し、凱旋《がいせん》した後、もっとも近く、もっとも親しく、善良で弱い韓国に条約を押しつけ、満州の長春以南の租借《そしやく》にかこつけて占領すると、世界の人びとの脳裡《のうり》に忽然《こつぜん》と疑問が生じ、日本の偉大な名声と公明正大なる功績がたちまち一転し、蛮行《ばんこう》をこととするロシアよりさらにひどい有様を見せるようになった。

悲しいかな、ロシアと日本という龍虎《りゅうこ》の勢いの両国は、どうして蛇《へび》や猫のようにいやしく振る舞うようになってしまったのだろうか［安二〇一一：二九一］。

安にとって日本は本来、連帯の対象でした。しかし、日本は外交権を奪い、次第に内政権までも侵害して、韓国を統治しようとし始めました。安にとって、日本は新たな「敵」として認識されていったのです。

現在、西洋の勢力が東洋へ押し寄せてくる災難を、東洋の人種は一致団結し、極力防御してこそ第一の上策であることは、幼い子供でもよく知っているところである。それなのにどうして日本は、この当然のことをかえりみず、同じ人種の隣国を削《そ》ぎ、友誼《ゆうぎ》を断ち、白人人種に自ら漁夫《ぎょふ》の利《り》を与えるような争いをするのか。これによって韓国と清《しん》の両国民の希望が大きく断ち切られてしまったのである［安二〇一一：二九一‐二九二］。

安は、アジアの連帯と西洋列強への抵抗を進めるアジア主義者であるがゆえに、日本に刃を向けなければなりませんでした。彼は韓国支配の象徴だった伊藤を暗殺することで、アジア主義から逸脱していく日本に対して警告を発したのです。

しかし、伊藤暗殺は日本の世論を硬直化させ、逆説的に韓国の植民地化を進める方向へと動いていきました。日本は、自分たちがアジア的「王道」から西洋的「覇道」へと突き進んでいる現状を、反省的に見つめなおすことができませんでした。

上奏文、請願書、声明書

そんななか、武田・内田・一進会のグループは、「日韓合邦」の実現に向けて準備を加速していました。

内田は、日韓合邦を皇帝に願い出る「上奏文」と李内閣・統監府に要望する「請願書」の作成に着手します。彼は宋秉畯と共に大綱を作り、黒龍会メンバーの間で文案を作成しました。そしてこの文案を、杉山茂丸《しげまる》を通じて桂首相や元老へと届け、了承を得たうえで武田が最終的に書き上げました。

ここで重要なことは、「上奏文」と「請願書」を作成する過程に、李容九が含まれていないという点です。一進会側から関与したのは宋のみで、しかもそれは大綱段階に限定されていました。

宋と李との間では「日韓合邦」に対する見解の相違がありました。

李は言います。

（韓国）皇帝の存置と（韓国）内閣の継続、即ち政権全部を統監に委任し、重複なる政治機関を撤廃して旧独逸《きゅうドイツ》の如き連邦と為《な》し、軈《やが》ては之を満蒙支那《まんもうしな》其《その》他の東洋各地に及ぼすの模範を造らん。

李は韓国皇帝と韓国内閣を存続させることを前提としていました。しかし、一方の宋は「統治権の全部を挙げて日本　天皇陛下に譲渡し参らすべし」として、統治権のすべてを日本に譲り渡すべきと主張していました。

両者ともに、日本の統治による韓国国民の地位向上と権利付与が志向されていたのですが、その統治形態については、二人の間に大きな構想の違いが生じていたのです。

武田と内田は、韓国皇帝と内閣の存続については「上奏文」「請願書」では触れないこととし、統治形態をあいまいにした文書を作成しました。そして、この文書を持参してソウルに渡り、李と最終の打ち合わせを行いました。

李にとって、この文書はどうしても違和感のあるものでした。彼の構想は、日本の天皇の支配を受けながら、韓国皇帝は国王として君臨し、韓国政府が存続するという「政合邦」論で、統治形態が明記されていない文書には不満がありました。しかし、武田と内田は李を懸命に説得し、「上奏文」と「請願書」が李容九の名前で提出されることになりました。

この文書には、天皇への忠誠が繰り返し掲げられ、天皇親政を受け入れる旨が明記されていました。結局のところ、日本の天皇が韓国皇帝の上位に置かれることになり、李と内田が共感しあった『大東合邦論』の構想とは、大きく異なっていました。合邦の形態は、明らかに対等なものではありませんでした。しかし、李はこれを受け入れます。

李は「上奏文」「請願書」とは別に、一進会会員に向けた「声明書」を発表し、「政合邦」の構想を記しました。

> 我が皇帝陛下と大日本皇帝陛下の天聴《てんちょう》に上徹《じょうてつ》する一団の精誠《せいせい》を以て哀訴《あいそ》し、我が皇室の万才尊崇《ばんさいそんすう》の基礎を鞏固《きょうこ》にし、我が人臣をして一等待遇《たいぐう》の福利を享有《きょうゆう》せしめ、政府と社会をして、益々《ますます》発展せしめんことを主唱し、一大政治機関を成立せざるべからず［滝沢 一九八六：一二五］。

しかし、彼の構想は韓国国民に支持されませんでした。逆に一進会の合邦運動は、国民からの強い反発を受け、孤立していきます。

「合邦」と「併合」のあいだ

この一連の動きに対しては、統監府も快く捉えてはいませんでした。統監府は、「請願書」の提出に対して不快感をあらわにし、これを握りつぶそうとしました。

日本政府および統監府が、日韓合邦運動から距離を取っていることは明らかでした。

彼らには「日韓合邦構想」を現実化する意思はなく、むしろきわめて否定的な対応を繰り返すようになりました。

武田・内田は、「上奏文」や「請願書」を提出したにもかかわらず無下にされる現実に、苛立ちました。次第に統監府は、日本人記者らに一進会を批判させるようになり、両者の溝は決定的になっていきました。このとき内田は「愚かな日本人達と絶縁してでも、李容九の義に殉ずる」と言ったといいます。日韓合邦運動は政治の中心から排斥され、一方で日本政府主導の「韓国併合」が進められていきました。

一進会は、このような動きに焦りました。「政合邦」の要求に対し、現実は次第に「併合」の方向へと傾斜していることに、李は強い憤りを覚えました。李は一進会中心の内閣組閣を主張し、行動を起こしました。

しかし、内田はこれを厳しく制しました。政治の激流に抗することができなくなった内田は、日本による「韓国併合」によって東アジアの防衛体制が構築されることを優先し、李の要求を退けました。

これに対して李は激怒し、二人の間は険悪なものになりました。「義に殉ずる」と公言した内田でさえも時流に流され、一進会メンバーの主体性を汲み取ることができませんでした。

もはや、「韓国併合」の流れは既成事実化していきました。一進会の要求は見向きも

されず、合邦構想は打ち捨てられました

結果、一九一〇年八月二十二日、朝鮮半島は日本の領土となりました。韓国の「一切ノ統治権」は「完全且永久ニ日本国皇帝陛下ニ譲与」され、韓国は主権を失いました。行政権は総督府に委ねられ、韓国人は日本人と同等の権利を保持することができませんでした。

韓国人は大日本帝国憲法の範囲外に置かれ、実質上の植民地支配がスタートすることになりました。一進会が望んだ韓国人の地位向上は日本の帝国的統治によって踏みにじられ、隣国による支配が敷かれることになりました。

一進会は、併合直後の九月に解散させられました。また桂首相は、一進会に対して満州開拓移民の資金提供を約束していましたが、これを反故にしました。結局、一進会幹部に支払われたのは、わずかばかりの解散手当のみでした。

須磨

そんななか、武田と李は病で倒れてしまいます。

一九一一年六月、韓国併合から一年も経たない間に、武田は癌でこの世を去りました。李はソウルを離れ、兵庫県の須磨《すま》で療養生活を送りました。

武田死去の三カ月後、内田は李を見舞いました。

李の顔はやつれ、腕は痩せ細っていました。それでも李は、笑顔で内田を迎え、久しぶりの再会を喜びました。

日韓合邦が韓国併合に摩り替わり、満州開拓移民計画もアジア連邦の夢も破れた二人は、このとき手を握り合いました。

そして李が言いました。

私もあなたも馬鹿でしたなあ［内田良平研究会 二〇〇三：一三四］。

内田は「今日の馬鹿は、いつか賢者と呼ばれるでしょう」と応え、李を励ましました。しかし、李の健康は回復することなく、翌年五月、四五年の生涯を閉じました。

韓国併合に沸き立つ日本では、樽井藤吉の『大東合邦論』の改訂版が出版されました。そこには樽井が書いた「再刊要旨」が付けられたのですが、彼はここで韓国併合を肯定的に論じています。

あれほど「対等合邦」を強調し、両皇室の併存を主張した樽井までも、時流に流される形で自説を変容させ、『大東合邦論』を日本帝国主義の論理へとすり替えてしまいました。

一九〇六年十月二日に内田と李が『大東合邦論』の理想実現で共感しあった瞬間は

何だったのでしょうか。

日本はアジア主義を掲げながら、ついに韓国を植民地支配するという「覇道」の道を歩むことになりました。これ以降、日本のアジア主義は、アジアの闘士たちから常に警戒され、時に抵抗の対象とされていきます。そして、アジアという空間の中で、無数の悲劇と葛藤、懊悩が繰り広げられていくことになります。

三・一独立運動と柳宗悦

一九一九年一月二十一日。韓国併合後、日本の王族となっていた高宗が亡くなりました。巷では、自殺説・他殺説を含めたさまざまな風説が流れ、騒動となりました。日本の支配に不満をため込んでいた朝鮮の人々は、三月三日に予定されていた国葬に向けて、独立運動の機運を高めていました。

三月一日。

三三人の宗教指導者がソウルの中心街に集まり、「独立宣言」を朗読し、万歳三唱を行いました。指導者たちは逮捕されたものの、学生を中心とした大規模デモが起こり、独立を要求するシュプレヒコールが叫ばれました。三・一独立運動です。

日本側は憲兵や軍隊を増強し、徹底した弾圧を行いました。日本の世論もデモ参加者を「暴徒」と見なし、厳しいまなざしを向けました。

そんななか、日本政府の帝国主義支配を批判し、朝鮮の民衆への共感を表明した人物がいました。柳宗悦《むねよし》です。

柳は五月二十日から二十四日の『読売新聞』に「朝鮮人を想ふ」という文章を寄稿し、日本人に対して態度の変更と反省を促しました。

柳はラフカディオ・ハーンを取り上げ、「今までハーンほど日本を内面から味はひ得た人は無いであらう」と述べたうえで、「朝鮮に住み朝鮮を語る人々の間にはまだハーンのやうな姿は一人もいない」と批判しました。そして、「義臣」たるために「反抗」することこそ日本人の伝統的美徳だと主張し、次のように言いました。

我々日本人が今朝鮮人の立場にゐると仮定してみたい。恐らく義憤好きな吾々日本人こそ最も多く暴動を企てる仲間であらう〔柳 一九七二：六 - 七〕。

柳は日本人に対して「様々な詭弁によつてその矛盾した態度を弁じようと企してゐる」と批判し、朝鮮独立への支持をにじませました。

彼は次のように言います。

彼等（三・一独立運動への参加者—引用者）を只罵り、尚もそれを拘束する態度を、矛盾に充ちた醜い愚かな狭い心に過ぎぬと思ふのである。吾々の態度に矛盾がないとどうして言ひ得よう。今の世では政治は道徳の域にすら達してゐない〔柳一九七二：七〕。

吾々とその隣人との間に永遠の平和を求めようとなれば、吾々の心を愛に浄め同情に温めるよりほかに道はない。併し日本は不幸にも刃を加へ罵りを与へた。之が果して相互の理解を生み、協力を果し、結合を全くするであらうか。否、朝鮮の全民が骨身に感じる所は限りない怨恨である、反抗である、憎悪である。分離である。独立が彼等の理想となるのは必然な結果であらう。彼等が日本を愛し得ないこそ自然であつて、敬ひ得るこそ例外である〔柳一九七二：一五〕。

柳の日本批判はこれで収まりません。彼は翌年六月の『改造』に「朝鮮の友に贈る書」という一文を寄せ、さらに踏み込んで日本政府を批判しました。

柳は繰り返し、朝鮮の民衆に対する同情の念を表明します。日本に独立を奪われ、屈辱的な日々を送る人々を想起すると、目に涙がにじんでくると言います。そして、次のように言います。

日本にとつての兄弟である朝鮮は日本の奴隷であつてはならぬ。それは朝鮮も不名誉であるよりも、日本にとつての恥辱の恥辱である。(中略)私は虐げられる人々よりも虐げる人々の方が、より死の終りに近いと思う。前者に対しては人間の味方が起ち上るだらうが、後者には必ずや自然の刑罰が加へられる〔柳 一九七二:二七-二九〕。

彼の日本批判は、帝国主義への反発にとどまらない思想的アジア主義の観点から論じられます。彼は「未来の文化は結合された東洋に負ふ所が多いにちがいない」と言い、「東洋の真理」こそが西洋に寄与することになるというヴィジョンを述べます〔柳 一九七二:五〇〕。そして、その未来のためにも日本と朝鮮は連帯しなければならないとし、日本が率先して植民地支配を放棄すべきことを訴えました。

東洋的不二と民族のトポス

柳はのちに民芸運動の展開で知られますが、本質的には一貫した宗教哲学者でした。彼は白樺派に加わり、文学者・芸術家たちと交わりながら、宗教的思索を深めました。若き日の柳が苦悩したのは、二元論の克服という問題でした。彼はキリスト教の宗教哲学にシンパシーを抱き、真理を追究していったのですが、どうしても「一なる神」と「多なる世界」の分断を乗り越えることができませんでした。超越的真理は唯一のものでありながら、無限なる存在です。それに対して、人間を含む世界の存在は有限なるものです。有限性に規定された人間の表現は、有限の内部に止まります。無限の真理そのものを表現することはできません。

そうすると、どうしても思考は無限と有限という二元論の構造の中に回収されます。「多」と「一」は隔絶され、相克を繰り返します。

柳は、この二元論を何とか超えたいと考えました。そして、さまざまな宗教哲学を経由したのち、ウィリアム・ブレイクの思想によって一元論の論理に到達します。

二十六歳の彼は、バーナード・リーチ宛の手紙で次のように言っています。

真実、神、我々の故郷、我々のエルサレムは、この現世の生活の中で我々が戻ってゆき、そこに向かって巡礼するところですが、その故郷への道は、個人の気質（性格、内的原因）とその環境（外的原因）によってかなり異なります。明らかに、ここには我々が考えるべき二つの点があります。一つは、我々が登ろうと目指している頂きは普遍的な「一つ」のものだということ、もう一点は、その頂きに至る道程は「多数」であるということです［柳二〇一〇：一七〇］。

山の頂上は一つです。しかし、頂上に至る道は複数存在します。ある人は東側からのぼり、ある人は西側からのぼります。急斜面をのぼる人もいれば、回り道をしながらゆっくりのぼる人もいます。しかし、最後は同じ頂上にたどり着きます。

柳は「真理」と「宗教」の関係を、山登りにたとえました。真理は普遍的に一つです。しかし、真理に至る道は複数存在します。この道の違いが宗教の違いであって、真理の違いではないのです。

――キリスト教の道もあれば、仏教の道もある。イスラームの道も、ヒンドゥーの道もある。しかし、どの道を通っても、最後は唯一の真理にたどり着く。

つまり、彼が言いたかったのは、真理の唯一性と共に真理に至る道の複数性を認めよということです。これは第十章で論じた岡倉天心の「不二一元論」と同じ考え方です。天心はこの多一論的認識こそ「アジアは一つ」の根拠だと言い、「多即一、一即多」の原理を『東洋の理想』の土台に据えました。

それから約一三年後、柳は同様の思想にたどり着きます。彼は「一つか多数か」という二元論から、「一つの中の多数」「多数の中の一つ」という二元論的一元論に至り、歓喜の声をあげます。

多様性のない所に合一はない。さらば！　二元論の中にこそ合一は存在するのです。二人の人間の出会う所、愛があるはずに違いないのです〔柳二〇一〇：一六四〕。

ここで柳は「愛」という現象に言及しています。これは天心も同様で、『東洋の理想』ではアジアの原理を「愛」という概念で捉えています。

愛は不思議な現象です。私たちは、自分と外見・内面がまったく同一の相手（そんな人は存在しませんが……）に対して、愛を抱くでしょうか？　あるいは逆に、自分とすべてが異なる相手（一切共通点がなく、共有できる価値もない相手）に愛を抱くでしょうか？

おそらく、両方とも無理です。どこか自分と異なる素晴らしい側面（差異性）を持ちながら、どこかで自分とわかり合える側面（同一性）がある相手にこそ、私たちは愛を感じるのではないでしょうか。つまり、愛とは差異と同一性の絶対矛盾の中から生まれる現象であり、「バラバラでいっしょ、いっしょでバラバラ」という構造が生み出す奇跡なのです。

——二でありながら一であり、一でありながら二である関係。多と一が絶対矛盾しながら同一化する関係。「多なるもの」は「一なるもの」に還元され、「一なるもの」は「多なるもの」として現れる。世界は多元的であるがゆえに一つである。

そんな多一論的構造が生みだす「愛」の中に、天心は「東洋」を見出しました。柳も天心と同様に、「二元論の中に一元論を見出す」ことで「愛」の構造を把握し、多一論に至りました。
柳は、ブレイクの神秘主義によって開眼のきっかけを与えられたのですが、この認識を決定づけたのが仏教（特に禅）の教えでした。

種々の疑問に対してこのような結論に達した時、僕は幸運にも禅に出会ったのでした。これは火に油を注いだも同然です。東洋の精神をこれほど力強く新鮮に感じたことはありません。僕は日本に生まれたことを感謝いたしました［柳二〇一〇：一六五］。

リーチ宛の書簡は一九一五年に書かれたのですが、翌年から柳は積極的に東洋思想を論じ始めます。彼は個別的で多様な存在が有機的に連関し、一つの宇宙を構成していることを強調します。「東洋的不二」の世界では、すべての存在には役割があり、トポスがあります。そこでは、多様な存在が多様であるが故に「一なるもの」に包まれます。
この東洋思想の根本原理こそが、柳の朝鮮独立論に接続します。「朝鮮の友に贈る書」の中で、彼は次のように言います。

朝鮮固有の美や心の自由は、他のものによつて犯されてはならぬ。否、永遠に犯され得るものではないのは自明である。真の一致は同化から来るのではない。個性と個性との相互の尊敬に於てのみ結ばれる一があるのみである〔柳 一九七二：四九〕。

柳がここで論じているのは、多一論に基づく「民族のトポス」の重要性です。朝鮮の美や伝統は、永遠に犯されてはならないものであり、朝鮮固有のトポスが存在します。もちろん日本には日本の美があり、トポスが存在します。そして、それぞれがそれぞれの役割を果たし、相互連関しあうことで「一なる有機体」が形成されます。だから、異民族を同化しようとしてはならない。尊厳を奪ってはならない。抑圧してはならない――。

これが柳の思想的アジア主義の帰結です。彼は「東洋的不二」の論理を重視するが故に、日本の帝国主義的支配を猛烈に批判しました。アジア主義は多一論的思想を持つことで、帝国主義に対する根源的批判を内在化したのです。

ここに天心と共に、アジア主義の一つの到達点を見ることができるでしょう。

しかし、柳は朝鮮の独立運動に対して一定の距離を表明し、時に遠ざけました。それは、彼が独立闘争の暴力性に対して、きわめて懐疑的だったからです。

彼は独立運動に従事する人たちに向けて言います。

反省を乞ひたい一事がある。吾々が剣によつて貴方がたの皮膚を少しでも傷ける事が、絶対の罪悪である様に、貴方がたも血を流す道によつて革命を起して彼下つてはいけない。殺し合うとは何事であるか。それが天命に逆らい人倫に悖ることを明確に知る必要がある［柳 一九七二：二九］。

柳は非暴力を是としたため、朝鮮における武力的独立運動家たちの熱烈な支援者になることができませんでした。この点は柳の思想の可能性でもあり、限界でもあります。

一方で、宮崎滔天も三・一独立運動に共感を示した一人でした。彼は、運動に対して「見上げたる行動」と評価し、朝鮮の自由を保障すべきと訴えました。そして、いずれは独立を承認すべきことを説き、武力闘争に理解を示しました。

しかし、滔天に往年の行動力はありませんでした。この頃の彼は「大宇宙教」という新興宗教に傾斜し、現実世界の改革への情熱を失っていました。

滔天の往年の「抵抗」と柳の瑞々しい「思想」が出会っていれば、アジア主義は三・一独立運動を契機に、大きな転換を遂げることができたのかもしれません。しかし、両者は交わることなく、朝鮮独立運動との連帯という潮流を生み出すことはできませんでした。

——滔天と柳の出会い損ね。

アジア主義は重要な思想性を獲得しながら、政治的に空転し続けていきます。

第十三章

中国ナショナリズムへのまなざし

――辛亥革命と二十一カ条要求

中国ナショナリズムの萌芽

さて、話を中国に転ずることにしましょう。ここからは中国ナショナリズムの形成プロセスがポイントになります。

まず私たちが知っておかなければならないのは、清朝の統治形態です。中国近代史を研究する吉澤誠一郎は、次のように論じています。

清朝の統治のありかたは、一元的なものではなかった。たとえば、モンゴルの人々にしても、ごく早い時期から清朝に従い八旗に加わった者と、ジューンガル平定後にようやく帰順した者とでは、清朝との関係は同一ではない。チベットのダライ・ラマは、清朝の護持を受けるようになったが、そのことは仏教的な語彙によって説明されることが必要だった。漢人に強制された辮髪も、新疆のムスリムやチベット人には関係なかった。藩属国の扱いも、すべて個別的な事情によって決まっていたのであって、何か統一的な原則によって説明されていたわけではない。

　こうして、王朝権力との個別的な論理によってそれぞれ関係づけられた人々が、全体として清朝という国家を構成していたのである［吉澤二〇一〇：二三五］。

つまり、清朝の支配は均質なものではなく、統治のあり方には濃淡があったのです。前近代の権力は夜の街灯のようなものです。灯りから離れていくと、少しずつ薄闇に包まれ光が届かなくなるように、権力も周縁に行けば行くほどぼやけていく傾向がありました。そのため、前近代の段階で「一つの中国人」という国民意識が辺境にまで浸透していたとは考えられません。清朝の中枢を担うエリートたちも、辺境の諸民族と同じネイションであるという認識は持っていなかったでしょう。

　しかし、十九世紀末から二十世紀初頭にかけて、清朝エリート・知識人の中から、新しい中国ナショナリズムの萌芽が見られるようになってきます。彼らは諸外国が中国を分割しようとする動きに危機意識を持ち、「愛国」「救国」という意識を醸成していきます。

その大きなターニングポイントとなったのが義和団戦争でした。欧米列強は北京を制圧。清朝は莫大な賠償金の支払いを強いられました。

ロシアはこの機に乗じて満州を占領し、戦争が終わっても撤兵しようとしませんでした。そして、清との間に秘密交渉を進め、利権の既成事実化と拡張に努めました。

清朝の威信は急速に低下することになりました。彼らは旧制度に安住することが許されず、大々的な改革に着手することになりました。清朝は、これまで否定してきた制度改革を断行し、近代国家への生まれ変わりを目指していきました。

この対外的脅威の増加と体制改革の流れは、新しい中国ナショナリズムの形成に繋がっていきます。中国近現代史の研究者・川島真は、次のように指摘しています。

　二〇世紀最初の一〇年には、清自身の清としての国家建設とともに、次第に形成されつつあった「中国」という国家像が「清」に代わってさまざまな政治勢力に共通する国家の結集核になっていった。また、地域を超えた「中国人」としての意識も育まれはじめた［川島二〇一〇：六二］。

川島は一九〇二年に発行された『新民叢報』の表紙に注目します。ここには中国の地図が掲載されているのですが、国土が同一色で塗られており、国土意識が強調されています。新しい中国ナショナリストは「均質で排他的な領土支配」という観念を意識し、「漢族」「満族」「回族」といった「民族」を超えた「国民」の創造を模索し始めました。

地図はネイション・ビルディングの際に、重要な意味を持ちます。タイの歴史家トンチャイ・ウィニッチャクンは『地図がつくったタイ：国民国家誕生の歴史』（二〇〇三年、明石書店）という本を書いているのですが、彼はそこで「ジオ・ボディ」（地理的身体）という議論を展開しています。トンチャイは、新しいメルカトル図法の導入によって人々が鳥瞰的に母国を把握し、視覚という身体感覚によって領土を意識し始めると論じます。これまでほとんど意識してこなかった「辺境」が、国境線が明確に書き込まれた地図によって意識化され、均質な領土に住むネイションが立ち現れてくるというのです。

中国でも国土を同一色で塗った地図の導入によって、新しいナショナルな身体感覚が生まれていったと考えられます。また、「中国」という国名を意識的に使用する傾向も強まりました。ナショナル・アイデンティティの創造は、まだまだ清朝における体制内エリート・都市の知識人が中心でしたが、次第に民衆レベルに拡張していくことになります。

一九〇四年にはついに日露戦争が勃発しました。日本は辛くも勝利をおさめ、翌年、ポーツマス条約を締結したことにより、満州権益を獲得しました。

日本は旅順—長春間の南満州支線と付属地の炭鉱の租借権、旅順・大連を含む遼東半島南端部の租借権を手に入れました。すると、「満州権益はロシアから戦い取ったもの」という認識が日本人の間で共有されるようになります。満州は「同胞の血の代償」という身体的でエモーショナルな対象となっていったのです。しかも、日本が獲得した権益は、もともと清がロシアとの間に結んだ密約によって手放したものだったため、日本人の多くは清から奪い取ったという感覚をもっていませんでした。

また、日本が獲得した満州権益は、全面的なものではありませんでした。ロシアは引き続き東清鉄道と長春—ハルピン間を管轄し、統治を進めました。ハルピンはロシアが開発した都市として発展していきます。

そのため、日本は日露戦争に勝ったにもかかわらず、引き続きロシアへの警戒心を保持し続ける必要がありました。日本の安全保障を万全のものとするには、さらなる満州権益の獲得が必要との認識が強まり、さまざまな策謀が練られるようになります。このあと論じていくことになる辛亥革命への支援は、対ロシア対策という側面を強く含有しながら展開していきます。

中国同盟会の成立

二十世紀に入ると、日本には多くの中国人留学生がやってきました。本格的な改革を進めた清朝は、これまでの伝統的な科挙を廃止し、西洋の学問を取り入れた新しい教育システムを導入しました。若者たちは国家の動揺に不安を感じながら、近代化に道筋をつけていた日本の「成功」を学ぶため、続々と来日しました。日露戦争の勝利は、この流れに拍車をかけ、一八九八年には六一人だった日本への留学生が、一九〇五年には約八〇〇〇人に達し、翌一九〇六年には一万二〇〇〇人に及びました。東京では、驚くほど急激に中国人留学生が増加したのです。

彼らは留学先の学校で新しい知識を吸収しながら、一方で各種の団体を組織して、社会活動を展開しました。活動内容は勉強会から慈善団体の運営、サークル活動まで多種多様でしたが、その中から清朝打倒を目指す革命団体が生まれてきました。

血気盛んな若者は、母国の革命を夢想し、身につけたばかりの知識を駆使して、自由や平等、民主主義についての思想を鼓舞しました。この頃、日本で書かれたものとしては、鄒容の『革命軍』や陳天華の『猛回頭』『警世鐘』などがよく知られています。特に『革命軍』は本国でも広範に読まれ、合計で一〇〇万部以上、出回りました。鄒容がこの本を書いたのは弱冠十八歳の時。アメリカをモデルとした「中華共和国」

構想は、新鮮な感動をもって受け入れられました。ただ、彼は帰国後に逮捕され、二十歳で獄中死してしまいました。もし、生きていれば、中華民国で大活躍したかもしれません。

一方、恵州蜂起に失敗した孫文は、一九〇〇年十一月から横浜に潜伏していました。彼は中国人留学生の増加とその革命運動に目をつけ、徐々に彼らに接近していきました。留学生の間では『二六新報』に連載されていた宮崎滔天の『三十三年の夢』が話題になっており、この連載を通じて孫文を認識していったといわれています。

孫文と若き革命家たちは、清朝が満族の王朝であることを問題視していました。彼らは異民族による支配の打破を掲げ、皇帝による専制政治の打倒を叫びました。自由を獲得し、新しい政治体制を構築するためには、漢族による国民国家形成が不可欠であると考えたのです。

東京では革命団体の活動が活発化していたのですが、清朝打倒という目標を同じくしながら、郷土の違いからバラバラに活動する傾向にありました。運動は、広東派の興中会、湖南派の華興会、浙江派の光復会、湖北派の科学補習所の四つに分かれていました。孫文は興中会のリーダーで、華興会には黄興《こうこう》、宋教仁《そうきょうじん》、光復会には蔡元培《さいげんばい》、章炳麟《しょうへいりん》、陶成章《とうせいしょう》など、近代中国の基礎を作り上げたスターたちが所属していました。

——これらのグループがバラバラのままでは、革命運動はうまくいかない。

そのような思いが彼らの間で共有され始めた時、重要な触媒となる人物が動き始めました。宮崎滔天や内田良平といった日本人アジア主義者たちです。

彼らは各団体が一つに連合すべきことを説き、個性の強い革命家たちを繋げていきました。その結果、一九〇五年八月、孫文を総理とする中国同盟会が発足しました。のちに中華民国を建国することになる革命グループは、東京の地で結成されたのです。

この中国同盟会に接近し、中国革命に参加することになったのが北一輝でした。北は一九〇六年に『国体論及び純正社会主義』を書き上げ、世界連邦に進化を遂げるための「世界革命」理論を提示しました。しかし、この本は発禁処分となり、大きな挫折感を味わうことになります。

そんな時、北が目を付けたのが中国革命派の運動でした。彼は中国革命の中に「世界革命」への契機を見出し、自ら革命に参加しようとしました。そこで出会ったのが、宋教仁でした。

宋は北の一歳年上で、抜群の切れ者でした。北は宋に期待を掛け、深い付き合いを続けていきます。北は孫文よりも宋を重視し、中国革命の指導者としてふさわしいという認識を強めていきました。宋と北の関係は、辛亥革命の時に重要な役割を果たすことになります。

満州をめぐる認識

さて、ここで重要なポイントがあります。孫文をはじめとした中国革命家たちの満州認識です。彼らが問題視していたのは、清朝が異民族支配の国家であることでした。彼らが構想した国民国家は、漢族をネイションとするものであり、満族は皇帝による専制政治と共に、撃退の対象でした。

――清朝を日本と協力して打倒する。

第九章で述べたように、孫文の構想は「滅満興漢」であり、革命が成就した暁には、満州を日本に「付与」してもよいという認識でした。

「滅満興漢」は孫文だけの考えではなく、他の中国人革命家の中でも一定程度共有されているものでした。例えば湖南出身の黄興や宋教仁などは、清王朝を満州に追いやり、封じ込める方策を練っていました。辛亥革命より以前の段階で、革命運動の対象として捉えられていたのは「万里の長城より南」の領域であり、それより北の満州の地にまで革命を及ぼそうとは考えていなかったのです。清朝打倒とは、中国から満族の支配を駆逐し、革命によって皇帝を排した共和制国家を樹立することでした。

革命家たちは、「光復革命論」という議論を展開していました。これは野蛮な満族の支配を打破し、漢族による中華の威光を取り戻そうという考え方です。彼らにとって、満族は「夷狄」であり、漢族の「敵」と見なされる存在でした。

つまり、中国人革命家の間で共有された「下からのナショナリズム」は、封建勢力打破による国民主権の要求と共に、異民族支配の打破による民族自決がセットになって吹き上がったものでした。彼らの民主化要求は、漢族ナショナリズムの表現であり、満族は支配層としてだけでなく、異民族として袂を分かつ対象とされたのです。

ここで重要なポイントは、清朝の体制内エリートと漢族の革命家の間で、ネイションをめぐる認識にずれが生じていたということです。繰り返しになりますが、清朝エリートは列強による版図の分割という危機にさらされる過程で、民族を超えた「中国ナショナリズム」を形成し始めていました。それに対し、革命家たちの多くは漢族を一つのネイションの単位として捉え、満族を「同胞」から除外していました。

アジア主義者の狙い

このような状況の中、日本のアジア主義者は、孫文をはじめとする在日革命家たちと同様のフレームを共有していました。彼らは「一つの中国」というアイデンティティの萌芽には意識を向けず、「漢族（革命派）vs満族（体制派）」という構図を受容したのです。そのため、日本の言論界では、「支那は国家の体をなしていない」「支那はバラバラ」という批判が噴出し、日本の国益を大陸に拡張すべきという議論が拡大しました。

アジア主義者は、日本の指導層と同じくロシアの南下に対する強い警戒心を持っていました。そのため、満州やモンゴルでの日本の影響力を高め、ロシアを北に封じ込める戦略を立てました。彼らの狙いは、旧態依然とした清朝を打倒し、新しい政治空間を大陸に作り出すことでした。

——万里の長城より北は満族の地。それより南は漢族の地。

日本のアジア主義者は、北では満州利権の確保を追求し、南では孫文らによる革命運動を支援することになります。万里の長城の北と南で「満州」と「支那」を分離し、それぞれに日本の影響力を保持しつつ連帯を強化するという構想が、彼らの間で共有されたのです。

このような考え方に呼応したのが孫文でした。彼は日本に滞在中も、引き続き内田良平らに対して、日本が「革命を援助してくれゝば支那は満蒙を抛棄して日本の為めに割く」と述べていたとされます。『東亜先覚志士記伝』には、この頃の孫文の発言が記録されています。

「支那革命の目的は滅満興漢にあるのであるから建国は長城以南の領域に於てすればよい。満蒙は日本の取るに任せる」〔黒龍会編 一九六四b：四三五〕

内田らは、孫文の革命運動が成就することで、自ずと日本の満州における権益が強化されるという思いを持ちました。ロシアへの警戒心を抱き続けていた内田は、玄洋社・黒龍会のメンバーと共に中国同盟会へのサポートを強化していきました。

一方、清朝は孫文の言動を問題視し、伊藤博文に対して日本国外への退去を要請する親書を送りました。対応に困った伊藤は、当時、朝鮮問題で連携していた内田に相談しました。内田は、次のように返答したと言います。

支那の革命は孫を日本から放逐しても到底それを防ぎ止めることの出来ぬ形成となつてゐるから、日本政府がこの際支那の革命党を圧迫するのは将来の為め不利である。寧《むし》ろ孫を自発的に退去させる策を取られたらよろしからう［黒龍会編一九六四b：四三六］。

内田には、ある魂胆がありました。それは孫文に対する多額の資金提供を日本政府から引き出そうというものでした。孫文は、革命のための資金を求め、奔走していました。内田は、孫文を自発的に日本国外に旅立たせるかわりに、孫文の求める資金を政府から調達しようと考えたのです。

政府は渡りに船とばかりに内田の提案に乗り、資金を提供しました。孫文はその金を受け取り、一九〇七年春にシンガポールに向けて出港しました。彼は本国の同志と連携しながら、繰り返し武装蜂起を仕掛けます。これは失敗の連続でしたが、彼はあきらめることなく、各地を転々としながら虎視眈々と革命のチャンスを窺いました。

日本のアジア主義者たちは、孫文の革命運動を援助することで、満州の権益を手に入れることができるという思いを強めました。彼らにとって、漢族と満族は別の民族であり、「支那」は本質的に分断された存在でした。革命派による清朝打破と漢族国家の樹立は、同時に満州全体を日本の影響力のもとに置くことができる絶好の機会と認識されたのです。

ここでアジア主義者が決定的に見逃していたのが、中国ナショナリズムの萌芽でした。彼らは「民族」を超えた「一つの中国」という認識の形成に目を向けませんでした。彼らは連帯していた中国同盟会メンバーの認識に傾斜することで、清朝内で起こっていた新しいアイデンティティの息吹を捉え損ねたのです。

一九〇四年から一九〇五年には中国国内で反アメリカ運動が展開されました。この背景にはアメリカの移民制限問題がありました。アメリカは一八八二年に中国人移民制限法を可決し、以降、適用範囲を拡大していきました。一八九四年には中国人移民を一〇年間禁止することが決定し、中国人排斥が強化されました。

一九〇四年、移民禁止法の一〇年再延長が決定すると、中国各地でアメリカに対するボイコット運動が沸騰しました。憤慨した人々は各地で集会を開き、アメリカ製品の不買を決定したうえ、政府や商人団体に行動を共にするよう要請しました。人民レベルでも対外的なナショナリズムが芽生え、愛国のスローガンが掲げられたのです。

このアメリカへの抵抗ナショナリズムは、次に矛先を日本に向けることになります。一九〇八年二月、清朝の官憲が日本の商船・第二辰丸を武器密輸の疑いで拿捕しました（第二辰丸事件）。これに対して日本は強い姿勢で抗議を行い、謝罪と賠償を要求。中国側は抵抗し、日本製品のボイコット運動を展開しました。

ここで民衆レベルでの反日意識が高揚し、下からのナショナリズムが高まりました。しかし、日本に滞在中の中国革命派は、反日ボイコットに対して冷淡なまなざしを向けていました。彼らの敵はあくまでも清朝であり、清政府が先導する民衆運動に対しては、苦々しい思いを抱いていました。しかも第二辰丸が輸送していた武器は、革命派の武装蜂起と関わっている可能性がありました。革命派は日本を敵視する不買運動に同調しなかったのです。

東京で革命派と手を結んでいたアジア主義者たちは、中国本土における反日ナショナリズムの実態を軽視することになりました。内田良平はシンガポールに滞在中の孫文に対して、反日ボイコットを早期にやめさせるよう要請し、不買運動の終息こそがお互いの利益に合致すると説きました。これに対し、孫文は資金を提供してくれさえすれば、本国の諸団体に働きかけることができると応じ、更なる資金提供を求めました［吉澤二〇〇四］。孫文にとっては、自らの革命運動推進のための資金集めが、最優先課題だったのです。

結局、日本のアジア主義者と中国革命派の両者は、下からの中国ナショナリズムの生成に対して的確な認識を持つことができませんでした。しかしこの後、辛亥革命の成功によって状況が一変し、革命派の態度に変化がみられるようになります。革命派が漢族中心主義を超えて中国ナショナリズムの立場に依拠するようになっていくのです。そして、日本のアジア主義者たちは、新しい変化に対応することができず、決定的な認識のズレを生み出していきます。

悲劇は、革命の成就とともに加速することになります。

辛亥革命

一九一一年十月十日、革命勢力が武昌で蜂起し、この都市を占拠しました。これまで孫文を中心とする革命蜂起は一〇度にわたって失敗に終わっていたのですが、ついに武装決起が成就したのです。この流れは各地に飛び火し、一気に清朝の南半分が革命軍の支配下に入ることになりました。辛亥革命の勃発です。

しかし、この決起の群れの中に孫文の姿はありませんでした。彼はこの時、アメリカに滞在しており、二日後の十二日にデンバーのホテルで購入した新聞で知ることになりました。

孫文は、これまで辺境革命にこだわってきました。権力による支配が脆弱な華南で革命を起こし、各地に蜂起の連鎖を生み出そうと考えたのです。華南の広東は、北京からの距離が約二〇〇〇キロ。資金や兵力に限りがある孫文は、武装決起の成功率が高いと考えられる辺境の地で、革命の烽火を挙げようと構想していました。

しかし、実際に蜂起がうまくいったのは、華中に位置する武昌の地でした。革命は、予想以上に権力に近い所で勃発したのです。

孫文の戦略と思惑は外れました。しかも、彼は遠いアメリカで推移を見守るしかない状況にありました。一転して革命の蚊帳の外に置かれることになった彼は、焦りました。自分の力の及ばないところで革命が進行することに焦燥感を覚えたものの、アメリカ・ヨーロッパでの資金集めを続行し、十二月二十一日、香港にたどり着きました。革命勃発から二カ月以上の時が流れていました。

しかし、この時間が彼に味方します。

独立を掲げた革命軍は、中国南部を支配下においたものの、北京にまで到達することはできず、清朝を決定的に打倒するまでには至っていませんでした。さらに、彼らは突出した指導者を欠いており、革命の停滞が懸念されました。内部は群雄割拠の状態で、一旗揚げようと考える野心家が集まっていました。日本の大陸浪人も次々に集結し、現場は混乱の一途をたどっていました。大陸浪人の中には資金を着服するものも出てきたため、疑心暗鬼が蔓延しました。

そこに現れたのが孫文でした。

求心的な力を持つリーダーを求めていた革命軍は、彼を担ぎ上げました。孫文は一躍、清朝打倒勢力の指導者となり、革命のシンボルとなったのです。

この頃、日本からは頭山満が上海に入りました。現地にいた萱野長知が、電報で頭山と犬養毅に応援を要請したのです。頭山は大陸浪人の素行不良を正し、秩序を安定させました。

それ以前には、内田から指令を受けた北一輝が中国入りしていました。北は盟友・宋教仁と接触し、日本との連絡役を務めました。内田は北を通じて宋に電報を送り、資金提供の見込みを伝えました。

宋は孫文が革命政府のトップに立つことに消極的でした。中国同盟会で内紛が起きた際、孫文が示した強権的な姿勢に対して否定的な印象を持っていたからです。その当時、宋は孫文の排斥を主張したりもしました。そのため革命政府の臨時大統領を推挙する段階になって、宋は孫文の大統領就任に難色を示しました。

この宋を説得したのが北だといわれています。宮崎滔天らは孫文の擁立を強く主張していたのですが、北は「往年の党首を以てするは正道」と考え、宋を説得したといいます。北も孫文に対しては否定的な評価を下していたのですが、中国革命の成就のために革命政府の一致団結を優先すべきというのが北の判断でした。

結果、十二月二十九日に行われた臨時大統領選挙で孫文は圧勝し、翌一九一二年一月一日、中華民国の成立が宣言されました。孫文は一気に臨時革命政府の頂点に立ち、新国家を率いることになりました。

孫文は内田を外交顧問に迎えるとともに、日本人数名を政府顧問に任命しました。革命政府は、日本政府がいち早く中華民国を承認することで、国際的地位を確立したいと考えていたからです。日本のアジア主義者に対する論功行賞という側面もあったでしょう。

ここで問題になったのは中華民国の領土の範囲でした。まだ北京の清朝中枢部を決定的に打破するに至っていなかったものの、形式的には清朝の版図をそのまま引き継ぐ形となったため、満州やモンゴル、新疆ウイグル、チベットなどの地域も自国領とすることになりました。孫文らは「滅満興漢」を掲げ、漢族ナショナリズムによる革命を展開していたのですが、思いがけず「異民族」の領域まで中華民国の領土となったため、ナショナリズムの範囲を広げる必要が出てきました。

孫文は、漢族ナショナリズムに固執せず、「漢・満・蒙・回・蔵」が一つの国をなすという中国ナショナリズムを採用し、「領土の統一、軍政の統一、内治の統一、財政の統一」を提起しました。

「中華民国臨時大統領宣言書」では、次のように述べられています。

国家の根本は人民である。漢、満、蒙、回、蔵の諸地方を一つにして国家とするとは、すなわち、漢、満、蒙、回、蔵の諸族を一つにすることである。――これを民族の統一という。

孫文は辛亥革命後、一転して五族の融和・同一化による「中華民族」の創出を目指しました。残された課題は「種族同化を実行すること」となり、のちに漢族中心の「一つの中国」を強調する「徹底的民族主義」を唱えることになります〔松本二〇一二〕。

「満州租借」問題

さて、問題は満州です。

中国革命が成就すれば満州権益が手に入ると期待していた日本人は、革命政府の「五族協和」や「五族合一による中華民族の統合」といった構想を白眼視していました。中華民国は「万里の長城の南」を領土とすると考えていた彼らは、清朝の領域を引き継ごうと考える革命政府に対して「約束と違う」という思いを募らせていきました。

二十世紀に入って以降、漢族の満州への人口流入が大規模に進んでいました。日露戦争以前に満州に勢力を拡大したロシアは、鉱山の開発や鉄道の建設、都市開発などを進めるために、大量の労働人口を必要としました。満州には、華北地域から貧しい農民が大量に移動し、漢族の人口比率が急速に拡大していました。満州の地は、すでに満族だけの土地ではなくなっていました。そこは漢族と満族が混在する新しい人口構成の地に変容していたのです。

中華民国臨時政府樹立の後、日本のアジア主義者は孫文に対して一つの提案を行いました。それは革命政権に対する金銭的援助の代償として、日本に満州を「租借」するという計画です。これは一九一二年一月から二月上旬にかけて、三井物産社員・森恪《かく》が孫文に対して発案したもので、内田良平が介在していました。

内田には、かつての孫文との「約束」が念頭にありました。革命成就の際には、満州は日本に「付与」するというものです。内田は「その時が来た」と考えました。

一方、孫文は「五族協和」を表明したものの、最優先課題は北京に残留する清朝との折衝にあり、多額の資金を必要としていました。そのため、森の提案を無下にすることなく、一旦は交渉に応じ、様子を窺うことにしました。

結局、革命政府が要求した一〇〇〇万円が用意されず、計画は幻に終わりました。交渉の推進にあたった山縣有朋が「満州は日本の勢力範囲だから金をやって買い取る必要はない」と資金提供を拒絶したことが、不成立の原因だったとされていますが、真相は定かではありません。また、満州の「租借」を日本と革命政府だけで決定することは難しく、実際にはロシアやイギリスとの交渉が不可欠でした。孫文と森の密約が成立する可能性は、そもそもかなり低かったと言わざるを得ません。

問題は、孫文がこの時点でも、満州権益を手放す可能性を担保していたということです。漢族中心の革命運動を展開してきた革命派にとって、満州の優先順位は相対的に高くなく、日本に対する「租借」が議論の俎上に載せられていました。孫文は見返りとして、資金獲得とともに、革命の混乱に乗じて利権獲得を目指すロシアへの牽制を考えていました。日本の野心を巧みにコントロールすることで、利益の最大化を図っていたというのが、この時の実情でしょう。日本への「租借」といっても、具体的にどの程度までを考慮していたのかははっきりとしません。

この時期は、孫文をはじめとする革命家たちにとって中国ナショナリズム形成への大きな転換期にありました。アイデンティティは状況によって生成されるものです。満族の清朝を倒すために漢族アイデンティティを誇示していた革命派は、清朝の版図を継承したことにより、二十世紀以降に勃興していた中国ナショナリズムへと接近していきました。清朝が崩壊したことにより、反米・反日ボイコットなどによって醸成されてきた下からの愛国主義と、革命派のアイデンティティ・ポリティクスが合流し、版図に合わせた「中華民国のネイション」という国民意識が急速に形成されていったのです。

もちろん、このナショナリズムは、チベットや新疆ウイグルなどの少数民族にとっては問題のあるものでした。そこでは漢民族による「同化」へのレールが敷かれ、少数民族のナショナリズムが否定されていきました。現在の中国共産党による少数民族への抑圧は、中華民国によって設定された「一つの中国」というナショナリズムの延長上にあるといえます。

「満州租借」交渉の成立可能性が薄いと判断した孫文は、中華民国による「満州保全」の意志を明示します。日本からやってきた衆議院議員の小川平吉に対しては、日本の力を借りてロシアの進出を抑えたいという意志を示すとともに、「満蒙回蔵の四族とも共和政府の力を以て充分完全に統一することを得る」と述べ、「暗に満州保全の意を漏らした」といいます〔久保田二〇〇三〕。

かつて「支那革命の目的は滅満興漢にあるのであるから建国は長城以南の領域に於てすればよい。満蒙は日本の取るに任せる」と述べた孫文は、ここで態度を反転させます。革命が予想を超えて万里の長城の北にまで及んだ時、孫文は革命政府の版図を拡大し、中華民国というナショナルな枠組みを構成しました。満族と漢族の対立というパラダイムは退き、中国ナショナリズムの確立がテーゼとなったのです。

日本のアジア主義者は、このダイナミックな変化に対応することができませんでした。これまで呼応してきた革命派が、満族を含むナショナルな意識を構成し、満州やチベットを中華民国の版図と見なす領土意識を形成していきました。辛亥革命を契機に、革命派のナショナル・アイデンティティは、大きく変化を遂げていったのです。

この地殻変動に追いつくことができなかった日本のアジア主義者たちは、革命派との間で認識の齟齬をきたすようになり、対立の土壌が形成されていきます。アジア主義者たちは中国ナショナリズムの生成を認識することができず、独自の政策で満州利権獲得に踏み込んでいきます。

袁世凱の専制

孫文は、何とかして清朝を完全崩壊に導き、中華民国による「一つの中国」を実現しようと努力しました。中国が北部と南部の分裂状態が続くと、列強の餌食になるという危機感が募ったのです。

この時、清朝側の有力者として目前に立ちはだかったのが袁世凱《えんせいがい》でした。彼は、中華民国への統合に抵抗し、部下の段祺瑞・馮国璋らを反乱鎮圧に向かわせました。袁は表面的には、革命政府と断固闘う姿勢を見せたのです。

しかし、袁はしたたかでした。彼は極秘に革命軍と連絡を交わし、自らを臨時政府の大統領とすることを条件に、清朝の解体に応じる旨を伝えて来ました。

孫文らは悩みます。南北分裂を阻止し、国家の統一を成し遂げるためには、袁の要求を受け入れる以外、選択肢がないと考えました。彼らはこの葛藤を日本側には相談しませんでした。日本もまた満州の地を虎視眈々と狙う列強の一員に他ならなかったからです。

孫文は苦悩の末、清朝皇帝の退位と共和制の導入を条件に、袁との妥協を進めることに決しました。彼は袁と詰めの作業に入り、大統領移譲のプロセスに入りました。

これに猛然と反対したのが、日本のアジア主義者たちでした。頭山らにとって、袁世凱は金玉均を暗殺した憎き相手でした。袁は狡猾な権力者であり、打倒すべき対象でした。

袁はあくまでも清朝の権力者です。袁との妥協は、旧体制への妥協であり、革命の後退でした。そして、それはこれまでサポートしてきたアジア主義者への裏切りと捉えられました。

内田は強く反発します。内田は次のように言ったといいます。

折角今まで力を尽したのに今更袁に政権を譲るやうなことがあつては、老猾なる袁が如何なることをするか測られず、結局革命の目的を水泡に帰せしむること丶なるから、この際妥協などさせてはならぬ〔黒龍会編 一九六四b：四四六〕。

一方、上海に滞在中の頭山は、一報を受けると妥協協議が進んでいることなど信じられないという面持ちで、次のように言ったといいます。

「妥協など丶いふことはない、そんなことを交渉してゐるとしても断じてさせるべきことではない。自分へは何とも云つて来てゐない」〔黒龍会編 一九六四b：四四七〕

しかし、孫文を中心とする革命派は、袁との「南北和議」に合意しました。一九一二年二月十二日、最後の皇帝・宣統帝が退位して清朝が滅亡する代わりに、袁世凱が中華民国の臨時大統領に就任しました。『東亜先覚志士記伝』は「折角内田が革命党の為めに斡旋した甲斐もなく支那の時局は袁世凱の意の儘に左右せられてしまふことになつた」と苦々しく論じています〔黒龍会編 一九六四b：四五七 - 四五八〕。「南北和議」

を頭山らに内密のまま進めたことは、「如何にも信義に悖り礼節に背くの甚しきもの」と捉えられ、孫文らに対する信頼は揺らぎました〔黒龍会編 一九六四b：四七五〕。船が出港する際も、革命政府からは数名の代表者が見送りに来ただけの冷遇で、「一行中の血の気の多い連中は憤慨して措かなかつた」といいます〔黒龍会編 一九六四b：四七八〕。玄洋社・黒龍会の関係者にとって、孫文らの一連の行動は「革命の恩人」に対する冷淡な態度と捉えられ、感情的な溝が生まれました。

頭山は大連に到着し、鉄道に乗り換えました。彼は車窓から満州の荒野を眺めつつ、次のように言ったといいます

「大分広いねぇ、之は日本が取つてやらにや、支那ぢや始末が悪からう」〔藤本 一九三二：四〇二〕

彼の認識も、満州は「日本が取つてやらにや」いけないというものでした。当然、この発想は中国ナショナリズムと衝突することになります。日本のアジア主義者と中国ナショナリストの間には、構造的な亀裂が深まっていきました。

頭山は無事、日本にたどり着きます。帰国の歓迎会に出席すると、彼の中国観に異

論を唱え、批判を加える者がいました。これに対して頭山は「支那の今度の革命は膏薬治療ぢや。本当の切開手術をしないから、今に見ろ、また諸処に吹出物がするよ」と語り、中国革命の未来への悲観的見通しを示しました［黒龍会一九六四b：四七九］。

結局、中華民国は袁世凱がイニシアティブを握り、専制政治を敷くようになります。一九一三年三月には、議会政治の拡張により袁を牽制する宋教仁に対して刺客を送り、暗殺を実行しました。革命派は大きな衝撃を受け、袁世凱の打倒を決意していきます。清朝の打倒に成功し、革命政府を樹立したものの、結果的に清朝の中心人物に政権を牛耳られることとなった革命派は、新たな「第二革命」に向けて始動することになります。

内田良平の怒り

この一連のプロセスに怒りをあらわにしたのが内田良平でした。彼は孫文に対する信用を喪失し、対中国政策の練り直しに取り掛かりました。

この頃の内田の思いを『東亜先覚志士記伝』は端的に代弁しています。少し長い文章ですが、重要なので引用します。

支那の第一革命は袁世凱の出現によつて、恰《あたか》も籾を蒔いて稗を収穫したやうな結果となつた。革命の遂行によつて日支の国交の調整と満州問題の解決を図ることを期待して、革命党の為に多大な援助を惜しまなかつた我が有志家も、改めて対支政策の建直しをせねばならぬことゝなつた。何が故に支那の革命によつて満州問題の解決が期待されてゐたかといへば、前にも述べたやうに、孫逸仙等が日本に来て頼りに革命の準備に奔走してゐる頃、孫は日本が革命党を援助してくれゝば、革命の成功した暁は支那は日本のために満州を譲るといふ意味のことを言明してゐたのであるから、縦《たと》ひその言葉通りに満州を抛棄しないとしても、少なくとも之を完全に日本の勢力範囲として東亜の不安を除くだけの協調は容易に纏《まと》まるものと予期されたのである。然るに老獪なる袁世凱が現はれて逆に満州問題を利用し、同胞墻《かき》に鬩《せめ》いでゐては日本に満州を奪はれるから、速に内争を止めて日本に当らねばならぬと説き、之を妥協の楔として革命党を押へ、自ら大統領の地位に坐したのであるから、孫が日本の有志に約束したことは忽《たちま》ち一片の反故と化し去り、満州問題を円滑に解決するといふ如きことは望み難き形勢となつてしまつたのである〔黒龍会編 一九六四b：三一八‐三一九〕。

まず重要なのが、内田らが中国革命に「多大な援助を惜しまなかつた」理由です。それは、革命の成就により満州を「完全に日本の勢力範囲」とすることができると考えていたからでした。そして、その構想は孫文との約束が根拠になっていました。つまり、「日本が革命党を援助してくれゝば、革命の成功した暁は支那は日本のために満州を譲る」というかつての孫文の言葉です。内田は満州権益の獲得のバーターとして、中国革命を支援していたのです。

しかし、革命が成就したにもかかわらず、満州権益は日本の手に転がり込んできませんでした。内田はその原因を袁世凱との妥協のせいだと見なしていました。老獪な袁世凱が「日本に満州を奪はれるから、速に内争を止めて日本に当らねばならぬ」と呼びかけ、これに孫文らが応じたことこそ、間違いの元だと見なしたのです。内田にとって、孫文は裏切り者でした。自らの約束を反故にし、袁に接近したことで、中国革命は失敗に終わり、日本の満州進出もままならなくなったと考えました。結局、中国に親日政権をつくることで満州権益を手中に収めるという戦略は失敗に終わりました。

内田は、宋教仁の暗殺によって袁の専制政治が確定的になったと見るや、これまでの中国政策を大きく変更します。彼は川島浪速《なにわ》が進めていた「満蒙独立運動」に共感を示し、連携を保つようになります。「満蒙独立運動」とは、辛亥革命以降、没落した清朝の復興を願う旧勢力（宗社党）と連携し、満蒙地方を中国から分離独立させようとする運動のことです。中心人物である川島浪速は日本陸軍と策謀を練りつつ、モンゴルのグンサンノルブやバボージャブらと手を結び、「満蒙王国」の建設を計りました。清朝打倒に奔走した内田は、一転して清朝の旧勢力を支援して、中華民国と満州の切り離し工作を後押ししたのです。

内田は「孫文に裏切られた」という思いを強めていましたが、彼の側にも大きな認識の誤謬がありました。それは中国ナショナリズムの実態に対してです。内田らは〈漢族 vs 満族〉というエスニック対立の枠組みに縛られていたため、対立を超えたナショナル・アイデンティティの形成に目を向けることができませんでした。孫文をはじめとする革命派のメンバーたちは、革命以前に「滅満興漢」をスローガンとしていましたが、革命成功によって状況が変わると、急速に中国ナショナリズムの方向に舵を切っていきました。この変化を的確に捉えることができなかったところに、日本のアジア主義者が中国革命派と齟齬をきたした理由がありました。

内田は一気に中国分割論を主張するようになります。彼はこれまでの「支那保全論」を放棄し、満蒙の分離を説きました。一九一四年には日本政府に対して「対支問題解決鄙見」を提出し、中華民国の共和政体は「日支提携」の障害であると訴えました。そして、中華民国に対して満州・内蒙古の優越権・統治権、ドイツが占有してきた鉄道鉱山などの利権、福建沿海の港の租借などを要求するとともに、中国の内乱時には日本の出兵を認めるよう迫るべきと進言しました。この「鄙見」は、のちの二十一カ条要求の青写真となったとされています。内田の怒りは、中華民国に対する厳しい態度となって現れました。

第二革命の失敗、日本への亡命

一方、孫文は再起を期して、第二革命を目指します。袁世凱政権の打倒を目指して決起したものの、軍事的に圧倒され、敗北を喫しました。袁は国会を解散し、議会を停止に追い込みました。そして、中国の伝統的な「帝政」を復活させることで、自らがその頂点に君臨しました。袁は清朝を倒し、自らが皇帝の座に就いたのです。

袁は中国統一を進めるために、集権体制を強化しました。共和制の確立を目指した孫文や宋教仁の構想は、大きく失速することになりました。孫文は台湾経由で日本に亡命し、一九一三年八月九日、神戸に到着しました。

しかし、孫文に対する信頼は、日本のアジア主義者の中で失墜しています。特に内田は孫文に対する嫌悪感を露骨に示していました。しかも日本政府は袁政権への配慮を示し、孫文の上陸を許可しない方針を示していました。窮地に陥った孫文は、救いの手を求めます。

そんな彼を救ったのが頭山満でした。

頭山は「今は袁の世の中であっても、将来は孫の時代が来る」と確信し［頭山二〇〇七：一七二）、古島一雄に依頼して上陸の許可を取り付けました。孫文は直ぐに頭山の自宅を訪問し、謝辞を述べました。そして、頭山の隣家に匿われることになり、再び東京での亡命生活がスタートします。

一九一四年六月、孫文は東京で中華革命党を結成しました。彼は自らに絶対的服従を貫く集団を構築し、軍事革命のための準備を進めました。孫文は早期の議会制導入に否定的な姿勢を示し、憲法発布までの期間は軍政を敷くべきことを強調しました。そして日支提携を訴え、再び日本との協調路線を説くことになりました。

しかし、この路線は反発を招きます。孫文の盟友として追走して来た黄興が、中華革命党への参加を見送ったのです。黄は反民主的な孫文の方針を批判し、距離を取ることにしました。

二十一カ条要求と「日中盟約」

一九一四年七月、第一次世界大戦が勃発しました。日本はドイツに対して宣戦し、大陸におけるドイツ権益の奪取を計りました。日本軍は青島のドイツ軍を攻撃し、約二カ月で膠州湾の租借地を占領しました。

日本は当初、開戦の大義名分として、ドイツに租借地を中国に返還するよう訴え、日本に無償無条件で「交付」せよと迫りました。しかし、自らが租借地を占領した後は、撤兵する様子を見せませんでした。中国は日本軍の撤退を正式に要求しますが、聞き入れられることはありませんでした。

そして、翌年一月、大隈内閣は中国に対して二十一カ条要求を突き付けました。日本の要求は山東利権の獲得、旅順・大連の租借期間の延長、満鉄・安泰鉄道利権の延長、鉱山の採掘権など多岐にわたっていました。

この要求は、内田良平の提言と概ね同様の内容でした。そのため、内田は賛成だと思われたのですが、袁世凱との交渉自体に批判的で、反対の姿勢を示しました。彼は袁政権を相手とせず、革命派や宗社党が権力を握ってから交渉を進めるべきだと説きました。そして、政府の稚拙な外交を批判し、イギリス・アメリカの干渉を招く懸念を示したうえで、「将来容易ならぬ禍根を胎すに至る」と憂いました［黒龍会編 一九六四b：五七六］。

内田が反対した理由は、あくまでも交渉相手とそのプロセスについてであり、内容に関してではありません。二十一カ条要求は、玄洋社・黒龍会が目指していた満州権益獲得という路線と軌を一にしていました。

日本の世論は「ドイツに対する戦果として当然」という声が大半を占めていました。多くの日本人兵士の犠牲の上に獲得した権益は、当然の権利であるという認識が広まり、二十一カ条要求への本質的な反対はごく一部にとどまりました。山東利権をはじめとする満州権益は、日本人の血の代償という認識が、国民の間で強固なものとして共有されていたのです。

走り出した車は止まりません。

二十一カ条要求は中国人を強く刺激し、猛烈な反対運動が巻き起こりました。各地で日貨ボイコットが起きるとともに、武器購入のための救国貯金運動が拡大しました。袁政権が日本の最後通牒に屈すると、その日を国恥記念日とする運動が展開されました。中国ナショナリズムは反日という明確なターゲットを手に入れたことで、民衆レベルへの浸透力を強化させたのです。

一方、東京に亡命中の孫文は、起死回生のチャンスをつかむために、日本への接近を強めていました。この時の孫文は、反日運動よりも袁世凱への対抗を優先していたため、同年二月には二十一カ条要求と大差のない内容の「日中盟約」を結びました。

この「日中盟約」については、その真偽や効力をめぐって議論が続いています。辛亥革命後の「満州租借」交渉と同様、盟約の存在自体を虚偽と見なす中国人研究者もいますが、現在のところ文書は本物の可能性が高いとの見解に落ち着いています。孫文は、再び満州利権を日本に付与することで、資金的援助を獲得しようとする路線を歩み出したのです。この孫文の「揺れ」が、日本人の誤解を助長し、のちに自らの首を絞めることになってしまいます。

拡大する反日ナショナリズム

一九一五年十月、孫文は宋慶齢と東京で結婚しました。この結婚をサポートしたのは梅屋庄吉夫妻で、結婚式は百人町の梅屋邸で開かれました。梅屋は日本における映画界のパイオニア的存在で、生涯にわたって孫文の革命運動を金銭的に支援した人物です。彼が革命運動に費やしたお金は、現在の金額で約二兆円にものぼるといわれています。孫文は世界各地に梅屋のようなパトロンを抱えていました。

一方、中国では袁世凱が帝政の採用を進めたことで、強い反対の声が沸き起こっていました。政権内の有力者の中にも批判者が多く、地方では反対運動が拡大し、複数の州で中央政府に対する独立が宣言されました。この運動は「第三革命」と言われ、最終的には袁に対する大統領辞任要求が出されるまでに至りました。

この流れをチャンスととらえた孫文は、一九一六年四月二十七日、東京を出発し帰国の途に就きました。彼は日本の財界・軍部からの支持を取り付け、多額の資金を調達していました。上海に到着すると態勢を整え、反袁闘争に備えました。

そんな時、思いがけないニュースが飛び込んできます。六月六日に突然、袁世凱が死亡したというのです。中国は軍閥が林立する状態に突入し、混乱に拍車がかかりました。

一九一七年、孫文は北京政府に対抗して広東政府を樹立し、中国に二つの中央政府が存在することになりました。こうして、しばらくの間、北京政府と広東政府がにらみ合う分裂状態が続くことになります。

一九一八年には第一次世界大戦が終結し、中国はドイツ・オーストリアに対する戦勝国となりました。翌年、パリ講和会議に参加した中国は、二十一カ条要求の無効を主張します。しかし、議事は日本に有利に進み、山東利権の回収は困難な状況になりました。中国代表団は、調印を拒否する姿勢を示したのですが、もし本当に拒否してしまえば国際連盟への加盟が認められないという問題があったため、調印に応じることになりました。山東利権については、将来の中国への返還を前提とすることで日本への割譲を認めたのです。

これに怒りの声を挙げたのが中国国民でした。第一次世界大戦の戦勝国になったにもかかわらず、自国の領土の割譲が承認されたことに、多くの国民は納得がいきませんでした。五月に入ると学生を中心に反日運動が激化し、各地で日貨ボイコットやストライキが起こりました。五・四運動の発生です。

中国における反日ナショナリズムはこうして拡大し、定着していきました。多くの国民は満州を自国の領土と認識する身体感覚（「ジオ・ボディ」）を獲得し、それを奪いとる日本への反発が、ナショナリズムとなって噴出しました。彼らは「満州を回復せよ！　旅順・大連を取り戻せ！」と声を上げ、愛国意識を高揚させていきました。そして、領土を取り戻すためには、アメリカやイギリスとの協力を厭わないという姿勢をとるようになっていきました。

しかし、一方の日本人は満州利権を「血の代償」「戦勝の成果」と捉え、当然の権利と考えていました。この背景には、三国干渉の際に味わった屈辱的な思いがあったのでしょう。血と涙を流して獲得した戦果を、そう簡単に手放すわけにはいかないという思いが、国民の間に共有されていました。この感情も「血」という身体感覚と繋がっていたため、容易には払拭することができませんでした。

一九二一年にはワシントン会議が開かれ、再び二十一カ条要求が議論となりました。日本はアメリカへの協調路線から山東利権の返還に応じることになりました。他にもいくつかの要求に応じることになったものの、旅順・大連の統治を手放すことはありませんでした。

一連のプロセスは、頭山満にとって苦々しいものでした。頭山はワシントン会議の実態を日本と中国の引き離し作戦と認識し、アメリカの策謀によって日本と中国が敵対していると考えました。

頭山は言います。

彼等（アメリカ人——引用者）は常に正義人道の偽看板を使つて辣腕を振つて居るが、支那に対する懐柔策など巧みなもので、支那の人心はスツカリ我が国を離れてアメリカや英国に頼らうとして居るではないか。之れは支那としても実に馬鹿げ切つた話ぢや。（中略）今度の会議の結果山東を支那に返すことになれば、之れは日本が支那に返すのではなく、支那とアメリカとにもぎ取られるのぢや［藤本 一九三二：四七四 - 四七五］。

頭山の認識では、中国の反日運動はアメリカの策謀によって引き起こされたもので、問題はそのような策謀にまんまと乗せられている中国人にありました。また、情況に的確に対応できず、アメリカに主導権を握られている日本外交についても忸怩たる思いを持っていました。

頭山に決定的に欠けていたのは中国ナショナリズムへの認識でした。反日ナショナリズムの問題は、あくまでもアメリカに騙されている中国人の未熟さに原因があって、日本の真意を伝えられれば反日活動は停止すると考えていたのです。

頭山は二十一カ条要求の撤廃を訴え続ける中国政府に対して、「日本国民は大正四年の日支条約に対し今後支那が如何なる態度に出づるも断じて其廃棄を許さず」と述べ［藤本 一九三二：四七六］、満州利権の継続を主張しました。さらに中国で続く反日運動については「暴挙」と断言し、排日活動を止めないのであれば「帝国は自衛の為め適宜の処置を取るべき」であると訴えました〔藤本 一九三二：四七六〕。『東亜先覚志士記伝』では、ワシントン会議によって「支那を益々増長させる禍根は其処に養はれ」たと非難し、「隴を得て蜀を望む支那人固有の性癖を発揮させる因を造つた」と回顧しています〔黒龍会編 一九六四b：七八三〕。日本のアジア主義者たちは、この段階に及んでも、中国ナショナリズムを的確に捉えることができませんでした。彼らは満州利権の獲得に固執し、その観点から中国施策を組み立てていたため、必然的に中国ナショナリズムとの衝突を招きました。玄洋社・黒龍会のアジア主義は、中華民国の国民からは帝国主義の別名としか認識されず、侵略的功利主義の権化と見なされるようになっていました。

孫文とアジア主義者の交流は、中国革命への献身的支援を生み出す一方で、中国ナショナリズムへの認識の適正化を阻害する要因としても機能しました。孫文を軸に革命運動を捉えていたアジア主義者たちは、孫文の揺らぎに翻弄される形で、中国ナショナリズムの本流との齟齬を拡大させていきました。孫文への共感は、アジアの独立運動に対する心情的共感を拡大させたと同時に、満州に対する膨張主義へと直結していきました。アジア主義は、孫文の時局的戦略を媒介とすることで、連帯が侵略に転化するパラドクスを抱え込んだのです。

そして、ついに決定的な断絶の時がやってきます。孫文の最後の訪日です。

第十四章
孫文の大アジア主義演説

犬養毅への書簡

一九二三年九月、日本では第二次山本権兵衛内閣が発足しました。この内閣には逓信大臣として、犬養毅が入閣しました。

犬養は、これまで頭山らと共に中国革命を支えてきた政治家です。日本政府が孫文に対して冷淡な態度をとる中、孫文は犬養の指導力に期待しました。日本政府は北京政府を支援し、時にアメリカ・イギリスと共同歩調をとっていました。日本はワシントン体制の枠内で、中国政策を進めてきたのです。

孫文は、犬養入閣によって政策転換が図られることを期待し、「北伐」への支持を求めました。それが同年十一月十六日付で犬養に向けて送った書簡です。この書簡で示された孫文の認識は重要で、のちの「大アジア主義演説」の真意を見極めるためにも、詳細を摑んでおく必要があります。書簡の全文訳は「犬養毅に列強の影響を脱し中国革命の成功を助けるよう求める書簡」と題して岩波文庫の『孫文革命文集』（二〇一一年）に収録されています。以下、この訳文に基づいて、丁寧に書簡の中身を追っていくことにしましょう。

孫文は、まず冒頭で列強の中国政策に対して苦言を呈します。列強は中国の安定と発展を望んでおらず、それが理由で「革命に反対する行動」を取ってきたと批判し、列強に「追随」する日本の政策は「はなはだ失策」だったと指摘します。そして、「今回は先生が入閣されたので、きっと列強に追随する政策を放棄して、独自の路線を追求することにより、アジア各民族の切実な希望を叶えられるでしょう」と犬養への期待を述べました〔孫文二〇一一：三二九〕。

孫文は、日本政府がアメリカ・イギリスと連帯するのではなく、アジアの独立を支援すべきだと説きます。

もし日本がアジアを支援することを志し、ヨーロッパ的帝国主義の尻馬に乗ることをやめれば、アジア民族はみな敬慕・尊崇することでしょう〔孫文二〇一一：三三〇〕。

孫文は近代日本の歩みを讃えます。日本が列強と肩を並べ、帝国主義に対抗したプロセスを評価し、アジアの諸国民は「みな日本を亜細亜の救世主と見なしたのです」と礼賛しました。

しかし、日本が次第に帝国主義化し、朝鮮を植民地支配したことを厳しく断罪します。

なんと日本には遠大な志も高尚な策もなく、ヨーロッパの侵略的手段を真似ることしか知らず、ついには高麗〔朝鮮〕を併呑するという行動に出たため、アジア全域の人心を失うことになったのは、まことに残念であります［孫文二〇一一：三三二］。

孫文の日本批判は続きます。彼は朝鮮に独立を与えるべきことを訴え、アジア諸国の信頼を取り戻すべきだと主張します。そして、もし朝鮮支配を手放すことができなければ、「アジアの人心」はソ連へと向かっていくだろうと予測し、「これは断じて日本の利益ではありません」と諭します。

孫文は、今後の世界の争いを「公理」と「強権」の対立という構図で捉えます。つまり、反植民地ナショナリズムと帝国主義の対立こそが、今後の世界を左右すると言うのです。もちろん、アジアの大半の国は「強権を排除しようとする者」です。これからのアジアの民は、ヨーロッパの被抑圧者とも連帯して、「横暴な者を排除しようとするはずです」。

問題は日本です。日本は、「公理」の側に立つのか、「強権」の側に立つのか——。孫文は端的に問います。

日本のみが未知数ですが、抑圧された者の友となるのでしょうか、それとも抑圧された者の敵となるのでしょうか［孫文二〇一一：三三三］。

もちろん孫文は「抑圧された者の友」となるよう促しています。そして、その役割を、犬養に期待しました。

彼はつづけて言います。

私は山本［権兵衛］内閣において、先生の志が行われうるか否かによって、これを判断しましょう。もし先生が志を実行できれば、日本は必ず抑圧された者の友となり、すると再び世界に起こる大戦争に対して、準備をせねばなりません

［孫文二〇一一：三三三］。

では、孫文が考える「準備」とは、いかなるものだったのでしょうか。

第一は、日本政府が中国革命の成功を援助することだと言います。列強と手を切り、広東政府による中国統一に手を差し伸べることこそ、日本の果たす役割だと強調します。

孫文は中国ナショナリズムが反日という姿をとる原因を、日本の施策に見出しました。日本は常に列強の顔色ばかり窺い、行動を共にしてきたため、中国人の反感を買ってきたと言います。そして、その政策を転換する仕事こそ、犬養の果たすべき役割であると強調しました。

何事も列強のお先棒を担いでいるために、支那の志士が日本を恨むこと、列強に対するより甚だしくなってしまったのです。

今は幸いにも先生が入閣され、必ずや日本の従来の失策と、むやみと列強に従う主張を一掃することができましょうが、その最も重要なのが、支那の革命事業に対してでありますǀ［孫文二〇一一：三三四］。

孫文曰く、中国革命は「ヨーロッパ帝国主義に死刑を宣告する前兆」です。日本政府がこのことを理解せず、中国革命に反対するのは「なんら自殺と異なりません」。明治維新は中国革命の「原因」であり、中国革命は明治維新の「結果」に他なりません。本来は両者が一連のものとして、東アジアの復興を成し遂げるのです。

そして、第二に「日本は「ソビエト・」ロシア政府を承認すべき」であり、「ロシアとの親善」こそ、日本の生き残る唯一の道だと言います。孫文は「ソビエト主義」を「孔子の説くところの大同」だと論じ、ソ連を敵と見なすべきでないと力説しました。彼は、列強の中国介入を退けるために、日本とソ連との連携を模索していました。両国が北伐を支援すれば「一つの中国」が実現し、日中ソの連帯によって欧米勢力を排除できると考えたのです。このような孫文の構想は、中国近代史研究者の高綱博文などが指摘するように、ワシントン体制に対する批判であり、東アジアに新しい国際システムを創出しようというものでした［高綱 一九九二］。

以上のような書簡の主張は明確です。孫文の訴えのポイントは、①欧米列強によるワシントン体制を打破し、②日中ソの連携によって東アジア新秩序を構築すること、③日本政府は欧米と手を切り、広東政府主導の中国統一を支援すること、④そのためには日本が帝国主義路線を改め、朝鮮支配を放棄し、アジア諸国の独立ナショナリズムをサポートすること、にありました。

この書簡を受け取った犬養は、返事を送りませんでした。しかも、山本内閣は翌年、虎の門事件の責任を取って総辞職し、犬養も閣僚の座から退くことになりました。孫文が期待した中国政策の転換は、実現しなかったのです。

「日本国民に告ぐる書」

孫文は落胆しました。しかし、そんなことであきらめるわけにはいきません。彼は日本とソ連の協力を取り付けようと画策し続けました。

一九二四年九月、孫文は広東政府の総参謀長・李烈鈞を日本に派遣し、日中ソ連携の可能性を模索しました。しかし、なかなか日本政府の関係者は首を縦に振りません。広東政府に対する支援についても、色よい返事を得ることはできませんでした。

そんな時、孫文にチャンスが巡ってきます。孫文を広東から北京に迎え、新政権を樹立したいという要請が舞い込んだのです。彼は中国統一を実現するため、北上する決断を下します。

彼はその道すがら、日本に立ち寄ることにしました。日本の要人に直接会うことで共感を呼び起こし、自らへの支持を獲得しようと考えたのです。彼は日本の有力者に電報を送り、神戸での面会を求めました。

孫文は、訪日するにあたって大きな懸案を抱えていました。それは二十一カ条要求撤廃と旅順・大連返還についてです。彼は、いまのタイミングで日本に訴えるべきか否か、思案しました。孫文は、諸外国に対して一切の不平等条約の撤廃を求めていました。もちろんその対象には、日本政府も含まれます。一切の不平等条約ですから、二十一カ条要求もその中に含まれるはずです。

孫文の訪日が知らされると、彼が日本に対して二十一カ条要求撤廃・旅順・大連返還を要求するのではないかとの憶測が広まりました。孫文は出国前、上海から大阪毎日新聞の記者に宛てて電報を打ち、「声明」を発表しました。これが「日本国民に告ぐる書」といわれる文章です。

彼は次のように述べました。

> 一部では余が日本に対して廿一箇条の撤廃、遼東半島還付の意志を有してゐると伝ふるものがあるやうであるが現在における余は未だこれらの問題に対して何等具体的の考を有してゐない、何れ北京到着の上民会議を招集し大いに国論に聴いて最善を尽す筈である（『大阪毎日新聞』一九二四年十一月二十二日）。

孫文はきわめて微妙な言い方をしています。二十一カ条要求撤廃と旅順・大連返還について、今は具体的な考えを持っているわけではないけれども、北京に到着したら国民会議を招集して、広く意見を聞きたいと言っているのです。

不平等条約の撤廃を訴えていた孫文としては、当然、日本の満州利権の返還を求めたいという思いを持っていたでしょう。しかし、そのような要求をいきなり日本にぶつけると、強い反発が返ってくることが予測されました。そこで、まずは朝野の要人たちと面会し、様子を探ったうえで、理解者を増やしていこうと考えました。この時の訪日は、近い将来の返還要求に向けた足場固めであり、基盤を整えたいという意図があったと推察されます。

ただ、このような要求は、旧知のアジア主義者たちには言い出しにくい話題でした。なぜならば、かつて革命への支援と引き換えに満州を日本に付与してもいいという構想を伝えていたからです。しかも第二革命失敗後の亡命時には、袁世凱打倒を優先して「日中盟約」を結び、実質的に二十一カ条要求を容認していました。過去の言動が自らの首を絞めることになったのです。

しかし、中国ナショナリズムを背景に国家統一を目指す孫文としては、避けて通ることのできない課題でした。何とかして現状への理解を求め、不平等条約の全面撤廃を進めることが、新生中国の指導者としての使命でした。

ここで孫文が頼りにしたのが、犬養毅と頭山満でした。特に頭山は、これまでも孫文を窮地から救い、過去の経緯やわだかまりを超えて支援してくれた相手でした。孫文は、頭山なら今回も味方に付いてくれるのではないかという期待を胸に、日本に向かったと推察されます。頭山が中国ナショナリズムへの理解を示し、政府要人やアジア主義者への説得を試みることを、孫文は望んでいました。

最後の来日

一九二四年十一月二十二日、孫文は上海を出港しました。この日、彼は船上で大阪毎日新聞のインタビューを受けました。その内容が、翌日の新聞に掲載されています。

孫文は、次のように語りました。

> 日本として一番偉いと思ふことは同じく東亜に位し同じく東亜民族でありながら他の国に率先して進歩を図り遂にこれをなし遂げた事だ、同時に悪い点もそこにある、強くなつてから自分が東洋の一国であり、東洋の民族であることを忘れることがある、或る田舎の人が都会に出て自分が田舎者であることを忘れ無暗に都会の貴族とばかり交際するのと似た所がある（『大阪毎日新聞』一九二四年十一月二十三日）。

孫文は、日本の近代化を高く評価しながら、東洋の一国であることを忘れて欧化する姿を批判しています。彼は日本に対して、アジア人であることの自覚を促しています。ここに日本の帝国主義化への懸念と批判を読み取ることができるでしょう。

重要なのは、この後です。孫文は続けて、次のように言いました。

露国は革命後支那に利権を返還した、支那国民はこれを多としてゐる、もし日本の対支態度が露国と同様であつたら支那国民は非常な好感情を持つであらう、露国は帝制時代において支那の領土併呑の野心を持つてゐてすべては併呑政策の下に行はれたが革命後の露国の支那に対する政策は今までの併呑政策を棄て支那の人心を得ようと努力してゐる、人心を得る事は領土併呑よりも余程尊いものだ、有形的物質的利益を捨て無形の貴重なる理想を得るのだ、日、露、支三国同盟は我党（国民党）の主張である、我等はこれが実現を希望して已まない、これが出来れば英、米の東方に対する跋扈を制する事が出来る（同前）。

孫文は、ソ連を引き合いに出すことで、間接的に利権と領土の返還を訴えています。日本が返還に応じれば、中国国民は「非常な好感情を持つであらう」と語り、中国人の人心を得るためにも返還を進める必要があることを説いています。さらに日中ソの

「三国同盟」によって英米のアジア進出を阻止するプランを披露し、共感を得ようとしています。孫文の新東アジア秩序構想は、犬養に書簡を送った時から変わっていません。満州利権の返還についても、日本に求めたいという意思をさりげなく示しました。

十一月二十三日、船は長崎に到着しました。そして翌二十四日、孫文は神戸に入り、記者団のインタビューに答えました。

孫文は言います。

若し不平等条約を撤廃せば目前に日本の不利益を蒙《こうむ》ると思ふものがあらうがそれは近眼者の説である。例へば関税問題に見ても中国が自由に関税を処理せば目前では日本が不利益とならうけれどもこれに依つて日支の経済同盟……関税同盟も出来、両国間の直接間接に□《ママ》益を受けること甚だ大であることは明かである、この利益は今日の百倍乃至一千倍とならう故に結論として日本は今日の支那に存在する不平等条約撤廃を実現されることに努力されん事を切望するものである。

（『中外商業新報』一九二四年十一月二十五日）。

孫文は不平等条約撤廃について日本人に要望しているのですが、関税問題に言及するだけで、微妙な満州利権問題には触れていません。慎重に日本人の反応を探ろうとしている様子が窺えます。

さて、問題は日本の要人との会見です。この時は、特に犬養・頭山との会談が実現するかどうかが重要でした。

二人に対しては、上海から電報を送り、面会希望を伝えていました。しかし、犬養は神戸に現れず、代理の古島一雄が訪問しました。他の有力政治家も同様で、孫文との会見を露骨に避けました。盟友だった宮崎滔天は約二年前に亡くなっており、もうこの世にはいません。

問題は頭山です。政界・民間に広く影響力を持つ頭山との会談が、孫文にとって頼みの綱でした。

神戸での会談

電報を受け取った頭山の周辺は、孫文が東京を訪問するとばかり思っていました。そのため、歓迎会の準備を進め、到着を待ちました。しかし、孫文からは神戸で会いたいとの連絡が入ります。これが最初の躓きでした。「東京まで来ないで、神戸へ呼び寄せるとは怪しからぬ」と言って憤慨する者が多く、「感情問題を惹き起し」てしまったのです。頭山は気にする素振りもなかったようですが、出発の腰を上げることはありませんでした〔藤本 一九三二：五一九〕。

孫文が神戸に到着した二十四日になっても、頭山は動こうとしません。「今日は一寸手離しがたい事があるから行けぬ、…代理の者が神戸に行つて居るから、それから何とか云つて来るだらう」と言ったまま、自宅に留まりました〔藤本 一九三二：五一九〕。

問題はこの時の内田良平の動きです。彼は大阪に滞在中で、神戸の目と鼻の先にいました。しかし、前述の通り、内田は孫文に対して深い不信感を抱いていました。彼は満蒙独立運動を支援し、孫文とは一線を画していました。

内田は「孫が昔日の言質たる満蒙問題に関し、特に頭山から駄目を押して置いて貰ふ必要があると考へ」〔黒龍会編 一九六四b：七六九〕、「是非今夜お立ちを乞ふ」という電報を送ります〔藤本 一九三二：五一九〕。内田は、かつての孫文との「約束」を突きつけ、満州利権返還に応じる大義がないことを伝えようと考えたのです。孫文に反発し、没交渉になっていた内田は、頭山に思いを託し、孫文の要求を制しようとしました。

連絡を受けた頭山は、一転して準備を始め、午後七時東京駅発の特急に乗りました。途中、別の貨物列車の脱線事故があり、静岡で立ち往生したものの、翌二十五日の午後、約七時間遅れで神戸・三宮に到着しました。頭山はその足でオリエンタルホテルに向かい、孫文と約一〇年ぶりの再会を果たしました。

この時の様子を、同行した東京朝日新聞記者の藤本尚則は、次のように記しています。

緊張した無髯の顔、身には質素な黒の支那服を纏《まと》うた孫氏が、ツカ〳〵と翁の前に進み、兵隊の「気を付け」式の姿勢を取り、鞠躬如《きっきゅうじょ》たる面持ちで翁の手を固く握り占めながらに三度叩頭した態度は、無言の歓喜そのものであつた〔藤本一九三一：五二二〕。

頭山が孫文の無事を喜び、「久しぶりにお国の形勢も段々よくなる時機に向ひ、何よりです」と話すと、孫文は神戸まで足を運ばせた非礼を詫び、感謝の意を伝えました。

孫文は、国際関係の将来について語り始め、頭山と意見交換を行いました。そして、「支那が従来諸外国との間に結べる旧条約を一切撤廃すべき希望を力説」しました。

その場に緊張が走りました。頭山の周りには、孫文の旧条約撤廃希望に「日本が満蒙に於て有する特殊権益の要望を含んでゐないか」を憂慮する者が多くいたからです。

頭山は口を開き、「一本の大きな釘を打」ちました。

同地方（満州—引用者）に於ける我が特殊権の如きは、将来貴国の国情が大いに改善され、何等他国の侵害を受くる懸念がなくなつた場合は、勿論還付すべきであるが、目下オイソレと還付の要求に応ずるが如きは、我が国民の大多数が承知しないであらう〔藤本 一九三二：五二五〕。

この言葉を側近が翻訳すると、「孫氏の顔面」は「異常に緊張」したといいます。孫文の希望は崩壊し、「匙を投げ」るしかなくなりました。彼は「今夜はどうか一晩だけでもこのホテルにお泊りを願ひたい」と語り、この日の会談は終了しました。

頭山は満州利権について、将来中国が安定すれば返還すべきであるが、いまの状態で返還に応じるのは「我が国民の大多数が承知しないであらう」と言いました。頭山もやはり満州利権還付については否定的で、国民も同様に支持しないだろうとの見解を表明したのです。

日本国民にとって、満州利権は日露戦争・第一次世界大戦などで流した「血の代償」であり、ソ連に対する対抗政策上の理由からも、そう簡単に返却に応じることはできませんでした。頼みの綱の頭山から釘を打たれた孫文は、要求を限定することにしました。

翌日、彼は頭山に懇願しました。

此際特に二つの問題を支那の為に御尽力を御願ひしたい。第一は治外法権の撤廃と第二は税権の独立である〔藤本 一九三二：五二七〕。

これに対し、頭山は「意を諒とし」たと言います。一方の孫文は、藤本から満州利権について尋ねられると「一般的に旧条約の撤廃を望むのであつて、旅順大連の回収等といふ所までは考へてはゐない」と答えました。「治外法権撤廃」と「関税自主権回復」についての合意を取り付けられたものの、満州利権の返還については、しばらくの間、断念せざるを得ないと認識したのです。

ここで二人の会談は終了しました。孫文は謝辞を述べ、握手を交わした後、ホテルの玄関まで見送りに行きました。頭山は用意された自動車に乗り、その場を立ち去りましたが、この時が二人の最後の別れになりました。翌年、孫文が北京で亡くなるからです。

前年の犬養書簡に記したように、孫文は日本の朝鮮支配に対しても批判的でした。この時、朝鮮の新聞『東亜日報』からの取材で、記者から孫文の唱えるアジア主義が朝鮮問題に抵触するのではないかと質問を受けると、次のように答えました。

もちろん両立し得ない。しかし、日本では朝鮮問題を徹底的に論じることは回避しようと思う［陳・安井 一九八九：一〇二］。

孫文は、ここでも主張を封印し日本の要人との対立を回避しようとしました。そして、自らの「大アジア主義」が、日本の帝国主義と「両立し得ない」ことを認めつつ、その批判を表に出さないよう努めました。

孫文は頭山に釘を打たれたことで、言動の内容に注意を払いました。日本と連携しながら中国統一を進めていきたいと考えていたものの、その日本の帝国主義的側面に対する懸念と疑念を払拭することはできず、さりとて不満をダイレクトにぶつけることもできない引き裂かれた立場に置かれることになりました。

この苦境を生み出した一因は、過去の自らの発言にもありました。支援の見返りとして満州利権を付与すると「約束」したことが、玄洋社・黒龍会の拡張主義に正当性をあたえてしまったのです。

日本のアジア主義者は中国ナショナリズムを認識しようとせず、中国情勢が不安定であることを理由に、満州への膨張主義を肯定しました。彼らにとっては、孫文への支援というアジア主義が、満州利権獲得という帝国主義と同一化し、切り離すことができなくなっていたのです。孫文は、日本の野心を利用し、巧みに支援を引き出そうとしてきたのですが、いざ中国統一の中心に立つ段になると、日本の満州利権が厄介な対象になってきました。時局の変化の中で構築された孫文と日本のアジア主義者の微妙な関係が、日中間の亀裂を深め、決定的な認識の相違を生んでいったのです。

孫文の胸の内では、約一年前に犬養に投げかけた「抑圧された者の友となるのでしょうか、それとも抑圧された者の敵となるのでしょうか」という問いが湧き上がったことでしょう。日本に対して、帝国主義化をやめよと言いたい気持ちもあったでしょう。しかし、何とかして日本政府との連携強化を進めたかったため、露骨な批判を飲み込まざるを得ませんでした。

このような状況で行われたのが、かの有名な「大アジア主義演説」だったのです。

大アジア主義演説

十一月二十八日、孫文は県立神戸高等女学校で講演を行うことになりました。演題は「大亜細亜問題」。二〇〇〇人ほどの聴衆が、講堂を埋め尽くしました。この年は、アメリカで移民法改正により日本人移住が禁止されたため、反米感情が高揚していました。世論はアジアへのシンパシーを強め、孫文は熱狂的な歓迎を受けました。

孫文はまず、アジアが「最古の文明の発祥地」であり、高い文化を保持していたことを強調します。ヨーロッパ文化も元をたどればアジアから発生したものであり、哲学・宗教・倫理・工業のいずれをとっても、アジアは高いレベルにありました。

しかし、この数百年間にアジアは衰え、ヨーロッパが台頭してきました。すると、ヨーロッパ諸国はアジアに侵入し、次第に制圧していったのです。この危機を突破し、再び復興のきっかけをつくったのが日本でした。日本は欧米との間の不平等条約を撤廃し、アジアに勇気をもたらしました。「日本が不平等条約を撤廃した日が、我々全アジア民族の復興の日だったのです」［孫文二〇一一：四三二］。

さらに日露戦争における日本の勝利は大きなインパクトを与え、アジアに希望の花を咲かせました。「日本がロシアに勝利した日から、アジアの全民族がヨーロッパを打ち破ろうとして、独立運動が発生しました」［孫文二〇一一：四三四］。

ここまでは目前の日本人に対するリップサービスを含む内容です。日本との連携を築くために、世論の後押しを得たいと考えていた孫文にとって、熱を帯びる大観衆に支持される必要がありました。

孫文はこの後、講演の核心部分に入っていきます。ポイントは「王道」と「覇道」の二分法です。

彼はヨーロッパの近代文化を「覇道」と見なし、批判します。覇道は「科学の文化であり、功利を重んじる文化です」。覇道は物質文明のみを生み出し、「単なる武力の文化となりました」。この武力によってアジアを圧迫し、アジアの進歩を妨げ、他者を制圧してきました。覇道の大きな問題は「武力で他者を圧迫する文化」であることです。「我が東洋は従来、覇道の文化を軽視してきました」〔孫文二〇一一：四三七〕。一方、「王道」は「仁義・道徳」に基づく文化で、他者を圧迫するのではなく、感化することを本質としています。政治は「徳を慕わせる」ことで進められ、「他者に〔自己の〕威勢を恐れさせる」ことで支配することはありません。「アジアの文化は王道の文化であります」〔孫文二〇一一：四三七〕。

孫文は、「覇道」が世界を覆っていることを問題視し、アジアの精神文化に基づく「王道」によって世界を包み直すべきことを訴えます。彼にとっての「大アジア主義」は単なる政治的連帯ではなく、物質文化を超えた「仁義・道徳」の王道文化に他なりませんでした。そして、アジア諸国は王道を取り戻すために「固有の文化」に回帰する必要があります。個別的な民族文化を基礎とすることでアジアの本質に繋がり、ヨーロッパの文物を取り入れながら近代を超克していくのです〔孫文二〇一一：四四一－四四二〕。

孫文は「王道」の実例として、ネパールと中国の関係を論じます。ネパールは隣国インドがイギリスの植民地になっても朝貢に行かず、逆に手当をもらっています。一方、中国に対しては、国家の地位が没落しても「上邦として拝しています」。

現在イギリスは強盛で、優れた物質文明を持っていますが、ネパールは相手にしません。このことから、ネパールが真に中国の感化を受け、中国の文化こそ真の文化だとネパールは見なし、イギリスの物質文明は文化だと見なさず、覇道としか考えていないことがわかります［孫文二〇一一：四四〇］。

この部分については、南方熊楠から教示を受けた内容を参考にした可能性があります。熊楠自身が孫文の演説内容を新聞で読んだとき、「神戸かどこかで王道を説きし時、支那帝国の徳望が今もインド辺に仰がれおる由を演べたるが、これは小生がかつて孫に話せしことを敷衍せる」と述べているからです［南方一九七一：一一五］。

これは熊楠の一方的な記述のため、真相を確かめることはできません。しかし、孫文による思想的アジア主義の表現が、熊楠との思想連鎖の上に成立していたとすれば、大アジア主義演説は重要な意味を持ちます。孫文の「王道」論は、若き二人の東洋人青年がロンドンの片隅で交わした英知の延長にあったのかもしれません。

この後、孫文はソ連を高く評価し、「王道」国家として賞賛します。彼は、ソ連をアジアの一員と捉え、「仁義・道徳」に基づく体制だと見なします。

ロシアの最近の新文化は、わが東方の旧文化に極めて合致するので、この国は当方と手を携えて、西方と袂を分かとうとするのであります。ヨーロッパ人は、ロシアの新たな主張が彼らに同調しないで、このような主張が成功して、彼等の覇道を打ち破ることを恐れ、それゆえにロシア［の主張］が仁義・正道だとは言わず、むしろこれが世界に対する反逆だと非難するのです［孫文二〇一一：四四五］。

この発言は日中ソ連携論に基づいており、ソ連に対する日本人の認識を改めたいという思いが表れていると言えるでしょう。

最後に孫文は、アジア主義は「どんな問題を解決すべきなのでしょう」と問いかけ、次のように述べています。

それは、アジアの苦痛を嘗めている民族のために、どうすればヨーロッパの強盛な民族に抵抗できるのかという問題です。簡単に言えば、圧迫されている民族のために、弱者の味方をするという問題であります［孫文二〇一一：四四五］。

孫文は日本に対して、アジア主義を掲げるのであれば、圧迫されているアジアの側に立って欧米列強に抵抗すべきだと訴えました。この主張の含意するところは明確でしょう。日本は弱者の側に立っておらず、ヨーロッパの側に立ってアジアを苦しめているではないかという批判です。彼は日本が不平等条約改正に成功し、日露戦争に勝利を収めてアジアの希望となったにもかかわらず、欧米にすり寄ることで弱者の敵となっているという批判を展開したのです。

孫文は次の一文で、演説を締めくくりました。

弱者の味方をするという文化は、覇道に反逆する文化であり、あらゆる民衆の平等と解放を求める文化なのであります〔孫文二〇一一：四四五〕。

ここでも直接的な表現を控えながら、日本を牽制するメッセージを発しています。日本は「弱者の味方」をすることによって「覇道に反逆」し、「あらゆる民衆の平等と解放を求める」べきであると述べているのです。

かつて、この演説は「反日本帝国主義なのか、日支提携論なのか」という解釈をめぐって論争が行われましたが、孫文の意図はその両方にあると考えるのが自然でしょう。彼は、日中ソ連携を模索しつつ、帝国主義化する日本に態度を改めるよう迫ったわけで、AかBかという二分法的な論争は不毛だと思います。

「王道」か「覇道」か

問題は、この先です。実は、後日公開された演説原稿は、これで終わっていません。

次の一文が加えられているのです。

あなたがた日本民族は、欧米の覇道文化を取り入れた上に、アジアの王道文化の本質をも持っていますが、今後は世界文化の前途に対して、結局のところ西方覇道の手先となるのか、それとも東方王道の防壁となるのか、それはあなたがた日本国民の、詳細な検討と慎重な選択に懸かっているのです［孫文二〇一一：四四五 - 四四六］。

この一文は、演説翌日の新聞には掲載されていません。内容のほぼ全文を掲載した大阪毎日新聞にも、この文章は見当たらず、演説を聞いた人たちの感想にも、一切登場しません。

中国近代史研究者の安井三吉は、この部分については活字化して発表される際に書き加えられたと主張し、実際の演説では語られなかった理由を孫文の「自主規制」に求めました。そして、自主規制の背景の一つとして、頭山との会談があったのではないかと指摘しました［安井 一九八五］。

私も安井の見解に概ね賛成です。孫文は演説の中で、日本のナショナリズムに最大限の配慮を示しつつ（時にリップサービスを交えつつ）、間接的に日本帝国主義を批判しました。孫文には、日本の世論の支持を獲得し、日本政府の承認を得る形で統一中国の新政府を運営したいという思いがありました。可能であれば、統一に向けて不平等条約の撤廃を迫り、満州利権の返還に向けた合意を取り付けたいという考えがあったのですが、頭山との会談で釘を打たれたため、踏み込んだ発言は控えることにしたというのが実情でしょう。

しかし、日本を離れ、活字化する文章に手を入れる段階になった時、より踏み込んだ一文を最後に挿入することで演説の趣旨をクリアにしたいという思いが湧いたのだと推察されます。日本に対して「王道か、覇道か」という選択を迫ることで、帝国主義化を牽制する意図があったのでしょう。

この演説はのちに大きく歪曲され、日本の大東亜共栄圏建設のイデオロギーに利用されます。その代表が平野義太郎《よしたろう》です。

彼は一九四五年に『大アジア主義の歴史的基礎』を出版し、孫文のアジア主義を「日本の唱道する大東亜共栄圏へ発展する原理をもつ」と位置付けました。これに対して、竹内好は平野を「国策便乗の思想家」と規定し、「このような史料の偽造は、それがアジア主義と無縁であるばかりか、そもそも思想とか学問とかの名に値しないものである」と批判しています〔竹内 一九九三：二九九〕。

孫文の「大アジア主義」演説は、独り歩きすることになり、岡倉天心の「アジアは一つ」という言葉と共に、政略的アジア主義に利用されることになりました。もちろん演説直後の孫文は、そのようなことになるとは思いもしなかったでしょう。彼は十一月三十日に神戸を出発し、十二月四日、天津に到着しました。

その翌日、大阪毎日新聞記者のインタビューに応じた彼は、次のように語っています。

日本は世界の三大強国と誇つてゐるけれども思想その他の方面において儘《ことごと》く後塵を拝しつつあるではないか、これは日本人が脚下の亜細亜を忘れてゐるためであつて日本はこの際速かに亜細亜に帰らねばならぬ、而して第一着手に先づ露国を承認すべきだと思ふ（『大阪毎日新聞』一九二四年十二月九日）。

孫文はここで日本に対して、はっきりと「亜細亜に帰らねばならぬ」と注文を付けています。久しぶりに訪日した孫文の目には、日本がアジアから乖離してしまっていると映ったのでしょう。その思いは頭山満にも伝わらず、旅は大きな成果を上げることなく終わりました。

孫文は、帰国の船中で体調を崩し、天津で療養します。しかし、この時すでに体は癌に侵されていました。

翌一九二五年三月十二日、孫文は亡くなります。日本を離れて約三カ月後のことでした。最期の言葉は「革命なお未だ成功せず、同志よって須く努力すべし」。孫文とアジア主義者の交わりは、ここに終わりました。残されたのは、日中間の深刻な亀裂と修復不可能になった相互不信でした。

第十五章
来日アジア人の期待と失望

ファン・ボイ・チャウと東遊運動

一九〇五年の初め。日露戦争が続く最中に、日本に渡ってきたヴェトナムの革命家がいました。

ファン・ボイ・チャウ。

近代ヴェトナムを代表する独立運動の志士です。当時のヴェトナムはフランスの植民地支配下に置かれていました。チャウはフランスの統治を根本的に否定し、武力による闘争を展開しようと画策していました。

しかし、チャウの手元には十分な武器がありませんでした。近代的な武器はすべてフランスによって厳重に管理されていたため、彼らが国内で入手することは困難でした。

そこでチャウが目をつけたのが日本でした。彼は日本政府に軍事的支援を要請し、ヴェトナムの同志と連携することで、フランスによる支配の打破を企んだのです。

しかも当時の日本は日露戦争を優位に展開していました。フランスとの戦いを志向するチャウにとって、強国ロシアと互角以上の戦いを進める日本は、どうしても手を結んでおきたいアジアの同志でした。日露戦争を戦う日本は、チャウの目に「アジアの希望」と映ったのです。

チャウは中国人商人に扮装しながら上海にたどり着き、そこから船で横浜に渡りました。そして早速、横浜中華街で日本滞在中の中国人革命家・梁啓超《りようけいちよう》と面会しました。

チャウは梁に対して、日本から軍事的支援を受ける計画を相談しました。しかし、梁の反応は思わしくありません。梁はチャウの計画の困難さを説き、ヴェトナム人の人材育成こそが先決であるとの見解を語りました。梁はチャウを大隈重信や犬養毅に紹介し、日本の要人たちとのパイプ作りをサポートしました。

大隈・犬養と面会したチャウは、再び自説を語り、軍事的支援を要請しました。しかし、大隈も色よい返事をしません。彼も梁と同じで、ヴェトナムにおける独立運動の人的脆弱性を見抜き、国内の人材育成と組織の拡大こそが先決であるとの見方を示しました。

チャウは悩み込みます。

――自分の構想は稚拙だったのか。やはり拙速な軍事行動は上手くいかないのだろうか。

彼は徐々に日本での見聞を広め、自らの構想の限界を思い知ります。彼は当初の軍事的支援の道を一旦断念し、フランスに対抗しうるヴェトナム人の人材育成の道を切り開こうと考えました。

チャウは、ヴェトナムの有望な若者を日本に留学させ、近代的学問や軍事技術の習得を通じて独立闘争の勢力を確固たるものにしようと考えました。彼は自らを吉田松陰《しょういん》になぞらえ、新しい時代を切り開く人材育成こそが自らの使命であると認識するようになりました。

チャウは早速ヴェトナムに帰国し、優秀な若者に対して日本への留学を奨めました。彼は同志と連絡を取りつつ、三人の若者を連れて日本に戻ります。この三人の来日が、ヴェトナム人の日本留学運動＝東遊運動のスタートでした。

この後、チャウが書いた日本留学を奨励する文書（『勧国民資助遊学文』）が出回ると、多くの若者がこれに希望を持ち、次々と渡日を始めました。こうして東遊運動は、日露戦争の後のヴェトナムで大きな潮流となっていったのです。

アジアの「公敵」へ

チャウは、日本でヴェトナム独立のための結社を創立します。越南維新会。「越南」はヴェトナムの漢字表記で、「維新」は明治維新からとった名称でした。

チャウは、越南維新会を基盤に、活動のネットワークを広げていきます。そして、日本との連帯を目指し、言論活動を行いました。

チャウは言います。

――日本とヴェトナムは「同文同種同州」（同じ漢字を使い、同じ人種で、同じアジアの国）の親密な関係にあり、日本は苦境に陥ったヴェトナムの民を救援する「義理」がある。また、フランスとロシアが露仏同盟で結び付いている以上、ロシアと敵対する日本はヴェトナム人民と手を結び、フランスの脅威と対峙すべきである、と。

彼はヴェトナムの独立を、日本との連帯によって実現しようと考えました。そのためには、日本にヴェトナム人留学生を送り込むことで文明を吸収し、また両者の関係を深化させることで大敵フランスに対抗しようと考えたのです。

しかし、彼の構想はもろくも打ち砕かれることになります。

そのターニングポイントは一九〇七年六月。日仏協約の締結でした。日本はフランスとの間に協約を結び、相互の東アジアにおける権益の尊重を約束しあったのです。

チャウにとって、この日本の行動は「敵対行為」以外の何ものでもありませんでした。日本はフランスのアジアにおける既得権益を認め、ヴェトナムの植民地支配を容認しました。これはチャウにとって、大きな衝撃でした。

さらに当時の日本は、韓国に対する高圧的な姿勢を強め、権益を拡大していました。アジア諸国を欧米の支配から解放する盟主と捉えられていた日本は、一転して欧米の側に立つアジアの帝国主義勢力としての姿をむき出しにし始めたのです。チャウにとって、日本は盟友から公敵へと転換することになりました。

フランスと手を結んだ日本は、フランス政府からの要請で東遊運動の取り締まりを行い始めました。日本政府からの圧迫は加速し、ついにはチャウに対する国外退去命令が出されることになりました。

チャウは憤りました。

——どうして日本はフランス人に迎合し、同じアジア人であるヴェトナム人を抑圧するのか。日本のロシアに対する勝利は何だったのか。単なる帝国主義国同士の権益争いだったのか。

結局、チャウは日本に失望し、敵意を抱いて立ち去ることになりました。その翌年、日本は韓国を併合することになります。

ガダル党の活動

一九〇九年、ファン・ボイ・チャウと入れ替わるように一人のアジア人革命家が日本にやってきました。

M・バルカトゥッラー。

彼はインド人ムスリムで、東京外国語学校のヒンドゥスターニー語（ウルドゥー語）の講師に任用されました。しかし、語学教員というのはあくまでも表の顔で、彼は日本を拠点にイギリスの植民地支配に抵抗する宣伝活動を展開しました。

バルカトゥッラーが属していたのはガダル党という政治組織で、過激な武装闘争をインドの海外から展開する団体でした。彼はガダル党の日本における拠点づくりを担い、東京から『イスラームの同胞』（Islamic Fraternity）という雑誌を刊行しました。

また、彼は玄洋社のメンバーと結び付き、一九一一年には頭山満・河野《こうの》広中《ひろなか》・犬養毅らを発起人とする亜細亜義会の評議員となりました。しかし、この活動はイギリス外務省から目をつけられ、彼は東京外国語学校の講師の職を追われました。

当時の日本は、イギリスとの間に日英同盟を結んでいました。日本はロシアの脅威を共有するイギリスと同盟関係を築き、相互の権益を承認しあっていました。そのため、日本国内でインド人独立運動家が活躍することは難しく、日本政府はイギリス外務省からの圧力に押し切られることが頻繁にありました。日本政府はインド人革命家に対しても、イギリスの立場に立った取り締まりを行っていたのです。

日本政府からの圧力を脅威に感じたバルカトゥッラーは、一九一四年四月に日本を立ち去ります。しかし、ガダル党は日本を拠点とする活動を放棄しませんでした。彼に代わってバグワーン・シンという人物が派遣され、東京での活動を引き継ぎます。

ラース・ビハーリー・ボースの来日

一九一五年六月。

そんな日本に一人のインド人が現れました。

ラース・ビハーリー・ボース。一九一〇年代前半を代表する過激なインド独立の闘士でした。

彼はデリーで起こったハーディング総督爆殺未遂事件などの首謀者で、イギリス官憲から追われる身でした。彼もまた日本からインド国内の同志に対して武器を送ることを目的に、密かに来日したのです。

ボースは当初、偽名を使っていました。彼が日本に滞在していることがばれると、当然のことながらイギリスが彼の身柄引渡しを日本政府に要求することになります。ボースはひたすら自らの素性を隠し、密かに活動を展開していました。

しかし、来日から約四カ月後、イギリス政府はボースが日本に潜伏している事実を突き止めます。そして、あっという間に、彼の潜伏先までも掌握しました。イギリスは同盟国の日本に対して、ボースの逮捕を要求します。しかしこの時、日本政府はなかなか動こうとしませんでした。

時の首相は大隈重信。ファン・ボイ・チャウとも交流を持ったベテラン政治家です。しかも、彼はかつて玄洋社の来島恒喜に命を狙われ、片足を失う大怪我を負っていました。大隈内閣としては、そう簡単にイギリスの要求に応じることはできなかったのでしょう。

ボースは来日直後に孫文と出会い、その交流を通じて頭山満を紹介されました。他にも宮崎滔天らと面識を持ち、日本のアジア主義者たちとのパイプを構築しつつありました。

そんななか、ボースは同時期に日本に滞在していたH・L・グプターと共に、在日インド人を集めた集会を上野精養軒で開催しました。この集会の名目は大正天皇の即位を記念する祝賀会でしたが、実質上はインド独立を鼓舞する反英的な要素の濃いものでした。

集会にはイギリス人スパイが潜り込んでおり、内容はすぐにイギリス大使館に報告されました。報告を受けたイギリス官憲は激怒しました。そして、日本政府に対して最大限の圧力をかけ、ボースの引渡しを要求しました。

日本政府は日英同盟の存続にも関わる事態に直面し、もはやイギリスからの要求を先送りにすることができなくなります。翌日、日本政府はボースとグプターに対して、日本からの五日以内の退去を命じました。

困ったのはボースです。この時、五日以内に国外へ出航する船は上海もしくは香港行きでした。当時の情勢では、上海も香港もイギリスの強い影響下にあり、船の入港とともに逮捕されることが明白でした。この五日以内の国外退去命令は、ボースにとっての実質上の死刑宣告に近いものでした。

ボースは頭山満をはじめ、日本の有力者に命令の撤回（もしくは延期）を懇願します。頭山らはボースの要請を受けて政府に働きかけますが、事態を打開することは困難でした。そんな間にも時間は刻々と過ぎていき、いよいよ退去期限前日の夜を迎えることになりました。

ボースはその日も命令の撤回を求めて手を尽くしていたのですが、打開の緒を見つけることができませんでした。そんな時、ボースのもとに一人の使者がやってきました。彼は「別れの宴をするので、すぐに霊南坂《れいなんざか》まで来てほしい」と告げます。霊南坂は頭山満の邸宅があった場所です。

ボースはグプターと共に霊南坂に向かいました。そして、まずは頭山邸の隣の寺尾邸に入り、宴会の席につきました。

しかし、この宴会は偽装されたもので、頭山を中心とする玄洋社グループによって、ボースとグプターを雲隠れさせる計画が進行していました。

逃走先は新宿中村屋。

この日、玄洋社メンバーの一人が中村屋主人にボースのことを相談し、急遽、空室になっている店内のアトリエに、二人のインド人を匿う計画が持ち上がりました。準備が整うと、ボースとグプターは隣の頭山邸に別れの挨拶のためと称して入りました。外には官憲の見張りがついています。

二人は室内に入るやいなやインバネスを着せられ、帽子を目深にかぶらされました。そして、玄洋社メンバーに先導されながら、裏口から密かに邸外に脱出し、付近に止めてあった自動車で新宿中村屋へ逃走しました。

こうしてボースは九死に一生を得ることができ、難を逃れました。ここからボースの長い日本生活が始まります。

タゴール・ブーム

さて、ボースがやってきた一九一五年には、日本の読書界で一つのブームが起こっていました。「タゴール・ブーム」です。

近代インドを代表する詩人ラビンドラナート・タゴールは、一九一三年にアジア人として初めてノーベル文学賞を受賞し、一躍、その名を轟かせました。日本では受賞後に雑誌で特集が組まれ、徐々に読者を増やしていました。

一九一五年に入ると、タゴール来日の噂が広まり、一気にタゴール・ブームに火がつきました。この年にはタゴール関連書籍が次々に出版され、雑誌もこぞってタゴールを取り上げました。当時、ジャーナリストの黒岩涙香《るいこう》は「タゴールの名は殆んど近頃の流行語となつて、新聞紙を見ても、或は雑誌の広告などを見ても必ず其の名がある」と述べています。

では、このブームのなかで、タゴールはどのように論じられていたのでしょうか。多くの論者はタゴールの中に「女性的なもの」を読み取っています。例えば、作家の吉田絃二郎《げんじろう》は、タゴールの詩を「女性的な情感のほとばしり」と評し、「殊に自然につゝまれた弱々しい乙女心を偲ばせる彼の詩に於いて最も懐しい共鳴を感ずる」と論じています［吉田一九一五］。

吉田にとってタゴールは「自然」的で「弱々しい乙女心を偲ばせる」存在と捉えられています。タゴールは女性的であるがゆえに純真な存在で、「処女的な信徒の詩人」であると評されます。

一方で吉田は次のようにも言います。

彼《か》れの信従《しんじゆう》な生活の奥には、何《ど》うして運命に順従する弱者の心が潜んでゐないだらうか?……恐らく彼れ等《ら》印度《インド》人は彼れ等をつゝむ自然に対して斯《か》やうな疑ひを抱く暇《ひま》はあるまい。彼れ等はたゞ驚き、たゞ嘆美《たんび》しつゝ神の尊大の前に額付《ぬかず》く忍従の生活者である〔吉田 一九一五〕。

ここでは一転してタゴールへのネガティブな見解が述べられています。とにかくタゴールは「運命に順従する弱者」であり、インド人は自然に従順な非文明的存在として捉えられています。しかし、タゴールに代表されるインド人は、近代に到達していないがゆえに、近代人が忘れてしまった高貴さを保持しています。吉田は、そのプレモダン（前近代的）なスタイルを「弱者」と批評しつつ、一方でロマン主義的な憧憬のまなざしを向けています。そこには文明人としての日本人が、未開人のインド人をまなざすオリエンタリズムが潜んでいます。

吉田に代表される日本の知識人たちは、タゴールの中に「高貴なる未開人」を見出そうとしました。タゴールは、未開人であるがゆえに自分たちが失ってしまった「純真さ」を持っており、自然や神と戯れることのできる存在だと、彼らは表現したのです。

このような認識は「男性的で文明的な日本人」に対して「女性的で自然的なインド人」という二分法を作り出し、一方では啓蒙的な視点からタゴールをはじめとするインド人を非文明的な「弱者」と見なしつつ、他方ではロマン主義的な視点から、タゴールのなかに文明に毒されていない「純真」を見出すという構図を定着させました。このアンビバレント（両価的）な視線こそ、日本人がタゴールに向けたオリエンタリズム的まなざしでした。そこでは常に日本人の文明論的優位が確認され、消費されていました。

タゴール、現る

そんななか、一九一六年五月。ついにタゴールが日本にやってきました。タゴールは日本行きの船上で次のように書き記しています。

> 西洋を学ぶことが日本においてどのような形をとるか、これがはっきり現われる時はまだ来ていない。おそらくいまはまだ、東洋と西洋との多くの醜《みにく》い不調和が見られることだろう。わたしたちの国でもまた、それは至《いた》るところに見うけられる。しかるに、自然のはたらきは、不調和なものに調和をもたらすはずである。日本において、この仕事の過程がつづけられていることは疑いない［タゴール 一九

八七：四一七・四一八」。

タゴールが捉えた日本は、西洋と東洋の調和がなされる途上の段階にありました。タゴールの見るところ、その最終的な姿がどのようなものになるかはまだわからず、中途の段階では「多くの醜い不調和が見られることだろう」と予想しています。また、それは自分たちインドでも同様のことであるとし、インドをはじめとする東洋諸国が抱える近代との調和の模索という問題意識をもって日本を観察してみようという意思を表明しています。

タゴールにとって、日本の抱える課題はインドの抱える課題と共通していました。――アジアにとって近代とは何か？　西洋文明とどのような調和のあり方を模索すればよいのか？

その課題は、アジアに共通するものでした。

しかし、タゴールを迎える日本人たちは、アジアにおける日本の優越を疑わず、また日本だけがアジアのなかで文明を獲得しているという意識を共有していました。日本人はタゴールが抱いている問題と自分たちの問題が同じ土台の上にあるとは考えていなかったのです。そこにあったのは、あくまでも文明の側が未開の側をまなざすオリエンタリズムでした。

そのため、タゴール本人が日本に現れても、日本人はタゴールの言葉と真に向き合うことができませんでした。日本人はタゴールに熱狂したのですが、その歓声は「近代の外部からやってきた奇人・聖人」に向けた声でした。

それはタゴール来日を伝える日本の新聞記事に典型的に表れています。タゴールを取材した各紙は、こぞってタゴールの外見に注目しました。

――着衣、そして髪型、長く伸びた髭、彫りの深い顔、大きな目。

記者たちはタゴールの発する言葉よりも、その姿の中にエキゾチズムを見出しました。

この傾向は、タゴールの講演が始まっても同様でした。到着から三日後、タゴールは大阪の天王寺《てんのうじ》公園公会堂で講演を行いました。そこでタゴールは次のように論じました。

　私のやうな他国人が、貴国に上陸して先《ま》づ感ぜざるを得ないことは、日本に近代主義と云《い》ふ堂宇《どうう》が建つて居《い》ることであります。而《しか》して、此《この》堂宇の前に人生と云ふものが、人身《ひとみ》御《ご》供《くう》として供《そな》へられつゝあることであります。之《これ》を換言《かんげん》すれば、日本の外形は決して純乎《じゅんこ》たる日本式ではない。倫敦《ロンドン》や巴里《パリ》や伯林《ベルリン》や亜米利加《アメリカ》の工業中心地等にあるものと、全く同一のものであります（『東京朝日新聞』一九一五年六月五日)。

タゴールの言葉は痛烈でした。彼の目に映った日本は、すでに近代に飲み込まれ、物質文明に対して人生を捧げる様子でした。もはや「日本の外形は決して純乎たる日本式ではない」。ロンドンやパリやベルリン、アメリカの工業地帯と何も変わらないではないかという厳しい批判を投げかけました。

しかし、です。

日本人はタゴールの言葉に耳を傾けませんでした。日本人が消費しようとしたのは、あくまでも容姿や声といった外面的なものでした。新聞や雑誌には大阪での演説を聞いた人たちの感想が掲載されましたが、その多くが「容貌」や「声調」「音声美」を礼賛するもので、彼のメッセージに対峙したものは、ほとんどありませんでした。

この時の状況を、中村長之助は次のように述べています。

　人々の感想を聞いて見ると、朗読の音声が美しかつた、態度が高雅《こうが》であつたといふ。彼等は是《こ》れといふ明瞭《めいりよう》な思想を得たのではなかつた。言はゞ、其風采《そのふうさい》に接して一種の古典的気分を味《あじわ》ふたのである。思想の新《あ》たらしい点には気付かずに済んだ。タゴールは大阪を素通りし、大阪人士はタゴールを素通りさせた［中村一九一六〕。

まさに中村の言う通り、大阪の人たちはタゴールの「風采」を消費しただけで、その思想と向き合おうとせず、彼を「素通りさせ」てしまいました。

タゴール・バッシング

タゴールは、そんな扱いに不満を抱きながら東京へ移動します。そして、六月十一日、東京帝国大学八角大講堂で講演を行いました。彼はここで次のように述べました。

私は日本がその外国より獲得したる物を徒《いたず》らに誇りてその固有の心霊に対する信仰を失つてはならぬことを熱心に希望する。何となればかゝる自負心《じふしん》それ自体が既《すで》に一種の屈辱《くつじょく》にして遂《つい》には貧窮《ひんきゅう》と薄弱《はくじゃく》とに導くものであるからである。其《それ》はその頭脳よりも新しき帽子に一層多くの貯蔵を試みる虚飾者流《きょしょくものりゅう》のなす所の自負心に過ぎない。

私は未《いま》だ日本と親しく接する機会と日本の真相及《およ》びその強点と危険の存《そん》する所について私の意見を作る機会を有《ゆう》せない。私自からの如《ごと》き東洋に属する者にとりては日本の現在の問題とその解決の方法は最も興味のある事柄である。全世界はこの偉大なる日東国民が近代より得たる機会と責任を以《もっ》て何をなさんとするかを待望する。若《も》しそは単に西洋の複製に止《とどま》らば、日本がひき起したる大なる期望《きぼう》は充実せられないであらう［タゴール 一九一六・八］。

タゴールは日本が近代化することによって「西洋の複製」になってしまうことのないよう警告を発しています。そして、そのような日本の行く末を、全世界が注目しているとし、日本固有の信仰を捨てることなく、近代文明との調和を図るべきことを論じています。

タゴールは他にも「諸君は諸君の東洋魂、精神的元気、単純の恋慕、社会的義務の認識を適用して、そが走るまゝにその騒々しい不調音を響き渡らすその大なる扱ひにくき進歩の列車のために新路を開拓しなければならぬ」として、日本人に警告を発しました。

講演後の反響は、大阪と同様、風貌や声に対する礼賛が続きました。しかし、しばらくして演説内容が広く知られるようになると、様相は一変します。「タゴール・ブーム」は一転して「タゴール・バッシング」へと変貌していったのです。

日本の知識人たちは、インドからやってきた詩人から日本の近代の問題点を指摘されたことに不快感を抱きました。例えば谷本富《とめり》は「珍客遠来とて徒に騒回る吾が同胞国民の無知と軽率とを悲しむ」とした上で、次のように述べています。

其《そ》の一種沈思《ちんし》冥想《めいそう》の風は、さなきだに仙人気取り風雅気取りの吾《わ》が読書人を惑《まど》はすなきか。タゴールの大阪の演説は寧《むし》ろ内容貧弱の演説たりし様なり。東京帝大に於《お》けるものは稍々《しょうしょう》これと選《せん》を殊《こと》にするが如し。然《し》かも実は終《つい》に空文虚弁《くうぶんきょべん》たるを免《まぬか》るゝことあらば倖《さいわい》なり。嗚呼《ああ》是《こ》れ詩人たる為か、将《ま》た印度人の通弊《つうへい》か。亡国の悲詞を謂《い》はんは或は失敬《しっけい》甚《はなは》だしからんも、然《し》かも到底タゴールなどに聴いて我が大日本帝国が一層興隆《こうりゅう》するに資《し》する所多かるべしとは想像されず［谷本 一九一六］。

タゴールの演説は内容がない。仙人気取りの亡国の詩人に過ぎない。そんなインド人の言葉の中に日本人が聞くに値する内容などまったくない――。

そんなバッシングとしか言いようのない言葉がタゴールに投げつけられました。

この「タゴール・バッシング」はどんどん拡大し、多くの雑誌を席巻していくことになりました。とにかくタゴールは「女性的」で力がなく、「哀れみを乞ふ」ばかりだとされ、インドでの「純朴自然」「原子生活」を送る「亡国の民」に、近代や文明のことなど理解できるわけがない、といった論説が次々と掲載されました。

このような日本人の無理解に接して、タゴールも苛立ちを深めていきました。七月二日に慶應義塾大学で行われた講演では、日本が帝国主義的傾向を強めていることに対して、率直な批判が繰り返されました。

日本にとってそれにもまして危険なのは、西洋の外貌《がいぼう》を模倣《もほう》するそのことではなくて、西洋文明の原動力を、日本自身の原動力として受け入れることでありります。日本社会の理想は、政治の手の中にとらえられ、早くも敗北の様相を示しております。現代日本の傾向は、勝負のためには魂を賭《か》けて闘うというあの政治賭《と》博《ばく》の方向へと向いているように見えるのです［タゴール　一九八一：四七四］。

タゴールは言います。

日本が歩んでいる「政治関係」は「侵略の爆発的な欲望の燃焼であり」、そのような日本は、西洋の「兇悪な力」へと取り込まれようとしている。「だからわたしは、西洋の政治思想の乱暴な圧力が、日本の上に被いかぶさってくることを、心から恐れているのです」と。

タゴールは日本を「泥酔している男」に喩えます。「泥酔している男は、自分が酔っていることを激しく否定」します。自分が酔っていることに薄々気づきながら、それを認めたがらず、虚勢をはるのが「泥酔している男」です。タゴールの見るところ、日本はこのような泥酔状態にあり、自分の客観的な姿や状況を見つめることができていません。だからこそ、外部の人間が問題を指摘し、日本文化における真に重要なものを再認識させることが必要であるとして、日本に対して率直な言葉を投げかけました。タゴールは日本の酔いをさまさせようとしたのです。

しかし、この演説に対する反響はほとんどありませんでした。新聞や雑誌は潮が引くようにタゴールを取り上げなくなり、ブームとバッシングはあっという間に去っていきました。

タゴールは、日本の状況に深く失望します。かつてインドで交流を持っていた岡倉天心は、すでに亡くなっており、来日時の再会は叶いませんでした。しかし、タゴールは岡倉が晩年の住処とした茨城県五浦《いづら》を訪問し、在りし日の岡倉を偲びました。

この頃、タゴールがインドへ送った手紙には、次のような文言が見られます。

（日本滞在中に出会った知識人のなかに）岡倉のような天賦《てんぷ》の才を持った者はひとりもいなかった［丹羽 一九九三：三六一］。

タゴールは九月二日、横浜からアメリカに向けて出航しました。三カ月前の入国時に起こった熱狂はすでに跡形もなく消え去り、彼はひっそりと日本から離れていきました。

ボースの警告

さて、日本に残ったボースですが、その後、何とか国外退去命令が解除されます。しかし、イギリス官憲の追尾は続いたため、数年間は地下生活を送ることを余儀なくされました。

その間に、ボースは中村屋の娘と結婚し、一男一女を授かりました。イギリスの支配が続くインドに帰国することは命の危険がともなったため、彼は日本国籍を取得し、日本からインド独立運動を展開することにしたのです。

そんなボースですが、当時の日本に対しては徐々に不満が募っていきました。

たしかに多くの日本人はインドの独立を支持し、亡命者である自分を救ってくれた。しかし、どうして同じアジアの民である中国に対して、日本人は侵略的な態度をとるのか。どうして日本人はアジアに対してダブルスタンダードの態度で接するのか――。

そんな疑問がふつふつと湧いてきました。

ボースは一九二六年に次のような文章を書いています。

我らの最も遺憾《いかん》とする所は、声を大にしてアジアの解放、有色人種の大同団結を説く日本の有識階級諸公にして、猶《なお》中国人を侮蔑《ぶべつ》し、支那《シナ》を侵略すべしと叫び、甚だしきに至りては、有色人種は性来、白人に劣《おと》るの素質を有するが如くに解することこれである。従来の支那通なる人々を点検するに比々《ひひ》皆然《みなしか》り。真に自らを知り、同時にアジアを認識するの士は暁《あかつき》の星の如く実に寥々《りょうりょう》たるものである［ボース 一九二六］。

そして言います。「日本よ！　何処へ行かんとするか？」。

日本に大きな期待を持ち、日本にやってきたタゴールとボースでしたが、二人とも次第に日本の帝国主義的態度に疑問を持ち、その姿勢に対する批判を述べることになりました。しかし、日本は欧米に追随する「覇道」を歩んでいきました。アジア人たちの率直な批判は聞き入れられることなく、アジア主義は連帯の論理から支配の論理へと変転していったのです。

第十六章

大川周明の理想

若き大川周明

大正期から昭和前期のアジア主義を語る際、最も重要な人物がいます。大川周明です。彼は言わずと知れた「大東亜戦争」最大のイデオローグで、民間人として唯一、東京裁判にA級戦犯として訴追されました。しかし、彼は獄中で精神的な病を発症し、裁判中に前の席に座っていた東条英機の頭をペシャリと叩くなどして、退場させられました。結局、彼は病気を理由に訴追を免れ、のちに釈放されました。

そんな大川周明の思想と行動は、政治と宗教が一体化した世界革命の実現にありました。彼は普遍宗教による「世界の統一」を構想し、そのための国家改造とアジアの連帯を説きました。彼はアジアの思想の中に「多にして一」の精神を見出し、歴史的に構築されてきたアジア思想によって新世界秩序を打ち立てようと考えていました。

大川は一八八六年に山形県酒田に生まれ、キリスト教と社会主義の影響を受けながら成長しました。彼は一九〇四年、熊本の第五高等学校に入学するのですが、在学中の一九〇六年六月、雑誌『新紀元』に「吾は個人主義者也故に吾は社会主義者也」という論文を寄稿しています。これは十九歳のときの論文ですが、早くもここに大川の思想の輪郭は完成しています。

彼は次のように述べます。

吾が称して吾人《ごじん》が至《いた》るべき所となすものは何ぞや。換言《かんげん》すれば人生究竟《くつきよう》の理想は何ぞや。曰《いわ》く、宇宙の大霊と合致《がつち》すること之《これ》なり。宇宙の大霊。之を道と云《い》ひ神と云ひ仏と云ふは人の好む所に委《まか》す〔大川一九〇六〕。

大川にとって、人生の究極の理想は「宇宙の大霊と合致すること」でした。そして「宇宙の大霊」は、宗教によってそれぞれ「道」や「神」、「仏」と名付けているものの、その本質は同じ超越的で「一なるもの」でした。

宗教は絶対的真理をめぐって多元的に現れます。世界には多くの宗教が存在しますが、大川の見るところ、その違いはあくまでも呼称の違いに過ぎず、究極的には一なる存在に帰結するものでした。

大川は、個人にはこの世界において一人ひとり個別の役割が存在すると強調します。そして、私たちの「人生の本務」や「個性の発展」「自我の実現」は、宇宙から与えられた義務を果たすことにあり、その行為によって有機的な世界と接続することが可能となると説きます。

大川はルソーの思想を基盤として、次のように言います。

> ルッソー曰く、渾円球上《こんえんきゅうじょう》一人の全《まった》く不用なる者あることなし。凡《すべ》ての人は果《はた》すべき或《あ》る義務を有《ゆう》すと。……吾人はこゝに必ずや果さゞる可《べ》からざる一の義務を有するものなる事を見。同時に此《こ》の義務を果すに於《おい》て互《たがい》に他に勝る所あるを知る。ルッソーの言遂《げんつい》に吾を欺《あざむ》かざる也［大川 一九〇六］。

人の役割には、優劣など存在しません。農民も政治家も学者も、「間に些の優劣なく貴賤」もありません。人は役割を果たすことで「宇宙大霊」と合一し、世界に意味ある存在として生きることができるのです。必要のない人間など存在しません。すべての人間には、役割があるのです。意味があるのです。

大川曰く、存在は常に平等です。しかし、均一ではありません。人は差異を有して存在しています。個人には「個性」が存在します。私たちは、自らの個性が発揮される場所を獲得し、世界の一部として生きます。存在が平等であるがゆえに、差異は尊重されるのです。

大川は、このような個と絶対者の関係モデルを、現実の社会に投影しようとします。そのとき大川が真正面から向き合おうとするのが、経済的不平等です。人々は貧富の格差によって分断され、全体との有機的なつながりは遮断されてしまっています。

経済的不平等は何者をかもたらす。曰く、貧富の懸隔《けんかく》これ。貧富の懸隔は何等の結果をかもたらす。曰く、人類発展の阻止《そし》これ［大川 一九〇六］。

大川は、大霊と合一する有機的社会を実現するためには、何としてでも経済的不平等を是正しなければならないと訴えます。そこで注目するのが、社会主義です。彼は社会主義革命による平等社会の実現こそ、宇宙の大霊の意思に順ずることだと主張します。

吾人は社会主義が大霊の旨意《しい》に合するものなりと信じ、社会学者が所謂《いわゆる》変化の四様式中、真正の意味に於《お》ける革命の由《よ》り遂《つい》に理想の社会を地上に致《いた》さんとするものなり〔大川一九〇六〕。

大川にとって、社会主義革命の成就こそが「大霊の旨意」でした。彼は、多元的に存在する宗教を尊重しつつ、メタレベルの普遍宗教に基づく統一的な理想社会の実現を構想しました。彼にとって、その存在は「神の国」でした。

彼は統一された「神の国」を実現するため、手段としての社会主義革命を志向しました。社会主義革命は、大川個人の意思ではありません。「大霊」の意思です。人間はただ「大霊」の意向に従って現実社会を改造し、革命によって平等社会を実現しなければなりません。

大川の思想の基本構造は、超越者の「旨意」に基づく「革命」の実現であり、普遍宗教に基づく世界の統一でした。この理想は、彼の生涯を規定し続けます。

一九一〇年、春の本郷

一九〇七年、大川は東京帝国大学文科大学に入学しました。彼が専攻したのは宗教学。途中、体調を崩し伊豆大島で療養生活を送ったり、日本教会（のちの道会）という宗教団体に入会したり、紆余曲折を経ながらも、研究生活に没頭していきました。

大学入学から三年目の一九一〇年四月十九日。大川は決定的な出会いを経験します。

彼は「泰東巧芸史」という講義を聴講するため指定の教室に行きました。「泰東巧芸史」とは、「東洋芸術史」のことです。古代インドの宗教に関心を抱いていた大川は、この授業を受講することにしたのです。

担当教員は外部の非常勤講師でした。大川は壇上に現れた講師に、ダヴィンチの面影を見ました。

その人物とは誰か。

岡倉天心です。

この年、天心は四月十九日から六月二十一日までの約二カ月間、東京帝国大学で教鞭をとりました。そして、その教室の片隅に大川周明がいたのです。

天心四十七歳、大川二十三歳。

二人は教師と学生として出会いました。天心が亡くなる約三年前のことです。

大川は熱心に講義を聴講しました。『岡倉天心全集』には、この授業を受講した学生による「講義ノート」が掲載されていますが、大川周明研究の第一人者である大塚健洋氏は、このノートは大川周明のものである可能性が高いとしています。

大川は、天心から大きな影響を受けました。大川は天心を「異類の天才」と憧憬し、当時はまだ邦訳のなかった〝The Ideals of the East, with special reference to the art of Japan（東洋の理想）〟を英文で熟読しました。大川は講義と著作を「最も深刻鮮明に亜細亜精神の本質を提示」したものと捉え〔大川 一九二六：六〕、以降、大川の思想を規定していきました。

その最も初期のものが一九一三年九月に雑誌『大陸』（第三号）に掲載された「日本文明の意義及び価値」という論考です。

大川は、この論考で次のように述べます。

> それ亜細亜は渾然《こんぜん》たる一如である。ヒマラヤの連山は、孔子《こうし》の共同主義を根底とする支那《シナ》文明と、吠陀《ヴェーダ》の個人主義を根底とする印度《インド》文明とを分けで居るけれど、こは唯《た》だ一如の面目《めんもく》をして益々《ますます》鮮やからなしむるものに過ぎぬ〔大川 一九一三〕。

この文章、どこかで読んだことがある気がしませんか？

そう。天心の『東洋の理想』の出だしにそっくりなのです。

〝Asia is one〟ではじまる天心の文章に、大川は大きく感化されたのでしょう。大川は「複雑の中に存する統一」を重視し、「亜細亜の一如」を体現する日本文明のあり方に「世界文明の完成」のあり方を読み解こうとしました。インドの宗教思想家ヴィヴェーカーナンダから天心に受け継がれた「不二一元」（アドヴァイタ）の理想は、次は大川へとバトンタッチされることになったのです。

この文章が世に出た頃、ちょうど天心はこの世を去りました。大川は天心のあとを継ぐように、世に出て行きました。

アジア主義への覚醒

「日本文明の意義及び価値」を書いた一九一三年の夏、大川は神田の古本屋で一冊の本を手に取りました。サー・ヘンリー・コットンの〝New India: or, India in transition（『新インド』）〟という書籍でした。

それまで大川にとってのインドは、豊穣な哲学が生み出されたヴェーダの世界であり、ブッダが悟りを開いた聖地でした。しかし、『新インド』を読んだことで、イギリスの植民地支配下にある現代インドの苦境を知ります。

大川は激しい憤りを感じ、すばやく行動します。

彼は当時、道会の機関紙『道』の編集を担当していましたが、当時来日していたスリランカの独立運動家アナガリカ・ダルマパーラーに接触し、九月号に「泣いて日本人に警告す」という論考を掲載しました。また、前章で取り上げた東京在住のインド独立運動家M・バルカトゥッラーにも接触し、十一月号に論考を掲載しました。

一九一五年には来日したR・B・ボースと接触し、翌年には自宅に新宿中村屋での隔離生活から逃亡してきたインド人革命家H・L・グプターを匿い、最新のインド情勢についての情報を入手しました。彼の関心は、大きく現代政治の方向へとスイングしていきました。

大川は大学で宗教学を勉強していた頃から、イスラームへの関心を持っていました。岡倉天心の講義を受講していた一九一〇年の春、彼は『道』に「神秘的マホメット教」という論考を掲載しています。彼はここでスーフィズムを論じ、イスラームにおける内面的思想と神人合一を志向する伝統に関心を寄せました。

大川のイスラームへの関心は、『新インド』との出会いによって、新たな展開を見せ始めます。大川はアジアが歴史的に蓄積してきた精神哲学を高く評価しつつ、その哲学が社会生活に反映されてこなかった点を問題視します。

大川の見るところ、アジアは長きにわたって内面的・個人的な真理の探求と外面的・社会的な理想の追求が分離した「小乗アジア」として存在してきました。この内面／外面の分離こそが社会制度の荒廃を招き、ヨーロッパ諸国による植民地支配を許す要因となってきました。アジアが西洋帝国主義を打破し、新時代によみがえるためには、この分離した二元的生活を打破し、内面と外面が一致した「大乗アジア」を創らなければなりません。そのためには、アジアが形成してきた宗教的精神性を政治と結びつけ、「精神的理想に相応する制度と組織とを与えねばな」りません［大川 一九二二］。

この観点から、大川はイスラームに強く惹かれることになります。それはなぜか。イスラームは「宗教と政治とに間一髪なき」信仰だからです。宗教と政治の統合という理想を、大川はイスラーム世界の中に見出していったのです。

——アジアにおいて高次に展開されてきた宗教哲学を政治に反映させ、新しい世界のあり方を構想していくこと。アジアの復興によって西洋の植民地支配を打破し、「一如たる亜細亜」を実現していくこと。

これが大川の目指す目標となっていきました。

一九一六年初頭に書かれた「君国の使命」には、大川の率直な思いが綴られています。

吾等《われら》の任務は西欧民族に虐《しいた》げられつゝある国民を救済することで、決して西欧民族に代《かわ》つて彼等を虐げることではない。吾等は総《すべ》ての民をして人類に賦与《ふよ》せられたる最も貴き権利の一つなる自由を得せしめ、彼等をして何等《なんら》外部の不当なる抑圧なくして其《そ》の本来の文化を長養《ちょうよう》せしむるに在《あ》る。吾等が『亜細亜人の亜細亜』と叫ぶのは、亜細亜が欧羅巴《ヨーロッパ》人の支配の下に在る限り、本来の亜細亜を発揮することが出来ぬからである。若《も》し西欧民族が真に亜細亜諸国の幸福を図《はか》るの精神を抱き、且其方《かつそのほう》が亜細亜諸国の為《ため》に真に幸福であるならば、『亜細亜人の亜細亜』と云《い》ふ標語は無意味である。たゞ今日の実状に於《お》いては西欧民族の態度並《ならび》に精神は決して亜細亜に取りて喜ばしきものではない。吾等は彼等の態度並に精神を改《あらた》めしむることによりて、亜細亜を救済すると共に彼等其者をも救済せんと心懸《こころが》けねばならぬ。『大義を四海に布《し》く』――これ維新開国の先覚が帝国の使命として高唱せる所であつた。国民は実に此の偉大なる使命を覚悟せねばならぬ。覚悟して君国の大業に拮据《きつきょ》せねばならぬ［大川 一九一六］。

こうして大川は西洋帝国主義に対する闘士として立ち上がったのです。

日本改造の闘士へ

一九一六年十一月、大川は処女作『印度に於ける国民的運動の現状及び其の由来』という本を出版しました。この本はインドの現状を分析したもので、独立運動の最前線にいたR・B・ボースやグプターからの一次情報も含まれていました。

しかし、重要なのはインド分析の内容以上に、大川の日本に対する不満が綴られている箇所です。彼は日本の現状に激しく憤っていました。

大川にとって、第一次世界大戦中の成金ブームに浮かれる日本は、軽佻浮薄な風潮に染まった堕落した存在でした。日本は「自然主義、享楽主義、而して功利主義」によって覆い尽くされ、国民は「五官の欲に囚へられ、馬の視る如く視、犬の聴く如く聴き、豚の食らふ如く食らひ、而して其の愚劣なる生活を是認せんが為に無益なる論辞を費し」ていると酷評しています。

日本はアジアと連帯し、西洋の帝国主義と戦う必要があります。岡倉天心が『東洋の理想』で述べたように、「アジアは一つ」という「不二一元」の思想は、日本の精神文化に定着し、今日まで生き続けています。日本こそアジアのリーダーとして立ち上がり、ヨーロッパの植民地支配を打破して、新しい秩序を作り上げる必要があります。

にもかかわらず、日本の現状の腐敗は何たることなのか！　これはアジアのリーダーとしてふさわしい姿とは言えないのではないか！

そんな怒りを大川は抱え込むことになります。

大川は一九一八年に満川亀太郎が発足させた老壮会に加わります。そして、多くの革新主義者たちと議論を重ね、日本の国家改造の必要性を確信していきます。

――日本がアジア連帯のリーダーとなるためには、まず日本がその立場にふさわしい姿に改造される必要がある。日本の政治的革命こそが急務である。

そんな意識が、大川の中心を占めるようになっていきました。

大川は言います。「アジア復興の戦士は否応なく日本改造の戦士でなければならぬ」〔大川 一九二二〕。

大川は翌年、北一輝、満川亀太郎と共に猶存社を結成します。この結社は革新的な国家主義者の集まりで、アジア主義運動や国家改造運動に多くの人材を輩出することになりました。

大川は猶存社の位置づけを、次のように述べています。

第一は無政府主義的傾向のもので、故大杉栄《おおすぎさかえ》氏を其の代表者とします。第二には後の共産党となるもの、第三は後の諸無産政党となれる社会民主主義的傾向のもの、第四は高畠素之《たかばたけもとゆき》氏を中心とせる国家社会主義的傾向のもの、第五は即《すなわ》ち「猶存社」を中心とせるもので、具体的政綱に於ては国家社会主義と類似して居るけれど、其の拠《よ》つて立つところの精神的基礎は純乎《じゅんこ》として日本的なる点に於て前者と異つて居ります〔大川 一九六四〕。

ここで重要なことは、大川が自らの潮流を「革新勢力」の一部と考えていることです。彼は、自分の立場は国家社会主義者とほとんど同じだが、精神的基礎を「日本」に置いている点が特徴だと述べています。大川にとっては日本主義者であることと、革新的な社会主義者であることはまったく矛盾しませんでした。

彼は社会主義的革命を行い、国家を改造することによってこそ、真の日本の姿に到達できると考えていました。そして、そのような真正日本が西洋の植民地支配を打破し、「大乗アジア」の新秩序を打ち立てたうえで、世界の統一を成し遂げるというヴィジョンをもっていました。

猶存社はのちに大川と北の関係がこじれたため分裂し、大川によって新たに行地社が結成されますが、その綱領の中で大川は明確に「世界の道義的統一」を目指すことを掲げました。

大川は一九二七年に出版した『中庸新註』の中で、次のように述べています。

そは人生を宗教、道徳、政治の三方面に分化せしむることなく、飽《あ》くまでも之を渾然たる一体として把握し、其等《それら》の三者を倶有《ぐゆう》する人生全体の規範としての「道」を闡明《せんめい》せんと努める［大川 一九二七］。

大川の思想は、十九歳の時からブレていません。政治と宗教が渾然一体となった世界革命こそが、大川にとっての理想であり続けたのです。

彼のアジア主義は単なるアジアの政治的連帯ではありませんでした。アジアの精神文化の復興は、政治と宗教が引き裂かれ物質文化に支配された近代を超克し、世界を宗教的に統一する革命運動そのものでした。

大川は、世界革命の一段階としての国家改造に着手し、一九三〇年代に入ると三月事件や五・一五事件に関与していきます。彼は軍人と手を結んだクーデターを計画し、実行に移そうとしました。結局、五・一五事件への関与により、彼は獄中につながれることになります。

プラタープの世界連邦論

さて、そんな大川は一九二〇年代、ある人物を熱心にサポートします。

ラージャー・マーヘンドラ・プラタープ。彼はインド独立運動の闘士であり、世界を周遊する宗教活動家でした。

プラタープはヒンドゥー教徒の王族の一家に生まれ、イスラーム系の大学で教育を受け、さらに結婚した妻はスィク教徒という人物です。彼は自らの人生経験から、すべての宗教は一なる真理を共有しているという宗教多元主義を抱き、その思想をもとに「世界連邦」の実現を説きました。

プラタープは、個別的な宗教の違いを超えた普遍宗教の確立を重視しました。彼は、すべての宗教を包摂するメタ宗教を構想し、それに「愛の宗教（Religion of love）」という名前をつけました。彼は、この「愛の宗教」によって世界を統合し、国家を超えた「世界連邦」を確立すべきことを説きました。

プラタープは世界を周遊し、インド独立運動と「愛の宗教」の伝道、そして宗教的世界連邦の推進者として活躍しました。そして、一九二〇年代にたびたび来日し、やがて日本に定着するようになりました。

そんなプラタープを熱烈に歓迎したのが大川でした。大川は行地社のメンバーにプラタープを紹介し、その思想を礼賛しました。大川は行地社の機関誌『月刊日本』第三号（一九二五年六月）に「プラタプ君を迎ふ」という文章を掲載し、次のように述べました。

> プラタプ君は、何をさて置き篤信無比《とくしんむひ》の宗教家である。自ら『慈悲教』を提唱して、一天四海《いってんしかい》を妙法に帰《き》せしめるのが、同君至極《しごく》の本願である［大川一九二五］。

さらに大川は、プラタープを「無邪気」な「大きい赤ン坊」と評し、その純粋な求道的姿勢を絶賛しました。そして、プラタープこそが「亜細亜本来の精神」の体現者であるとし、将来、彼のような人物が「亜細亜連盟」を確立すると論じました。

大川にとってプラタープの思想は、我が意を得たものでした。

――アジア的精神の復興。万教帰一。宗教と政治の一体化。普遍宗教による世界の統一。そのための政治闘争。

まさに大川が唱える理念と合致する宗教家が、インドからやってきたのです。大川はもろ手を挙げてプラタープを歓迎し、彼の存在を日本人に広く知らしめようとしました。

大川は、行地社のネットワークを使って日本各地でプラタープの講演会を開催しました。また、行地社の有力メンバー中谷武世《なかたにたけよ》はプラタープの主著〝The Book of the Religion of Love: The word of Love〟を翻訳し、他の代表的な論文を加えて『新日本青年に寄す』（一九二六年、大東文化協会出版部）を出版しました。大正の終わりから昭和初期にかけて、アジア主義者の間ではちょっとしたプラタープ・ブームが起こったのです。

ポール・リシャールの苦言

一方、プラタープが日本にやってくる以前に来日し、大川と思想的に共鳴しあった別の外国人がいました。ポール・リシャールとその妻ミラ・リシャールです。

ポール・リシャールはフランスの詩人で、若き日から神秘思想に強い関心を抱いていました。彼はパリの心霊サークルに入会し、オカルティズムに心酔する過程で、ミラと出会いました。ポールとミラの二人は、インドの精神文化に関心を抱きフランス領のポンディシェリを訪問しました。そこで二人はオーロビンド・ゴーシュと出会います。

オーロビンドはインド独立の闘士として活躍しつつ、後半生を神的生活の実現を目指す宗教者として暮らした人物です。彼は真理に導かれた世界連邦を構想し、その実践原理をヨーガに求めました。

そんなオーロビンドに深く感化された二人は、彼の教団をサポートしますが、両者の交流に警戒心をもったイギリス植民地政府はリシャール夫妻を帰国させます。しかし、二人のアジアに対する思いは強く、一九一六年に日本にやってきました。

大川はそんな二人と出会うことになります。複数の語学が堪能な大川は、二人と高いレベルで交流できる数少ない日本の知識人でした。しかも、両者の宗教的理想はオーロビンドを介して驚くほど近接していました。

リシャール夫妻と大川の関係は次第に深まり、一九一九年から一九二〇年までの約一年間、三人は共同生活を送ることになりました。リシャール夫妻は毎晩、ヨーガと瞑想を行い、大川は横で同じく座禅を行いました。彼らは宗教的思想と実践を共有できる同志となっていったのです。

しかも、三人の理想は「アジア的精神の復興による世界の統一」という点で一致していました。そして、そのためには日本の役割こそ重要であるという考えも同じでした。

しかし、です。ポールと大川の間では、どうしても認識の共有を図ることができない問題がありました。それは日本の東アジアに対する植民地支配の問題です。

ポールは来日直後から、日本のアジア進出について厳しい意見を持っていました。当時は第一次世界大戦中だったのですが、ポールは日本に対して青島《チンタオ》を返還せよと訴えました。さらに一九一九年四月には、道会主催の講演会で次のように述べました。

諸君は今日に於て、自ら彼等の解放者となるか、又は彼等の自由を束縛《そくばく》する主人公の一人となるかを決せねばならぬ。今や統一の神も、また来りつゝあるが故に、亜細亜は一体となるであらう。今や日本は、自ら亜細亜の統一者となるか、又は亜細亜が日本を除外して、又《また》は日本を敵として、自ら一体となるを坐視《ざし》するかを決着すべき秋《とき》に臨《のぞ》んで居る［リシャール 一九二一］。

このポールの演説を翻訳したのは大川です。道会での講演を依頼したのも、大川でしょう。ポールは、大川を目の前にして「日本はアジアの支配者になるのか、それとも解放者になるのか」という問いを投げかけたのです。この時は、まだ孫文が「大アジア主義演説」原稿で日本の立場を問う五年前です。

大川は、この問いに公式の場では答えていません。しかし、両者は同じ家に住んでおり、当然、私的な領域では議論が戦わされたはずです。

その一端が、大川の回想の中で語られています。大川は言います。

吾等は常に談笑して居たのではない。吾等の対話は多くの場合、如字的に議論であつた。吾等は根底に於て同一原理を把握して居るに拘《かかわ》らず、具体的事象の批判に於て常に其の高調する方面を異にした。吾等は事物の統一的・普遍的・総合的一面と共に、その対立的・特殊的・差別的一面を尊重することを忘れなかつた。而も吾等の相《あい》語る時、何故か予《よ》が甲《こう》の立場を取れば、氏は乙《おつ》の立場を取り、予が乙の立場に拠れば氏は乙の立場に拠つて、互に激しく議論した。吾等の話題は広《こう》汎《はん》なる範囲に亙《わた》つたが為に議論の種は尽きなかつた。そは真に一個の戦ひであつた。卓を叩き床を踏んでの議論であつた。或《ある》夜の如きは、ミラ夫人が泣いて吾等の論争を止めたことさへあつた［大川 一九二二］。

ミラ夫人が泣いて止めた論争の内容は何だったのでしょうか？　二人の論争の中には、間違いなく日本の帝国主義の問題も含まれていたでしょう。アジアの解放を説くアジア主義者が、日本のアジア支配を容認する矛盾をポールは容赦なく批判したのですが、大川の返答は残されていません。

ちなみにリシャール夫妻は一九二〇年に日本を離れ、インドに渡りますが、のちに名を残したのはポールではなく、妻のミラのほうでした。二人は夫婦関係を解消することになるのですが、ミラはポンディシェリのオーロビンドのもとに留まり、教団の精神的支柱になっていきます。彼女は「マザー」と呼ばれ、多くの信者・同志から親しまれ続けました。今でもインドでは彼女を敬愛する人が大勢存在します。

大川周明というアポリア

大川は一九一八年から南満州鉄道株式会社の東亜経済調査局に勤めていました。この職場は今風にいうと政府系シンクタンクで、日本のアジア政策にかかわる研究調査を行う機関でした。大川は、政府の立場を一定程度背負いながら、アジアに関する研究調査を進めることになったのです。

必然的に大川は、日本の満州経営政策にコミットすることになりました。その過程で、彼は米英に対抗するための経済圏の確立を重視し、満蒙における日本の支配権の拡大を主張するようになりました。彼は満州を日本の経済的支配下に置くプランを構想していったのです。

また大川のアジア論の特徴は、朝鮮に関する記述の欠如にありました。大川が岡倉天心と出会い「一如たる亜細亜」に目覚めた頃（一九一〇年）、ちょうど日本は韓国を併合し、アジアの植民地国家として勢力を拡大していました。大川は日本のアジア解放の使命を説きながら、現実の日本が植民地支配を進めているというアポリアを、思想形成のスタート地点から内包せざるを得ませんでした。

そして、大川はこのアポリアに言及することを回避し続けます。一九二二年に出版されたアジア主義の代表作『復興亜細亜の諸問題』でも、中国と朝鮮の政治問題は等閑視されました。

しかし、一九三一年になってようやく日本の朝鮮支配について言及することになります。その論考のタイトルは「印度国民運動の由来」。彼はインド独立運動の系譜をまとめつつ、イギリスのインド支配と日本の朝鮮支配の差異について論じました。

大川は言います。まず両者は「動機」において違いがある、と。イギリスは「純然たる営利を目的」にインドを支配したのに対し、日本は「国防上の止み難い必要」と「東亜全局の平和を確保する必要」から朝鮮を支配したため、日本の統治は正当化されるというのです。またイギリスは遠く離れたまったく人種・民族性の異なるインド人を統治しているのに対し、日本は隣国で文化的・宗教的・人種的にも共通する「同文同種」の朝鮮人を統治しているため、問題がないといいます。

大川の論理は、非常に苦しいといわざるを得ません。世界統一の理想のためには、その一段階として日本による東アジアの植民地支配を容認するという姿勢が、大川にはどうしても見え隠れします。

ここで第一章に戻りたいと思います。竹内好の大川周明論です。竹内は「滔天と天心の出会い損ね」を指摘し、アジア主義の心情が思想に昇華しなかったことを問題視しました。しかし、彼は大川周明の中に、両者のひそかな「出会い」(心情と思想の融合)を見出し、「もし天心の詩的直観を、論理的に分解して再構成すれば、大川周明の著作の一部または大部分と重なるかもしれない」と論じました。つまり、大川は滔天の「抵抗としてのアジア主義」と天心の「思想としてのアジア主義」を融合する理想的アジア主義者としての要件を満たしているということです。

しかし、大川の行動は、竹内が描いた理想像からは逸れていきました。彼は多一論的な宗教思想を持ちながら、一方で東アジアにおける日本の帝国主義を容認し、時に詭弁的論理によって矛盾を突破しようとしました。竹内はアジア主義の問題として「内田良平と幸徳秋水の出会い損ね」についても言及しましたが、これは大川にも当てはまります。竹内が、一九二〇年代以降のアジア主義について「心情と論理が分裂している」と指摘しているのは、まさにこの点です。大川はアジアの連帯と解放を叫びながら、一方では国防という政略の論理によってアジアを支配するという「分裂」を抱え込んだのです。

さらに、大川のアジア主義には決定的な論理の「壁」が存在します。天皇という問題です。前述のように、大川は宗教と政治の統合を掲げました。そして、宗教原理に基づく「一如たる亜細亜」を実現し、やがて世界の統合を実現するというヴィジョンを描きました。もちろんその主導者は日本であり、その中核には天皇が存在することになります。

世界統一と天皇――。

この両者は、矛盾しないのでしょうか。日本固有の天皇を世界に敷衍した時、当然、異文化からの反発が起こるでしょう。天皇への信仰を共有しない国にとって、「天皇原理による世界統一」は、日本による同化政策と映るでしょう。もし、大川がこの路線を露骨に取るのだとすれば、彼の多一論は決定的な破綻を迎えます。なぜならば、真理の多元的顕在化という論理を放棄することになってしまうからです。

多一論は真理の唯一性と共に、真理に至る道の複数性を重視します。山の頂上は一つでも、そこに至る登り道は複数存在します。もし「天皇原理による世界統一」を掲げるとするならば、「世界の多元性」「真理に至る道の複数性」は否定され、天皇という一本道しか許されないことになります。これは多一論ではなく、単一論です。この両者は決定的に異なります。

例えば、大川と共に猶存社を牽引した鹿子木《かのこぎ》員信《かずのぶ》は一九三七年に『すめらあじあ』

をいう本を書き、「すめらみくに」の日本こそアジアの救世主になる歴史的使命があると説きました。「すめら」の漢字表記は「皇」。つまり「天皇」を意味します。「すめらあじあ」とは「天皇に導かれたアジア」のことです。

この原理を、アジア諸国が受け入れられるはずがありません。鹿子木は日本を「統一的全体主義的国家」と捉え、「世に有りふれたる世の常の国家ではない」とその特権的地位を誇示していますが〔鹿子木 一九三七：六七〕、そのような国がアジア諸国を統治すべきという主張は、当該国にとってみれば帝国主義的全体主義以外の何ものでもありません。「すめらあじあ」という構想を、簡単に受容できる国があるとは思えません。

大川は、この点を認識していました。日本の天皇原理を他国に対して上から押し付けることの困難さを熟知していました。しかし、世界はいずれ統一されなければなりません。もちろん日本人が天皇原理を捨てることはできません。他国に強要することもできません。

――世界統一と天皇。この絶対的な矛盾をどう解消すればいいのか。

これが大川にとっての最大の思想課題でした。

大川が注目したのは、イスラームの波及力でした。イスラームは「宗教と政治とに間一髪なき」信仰でありながら、特定の文化圏を超えて受容されています。アラブ世界を超えて東南アジアや中央アジア、中国の一部にまで拡大しています。もちろんそれらの人々はイスラームを強制されたわけではありません。主体的にイスラームを受容し、自らの日常生活の中に取り込んでいったのです。大川が関心を持ったのは、この文化を超える普遍性と浸透力でした。

中東地域研究者の臼杵陽が指摘するように、大川は預言者ムハンマドと天皇をパラレルな存在と認識していました〔臼杵二〇一〇〕。大川は、「世界の道義的統一」を天皇崇拝の拡大と浸透によって実現したいという思いがあったのでしょう。イスラームの世界的拡大の原理を探求することは、革命家・大川周明にとってきわめてアクチュアルな課題でした。

大川の議論は、どうしても社会進化論の線路の上を走り続けます。

――世界は一元的宗教世界に向けて進化し、やがて理想的なユートピアが現前する。世界はクライマックスに向けて進化し続けている。そのためには革命を起こし、理想的な統治を行う必要がある。唯物論を超克し、宗教的価値に基づく革命によって、世界を変革しなければならない。まずは国内改造を進め、アジアの一体化によって近代を克服する。

そんな進化論的ヴィジョンが大川の抱いた理想でした。

しかし、人間が不完全性から永遠に解放されない以上、ユートピアのような理想社会は現前しません。人間は、能力的にも倫理的にも不完全性に規定された存在です。そのため、いかなる未来にも完成された社会は出現しません。

大川の理想は、絶対的な不可能性の中で空転します。理想の実現を断行しようとすると、価値を共有しない他者に対する暴力が露出します。世界各地の民族のトポスを奪い、世界を一元化することになります。繰り返しになりますが、これは多一論ではありません。単一論です。大川の構想した「世界の道義的統一」は、最終的に世界から多元性を奪い、トポスを破壊します。アジア主義は、全体主義の別名に転化してしまいます。

彼は一九三二年の五・一五事件に連座したことで投獄の憂き目にあい、発言力を失います。一九三〇年代後半に自由の身となると、再び活発な言論活動を展開し、大東亜戦争開戦時には、日本の戦争の正当性を説くイデオローグとして脚光を浴びます。大川の夢は成就することなく、壮大な暴力がアジアを覆うことになりました。

ちなみに、世界連邦の夢を追い求めたプラタープは、一九三〇年代以降、日本の中で支持を失い、孤立していくことになりました。彼は夢想主義者として邪魔者扱いされ、大東亜戦争中は幽閉状態に置かれました。日本は、「八紘一宇」という世界統一原理を掲げながら、アジアからやって来た世界連邦主義者を足蹴にしていったのです。

第十七章

田中智学から石原莞爾へ

――「八紘一宇」の奈落

丸山眞男の「超国家主義」論

「超国家主義」という言葉があります。この概念は、これまで戦前日本のナショナリズムが肥大化し、他国を支配する「極端なナショナリズム」という意味で捉えられてきました。

「超国家主義」を日本の軍国主義を理解するキーワードとして取り上げたのが、戦後を代表する政治学者・丸山眞男でした。丸山は一九四六年、雑誌『世界』に「超国家主義の論理と心理」を書き、明治期の健全なナショナリズムが帝国主義的なウルトラ・ナショナリズムへと変容したことを厳しく批判しました。

前にも言及しましたが、丸山はナショナリズムの本質を肯定的に論じた政治学者でした。彼はリベラルな価値を敷衍するために、国民の下からのナショナリズムこそが重要であると考えました。この考え方は「国家は独裁者や一部の特権的な政治家のものではなく、国民のものである」という国民主権の理念とリンクしています。国籍を持つ国民はすべて平等な主権者であるという主張は、下からの権利要求としてのナショナリズムと繋がってきました。フランス革命やアジア・アフリカの独立運動などに見られたナショナリズムは、まさに国民主権ナショナリズムというべきものでした。

丸山は、日本の自由民権運動の中にフランス革命と同様のリベラルなナショナリズムを見出しました。そして、明治期の陸羯南《くがかつなん》のような思想家の中に「健全なナショナリズム」の要素を見出し、それを高く評価しました。丸山は戦後日本に民主制が定着するためには「健全なナショナリズム」こそ必要であると考えたのです。

しかし、丸山の見るところ、この明治期の国民主権ナショナリズムは、大正・昭和と時代が進むにつれて歪《いびつ》なものへと変容し、「超国家主義」という極端な国家主義になってしまいました。自由民権運動のような下からのナショナリズムではなく、国家が民衆を支配する上からのナショナリズムが肥大化し、アジア諸国への侵略的な植民地主義へと発展したというのです。丸山の意図は昭和期の「帝国主義的なウルトラ・ナショナリズム」を批判し、その中から本来あるべき「民主主義的なリベラル・ナショナリズム」を救い出すというものでした。

橋川文三の「超国家主義」論

この「超国家主義」論に対して異議を申し立てた政治学者がいます。橋川文三です。彼は戦前・戦中に京都学派や日本浪漫派の思想に傾倒した経験を持ち、戦後、その心性を内在的に批評する作業を続けた人物です。橋川は丸山の弟子筋にあたる人物ですが、丸山とは異なる視点から近代日本の精神史を分析した政治学者でした。

そんな橋川は一九六四年に筑摩書房から出版された「現代日本思想大系」31の『超国家主義』の編集を行い、その解説として「昭和超国家主義の諸相」という文章を書きました。

彼はここで丸山を批判し、次のように言います。

あの太平洋戦争期に実在したものは、明治国家以降の支配原理としての「縦横《じゆうおう》の無限性、云々《うんぬん》」ではなく、まさに超国家主義そのものであったのではないか［橋川 一九九四：六］。

橋川は、太平洋戦争期の「超国家主義」を「明治国家以降の支配原理」の延長ではなく「まさに超国家主義そのもの」だったのではないかと提起しています。では、

「超国家主義そのもの」とはどういう意味なのでしょうか。

周知のことですが、「超」という漢字には二つの意味があります。一つは「ものすごい」「極端な」という意味で、例えば「超高層ビル」「超エリート」という使い方をします。若者言葉の「超かわいい」「超ムカつく」という場合も、「ものすごくかわいい」「ものすごく腹が立つ」という意味で使われますよね。

一方で「超」にはもう一つの意味があります。「～を超えて」という意味です。例えば「超党派」という場合には、「党派を超えて」という意味で「超」を使っています。

丸山による「超国家主義」という言葉の解釈は、前者の、つまり「ものすごい」「極端な」という意味です。「超国家主義」＝「ウルトラ・ナショナリズム」＝「極端なナショナリズム」というのが丸山の解釈です。

それに対して、橋川は後者の捉え方をしました。つまり「国家を超えるという主義・主張」と解釈したのです。

橋川は「超国家主義」の中に、国家を超える普遍性や思想性を見出そうとしました。彼はまず、朝日平吾《へいご》というテロリストを取り上げます。朝日は一九二一年に当時の財閥を代表する安田善次郎《ぜんじろう》を暗殺し、その場で命を絶った青年です。彼は自分の不幸を呪い、強い鬱屈を抱える中でテロという暴力を発動しました。橋川はこの青年の心性の中に人間としての普遍的な煩悶を見出し、「新しい様相の発現」を読み取りました。

また、橋川は一九三二年の血盟団事件を取り上げ、そこに見られた「人生論的煩悶」とスピリチュアリティこそが新時代の「超国家主義」の構成要素であると論じました。他にも北一輝や石原莞爾《いしはらかんじ》を取り上げ、彼らが人生の苦しみを乗り越えるための普遍性と世界統一を希求したことを指摘しました。


玄洋社《げんようしゃ》・黒龍会《こくりゅうかい》に始まる日本国家主義が、自然にそのまま発展して日本超国家主義に到ったというような（もしくはそううけとれるような）、解釈に私はあきたらなかった。

（中略）いわゆる超国家主義の中には、たんに国家主義の極端形態というばかりでなく、むしろなんらかの形で、現実の国家を超越した価値を追及するという形態が含まれていることを言ってもよいであろう［橋川 一九九四：五三‐五四］。


橋川が「超国家主義」に見たものは、人生論的煩悶・存在論的問いに基づく普遍的な価値の追求でした。そして、その延長として定位された「国家を超えて世界を統一したい」という政治志向でした。

私は、丸山と橋川の議論を比較した場合、やはり橋川の主張のほうが戦前の思想の本質を捉えているのではないかと思っています。大正期以降の文章を読んでいると、「超国家主義」という言葉は「脱国境主義」という意味で用いられていることが多く、「国家を超える」という価値の追求こそが、大正・昭和前期の「右翼」の中に存在していました。

例えば、戦前に政治家として頭角を現し、戦後には右翼の代表的人物と称された笹川良一《りょういち》は「人類皆兄弟」をスローガンとしました。笹川のようなナショナリストが「人類の平等と連帯」を謳い、途上国の貧困やハンセン病問題に取り組んだことは、「超国家主義」の本質をあらわすものです。前章で見た大川周明も、「世界の道義的統一」を目指していました。

さて、ここで注目すべきことがあります。先ほど、橋川が論考の中で取り上げた朝日平吾、血盟団事件（首謀者の井上日召《にっしょう》）、北一輝、石原莞爾には、一つの重要な共通点があるということです。

それは何か。

彼らはすべて日蓮主義者であるという点です。朝日と井上のテロ、北のクーデター、石原の戦争は、すべて日蓮主義によって導かれていました。これは一体どういうことなのでしょうか。

田中智学の歩み

日蓮主義と超国家主義という問題を考察する際に、まずどうしても取り上げなければならない重要人物がいます。

田中智学《ちがく》です。

彼は明治中期以降の日蓮主義運動を牽引した僧侶で、大正・昭和期には国柱会の指導者として大きな影響力を持ちました。そもそも「日蓮主義」という言葉をつくり出したのが智学自身で、他にも「国立戒壇」や「八紘一宇」といった言葉も、彼の造語でした。

田中智学とは、どのような思想を抱いた人物だったのか――。

智学は一八六一年に東京日本橋に生まれました。彼の思想の特徴は、父からの強い影響に基づいています。

彼が生まれた田中家は、平安時代初期の皇族・貞純親王《さだずみしんのう》が先祖であるとされます。智学の父は、このことを非常に誇りに思い、自己のアイデンティティの中核に据えていました。そして、父は先祖にまつわる一つの伝説を強く信じていました。それは貞純親王が「法華経守護の誓」を果たすために「法華発祥の霊国」に生まれたという伝説でした。このことから、父は尊王精神と共に、熱心な日蓮宗の信者として生きました［松岡二〇〇五］。

父は智学に対して日蓮の思想を教えるとともに、勤皇精神も教え込みました。智学は父の思いを受け継ぐ形で育っていきます。しかし、智学の身に不幸が起こりました。それは九歳、十歳の時に両親が相次いで亡くなったことです。彼は失意の中、遺族の意向で得度し、東京の妙覚寺での生活をスタートさせました。

智学は宗門の教育機関で学ぶのですが、十五歳の時に重い肺炎を患い、独学を始めます。すると、次々に宗門への疑問がわき、もともとの日蓮の教えに還るべきではないかという考えを持ち始めました。この思いは次第に加速し、正しく日蓮の教えに回帰することを目指して還俗しました。

一八八〇年、智学は仲間と共に、蓮華会を結成します。彼はここで折伏主義を機軸に、在家仏教運動を展開しました。彼は一八八四年、新たに立正安国会を創立し、本格的な日蓮主義運動を開始します。この頃から約二〇年で、智学の思想は確立され、広く知られるようになります。

田中智学の思想

では智学の思想の骨格はいかなるものだったのでしょうか。

彼の日蓮主義の最大の特徴は、何といっても「国体」と「仏法」の結合にあります。

父から継承した勤皇思想と日蓮の教えを融合させる力技が、智学の思想に吸引力を持たせました。

智学によると、普遍的な「仏法」は日本の「国体」と矛盾するものではありません。むしろ「仏法即国体」であり、両者の「冥合」の構造を明らかにすることが重要でした。

智学の解釈では、「妙法」の日本的現れが「天照大神」で、天竺的（インド的）現れが「釈迦牟尼仏」でした。「天照大神」は日本の国体そのものでありながら、同時に超越的で普遍的な「久遠仏」の異名同体の存在でもあり、また宇宙の根源的な真理である「妙法」でもあります〔松岡、二〇〇五〕。

さらに、智学は日蓮の教えに独自の皇国主義的解釈を加えていきます。

彼はまず、天皇を「転輪聖王」と同一視し始めます。「転輪聖王」とは、古代インドにおける理想的な王のことで、地上をダルマ（＝法）によって統治し世界を統一します。また、「転輪聖王」は王に求められるすべての能力や条件を有しており、武力を用いず、すべて正義によってのみ統治を行ったとされています。智学は、「天皇＝転輪聖王」説を主張し、最終的には天皇家をインドの転輪聖王家の後裔であると説きました。

さらに、智学は独自の解釈を進めていきます。

日蓮の「観心本尊抄」には、「当に知るべし此の四菩薩折伏を現ずる時は賢王と成つて愚王を誡責し摂受を行ずる時は僧と成つて正法を弘持す」という一節があります。

ここで智学が注目するのが、「賢王」という存在です。「賢王」は、「四菩薩」の現れです。日蓮宗における「四菩薩」は、『法華経』に登場する「上行」、「無辺行」、「浄行」、「安立行」を指します。その四菩薩が『法華経』を広める折伏の時代には、「賢王」として世の中に現れ、「愚王」を降伏させていくとされています。

智学はこの「賢王」こそ、天皇であると主張します。そして、天皇は四菩薩のうちの「上行菩薩」の「垂迹」であるとし、天皇こそが妙法によって世界を統一する「王」であると論じました。

「賢王」は「愚王」を降伏させ、妙法を広めるとされますが、智学は「本化の教を広布せんとする賢王と、本化を信ぜざらんとする多くの愚王との争ひになるときは、ここに世界の大戦争が起る」と論じ、戦争による世界統一のヴィジョンを描いていました。智学にとって天皇は、古代インドの理想的帝王「転輪聖王」であり、かつ「上行菩薩」＝「賢王」だったのです。

智学は、次のような世界統一までのプロセスを描きます。

まず日蓮宗の人間は、日蓮の根本原理に回帰する「祖道復古」を行わなければなりません。後の時代に付け加えられた不純物を排し、日蓮の教えに直接コミットすることで、人々は自己の救済を獲得することができます。これが「妙法の人格化」です。

自己が成仏し、救済が確立されると、次に「宗門維新」に着手する必要があります。日蓮の真の教えから乖離してしまっている日蓮宗を復古的に維新し、正しい教団に改革しなければなりません。そして、宗門が一体となって一般社会に日蓮の教えを広める必要があります。これが「折伏主義」です。

智学にとって、日蓮の教えは「国体観念」そのものであるため、折伏は同時に皇国的国体観念を拡張する社会活動でした。この折伏が国家規模で拡大し、政治の中枢と一体化したとき、「王仏冥合」「法国冥合」が成立します。これは「妙法」と「国家」が一体化する政教一致を意味します。日本という国家が妙法を国是とすることで「立正安国」が成立するのです。

国会では、「信教の自由」条項が含まれる帝国憲法が全会一致で改正され、日蓮仏法を国教とする「大詔渙発の詔」が出されます。また天皇が日蓮宗へ帰依し、「国立戒壇」が設置されます。ここで天皇が「戒壇願主」となり「国土成仏」が達成されます。

「賢王＝天皇」は、日蓮仏法による「世界統一の天業」に着手し、「愚王」を倒す戦いに挑みます。天皇は世界を侵略するのではありません。道義的に統一するのです。これにより「日本的宇宙統一」が成立し、「八紘一宇」の世界が現前します。「一天四海皆帰妙法」が遂に実現するのです。

智学は言います。

日蓮主義は即《すなわ》ち日本主義なり、日蓮上人は日本の霊的国体を教理的に解決して、末法万年宇内人類の最終帰依所を与えんがために出現せり。本化の大教はすなわち日本国教にして、日本国教はすなわち世界教なり〔田中一九四二〕。

このような思想は、一九〇一年に刊行された『宗門之維新』、一九〇二年に出版された『本化摂折論』によって広く知られるようになりました。智学は日蓮仏法を基軸にした「超国家主義者」として、大きな影響力を持っていったのです。

高山樗牛の「超国家的大理想」

一九〇一年、智学が出版したばかりの『宗門之維新』を読んで、大きな影響を受けた思想家がいました。

高山樗牛《ちょぎゅう》です。

樗牛は当時、広く知られた批評家でした。

彼は一八七一年に山形県鶴岡に生まれ、一八八八年に旧制第二高等中学校に入学しました。彼は、本当は東京の旧制第一高等中学校に入学したかったのですが、夢かなわず仙台の旧制二高に入りました。ここから彼の煩悶が始まります。

樗牛は政治に関心を持つのですが、周りの同級生は世の中のことよりも、学校の成績にばかり一喜一憂していました。彼はそんな環境に憤りを覚えます。そして、どんどんと世俗的人生への懐疑の念を深めていきました。

彼は、人間の生の儚さ・虚しさをしみじみと味わいます。そして時に、悲哀と憂鬱の中に埋没しました。彼は「自然との同化」によって「真善美」を獲得し、「高尚なる理想」へと到達する道を探ります。しかし、そのような理想を追い求めれば追い求めるほど、厭世観が加速していきました。彼がショーペンハウアーのペシミズムに心を寄せ、現世の歴史は「希望を求めて煩悶する一大哀史」だと嘆きました。

しかし、そんな厭世観は次第に薄れていきます。

そのきっかけは、東京帝国大学への入学でした。彼は哲学を専攻するのですが、エリート帝大生として帝国を背負って立つという自意識を持ち始めます。

また、樗牛は進化論と出会い、「万有発達」こそが「自然」であるという思想を体得しました。彼は言います。「理想を認識し進歩し現化することに於て、人生は其唯一の意義と価値と幸福を有すべし」。

――人生には意味がある。人間は進化するのだから、理想をしっかりと認識し、それを実現しようとすることが重要だ。それこそ人生の価値なのだ。

樗牛の考えでは、人間が理想へと進化するのは必然のことでした。なぜならば「宇宙其れ自らが理想を有する」からです。宇宙の一部である人間は、いずれ理想に到達します。それが進化という「自然」だからです。

樗牛は、「自然との同化」という理想主義と進化論が出会ったことによって厭世観を脱し、人生論的煩悶を一旦は克服しました。

彼は二十五歳のとき、母校である旧制二高の教授に就任しました。しかし、彼は半年であっさりと退職してしまいます。そして、東京に戻って博文館に就職し、雑誌『太陽』の編集主幹に就任しました。ここから彼の活発な評論家人生がスタートします。

評論家時代の樗牛を特徴付けるものは、何といっても日本主義・国家主義への傾斜でした。彼は、個人を「主我的境地」から脱却させる存在としての国家に注目し、個人を国家的存在として位置づけました。

樗牛にとって、国家は宇宙進化の産物であり、「自然」の存在でした。それは人為的なものではなく、宇宙の道徳的進化の途上に出現するものでした。彼の国家主義は、個人主義から普遍主義への段階的立場として表明された観念でした。

一九〇〇年、そんな樗牛に文部省から海外留学の命が下ります。そして帰国後、京都帝国大学教授になることが内定しました。樗牛は帝国のエリートとして、輝かしい道を歩み始めたのです。

しかし、彼は留学出発前に突然吐血し、入院を余儀なくされてしまいます。そして、ついに海外留学を辞退せざるを得ない状況に陥ってしまいました。

樗牛は再び執筆活動に精を出し始めます。しかし、体は元の状態ではありません。病に蝕まれ、不安に襲われる中、彼は一冊の本を手にしました。

それが田中智学の『宗門之維新』でした。

樗牛は一気に智学の教えに共感し、日蓮主義に傾斜していきます。樗牛は智学の「法国冥合」から「世界統一」へと至るダイナミックな普遍思想に魅了されました。

> 日蓮は真理の為《た》めに国家を認む、国家の為めに真理を認めたに非ず。彼れにとりては真理は常に国家よりも大也。是れを以て彼は真理の為には、国家の滅亡を是認《ぜにん》せり。否《いな》、是の如《ごと》くにして滅亡せる国家が、滅亡によりて再生すべしとは、彼れの動かすべからざる信念なりし也《なり》。蒙古襲来《もうこしゅうらい》に対する彼れの態度の如き、亦実に是の超国家的大理想に本《もと》づく［姉崎 一九一三］。

ここで注目すべきは、樗牛が使っている「超国家的大理想」という言葉です。ここで言う「超国家」とは、明らかに「国家を超える」という意味で用いられています。樗牛は、智学の思想の中に「妙法」による「世界統一」という「超国家主義」を見出し、歓喜したのです。ここに人生論的煩悶が超国家主義へと接続する回路が誕生しました。

一九〇一年秋、樗牛と智学は面識をもち、交流が始まります。樗牛は日蓮主義に深く傾倒していきますが、病はますます悪化し、床に伏せる日々が多くなっていきました。

樗牛は結局、一九〇二年十二月に亡くなってしまいます。三一年の短い生涯でした。死の約半年前、彼は吐血を繰り返しながらも、かつて日蓮が辻説法をした鎌倉小町まで外出しました。この日、そこには智学が立っていました。樗牛は、智学から受戒します。そして、ひとしきり昼食をとりながら歓談をしました。

智学・樗牛・ダルマパーラ

この歓談の席には、一人の見慣れない外国人が含まれていました。

アナガーリカ・ダルマパーラ。

セイロン（現在のスリランカ）からやってきたシンハラ仏教ナショナリストです。彼はイギリスからの独立運動を牽引した闘士として知られ、「スリランカ建国の父」と称されています。また、シンハラ人のアイデンティティを上座部仏教（テーラワーダ仏教）の中に見出し、ナショナリズム運動と連動した仏教復興運動を牽引しました。

ダルマパーラは合計四回、来日していますが、このときは三回目の来日で、仏教学校設立のための資金集めを主目的として来日しました。しかし、この目的の達成は思うように進みませんでした。逆に各地での講演や若手仏教僧との交流などは盛んに行われ、彼の名前は広く知られるようになりました。

ダルマパーラがこのとき繰り返し主張したのは、仏教の活性化でした。彼の目には、日本の仏教界は停滞しているように映りました。とにかく出家者による在来の仏教界は、宗門のヒエラルヒーなどに縛られ、活発な活動が阻害されていました。ダルマパーラが期待したのは、在家信徒による仏教運動の活発化でした。特に在家の青年による慈善活動や教育活動が広く展開されることを期待し、仏教の社会的意義を説きました。

そんなダルマパーラにとって、在家仏教運動を牽引する田中智学は魅力的な仏教徒として捉えられたのでしょう。ダルマパーラが智学を訪問するという形で、会見が実現したのです。

ダルマパーラは智学に誘われるまま、日蓮が辻説法をした「霊跡」を訪問し、花を捧げました。これに対し、智学は次のように述べたといいます。

日蓮上人の教義は、まさに未来に於いて世界を統一すべし。（中略）予は今、貴《き》下《か》がこの御霊跡に拝詣《はいけい》せらるる事は、決して貴下一人の私詣なりとは思わず、貴下をして一般インド国民を代表せしめ、仏教祖国民の初めて本化大聖に稽首《けいしゅ》するの好記念とせんと欲《ほっ》す［山川一九〇二］。

智学はダルマパーラに対して、日蓮の教えに基づく世界統一の構想を披露していきます。そして、ダルマパーラによる「日蓮霊跡」への「拝詣」は、インド国民を代表するもので、仏教の祖であるインド人がはじめて日蓮に額ずいた記念であるとしていきます。

智学は、ダルマパーラに対して、ひたすら日蓮仏法の優位を説きました。日本で説かれた日蓮宗こそが真の仏教であり、その仏教がインドに伝わり、さらに世界全体に敷衍することで、世界は統一されると説きました。智学にとってダルマパーラの訪問は、日蓮仏法のインド伝達の先駆けとして捉えられたのです。

ダルマパーラの態度は終始紳士的で、智学に対して日蓮に関する質問を繰り返しました。その中でダルマパーラは英文で日蓮の完全な伝記を読みたいと言い、日蓮の思想が世界に紹介されることを望んでいると言ったところ、同席していた高山樗牛が次のように返答しました。

上人を世界に紹介する事は、日本人の栄誉ある事業なり。予を以て見れば、上人は決して単に日本に於ける大偉人なりしのみならず、世界に於ける大偉人なり。ルーテルや、サボナローラや、マホメットを以て比するは、その比倫《ひりん》を失す。その大はまさにキリストと相比《あいひ》すべし［山川 一九〇二］。

ダルマパーラにとって、智学と㮓牛の日蓮至上主義的な超国家主義は簡単に首肯できるものではありませんでした。会見の中でも「妙法」の内容や修行方法などを巡って意見の相違が見られ、ちょっとした論争が交わされました。

結局、智学の超国家主義はダルマパーラに受け入れられることはありませんでした。智学の世界統一は、皇国主義的な日蓮主義を大前提としていたため、日本以外のアジア人にとっては、そう簡単に受け入れることのできない論理だったのです。

石原莞爾の国柱会入会

そんな智学の論理に大きく感化された軍人がいました。石原莞爾です。

彼は、一九一九年頃から日蓮の信仰に傾斜し、一九二〇年四月に智学が主導する国柱会に入会しました。

石原は人生論的煩悶を繰り返す青年期を送り、この頃も結婚したばかりの妻との関係に、悩みを抱えていました。そんななかで、彼は智学や樗牛の著作をむさぼるように読み、人生の指針を確固たるものにしていきます。

石原は樗牛が記した日蓮に関する論考の集成である姉崎嘲風（正治）・山川智応編『高山樗牛と日蓮上人』（博文館、一九一三年）を繰り返し読み、メモと書き写しをしていました。例えば、一九二〇年二月四日の日記には、次のように記されています。

樗牛ノ日蓮ノ国家観ヲ見テ感ズル所アリ。所詮《しょせん》、徒《いたずら》に「日本人」タル私心ニ捉ハレタル精神ヲ以テシテハ到底、世界統一ノ天業ヲ完ウスル能《あた》ハザルナリ。

石原は、樗牛と智学の著書を通じて「法華経による世界統一」というヴィジョンを身につけていきました。そして、自らが武力によってその事業を推し進め、満州に日蓮主義に導かれた「王道楽土」を建設しようと考えていきます。

それ以前に、石原は妻との間に透明な関係を築き上げたいと願っていました。彼は国柱会に入信後、約一カ月で中国の漢口《かんこう》に単身赴任で着任したのですが、赴任先から毎日のように妻に宛てて手紙を書き綴りました。

その手紙の中で、石原は何度も妻に対して国柱会に入会してほしいと願い出ています。そして、妻の入信によって、夫婦の間に絶対的関係が生まれることを強調しました。

五月二十三日の手紙では、次のように書いています。


銻《てい》ちゃんもほんとうに仏様を拝む様になりましたら、此退転し易《やす》い私もどんなに心強くなる事でしせう。よしや千里離れて居《い》ませうが、万里を隔《へだ》てて居《おり》ませうが、真心で一心に本仏を拝み、それに合体出来ましたなら、其時こそ二人が完全に結合されて居るではありませぬか［石原 一九八五：一二三］。


「銻ちゃん」というのは、妻の呼び名です。ここに見られるように、石原は妻と「合体」し「完全に結合」したいと望んでいました。そして、それは妻が仏を拝み、国柱会に入会することによって実現するといいました。

結局、妻は石原の強引な要望に応えて、国柱会に入会します。その知らせを受けた石原は歓喜し、「二人ノ間ニ全ク隔テガナ」い状態が生じたと興奮気味に書き綴りました。

石原は妻を「観音様ノ化身」と見なし始めます。そして、「妻との一体化」を「仏との一体化」、そして「世界との一体化」と同一視するようになりました。

満州事変と最終戦争論

石原は、自らの煩悶を智学の日蓮主義によって乗り越え、さらに具体的な世界統一へのヴィジョンを描くようになっていきます。彼が注目したのは、「一天四海皆帰妙法」の前に起こる「前代未聞の大闘諍」でした。彼は「世界の統一」を成し遂げるためには、日蓮主義に導かれた日本が「世界最終戦争」に勝利する必要があると説き、具体的な軍事シミュレーションを繰り返すようになりました。

そして、起こったのが満州事変です。この戦争の首謀者である石原は、満州を「王道楽土」「五族共和」の理想郷にすることを構想し、柳条湖《りゅうじょうこ》事件をはじめとする陰謀を遂行していきました。

こうして、田中智学の「超国家主義」は石原莞爾という軍人に深い影響を与え、満州事変の勃発にまで至りました。「八紘一宇」による世界統一というヴィジョンは、具体的な軍事力と結びつくことによって、実行に移されていったのです。

一九四二年に書かれた『最終戦争論』では、「悠久の昔から東方道義の道統を伝持遊ばされた天皇が、間もなく東亜連盟の盟主、次いで世界の天皇と仰がれることは、われわれの堅い信仰であります」と述べ、「東洋の王道」と「西洋の覇道」の最終戦争に勝利しなければならないと説かれます［石原 一九九三：四四‐四五］。

石原は言います。

最後の大決勝戦で世界の人口は半分になるかも知れないが、世界は政治的に一つになる。これは大きく見ると建設的であります。（中略）必要なものは何でも、驚くべき産業革命でどしどし造ります。持たざる国と持てる国の区別がなくなり、必要なものは何でもできることになるのです。

しかしこの大事業を貫くものは建国の精神、日本国体の精神による信仰の統一であります。政治的に世界が一つになり、思想信仰が統一され、この和やかな正しい精神生活をするための必要な物資を、喧嘩してまで争わなければならないことがなくなります。そこで真の世界の統一、即ち八紘一宇が初めて実現するであろうと考える次第であります。もう病気はなくなります。今の医術はまだ極めて能力が低いのですが、本当の科学の進歩は病気をなくして不老不死の夢を実現するでしょう［石原 一九九三：五二］。

石原はこのヴィジョンを、日蓮の予言と田中智学の予言によって正当化します。彼は日蓮が「日本を中心として世界に未曾有の大戦争が必ず起る」と予言したと論じ、「そのとき本化上行が再び世の中に出て来られ、本門の戒壇を日本国に建て、日本の国体を中心とする世界統一が実現する」と断言します〔石原 一九九三：五八〕。また田中智学の予言に基づき「今から三十年内外で人類の最後の決勝戦の時期に入り、五十年以内に世界が一つになるだろう」と説きます〔石原 一九九三：四六〕。

石原の論理は、日蓮主義と融合した社会進化論です。彼は世界統一という理想社会を近未来に想定し、そのユートピア実現に向けた闘争を説きました。彼にとって、統一された世界は「透明な共同体」でした。そこでは他者と一体化し、世界と一体化することで、疎外という苦しみから逃れることができます。すべては天皇のもと一体となり、心と心で繋がり合うことができます。

ここでも世界を完成可能とする極度の理想主義が露出しています。そして、一体化した世界の実現のため、世界は「八紘一宇」の原理に一元化されることが想定されます。

——社会進化論、日蓮主義、天皇。

その原理が統合された時、石原のアジア主義は壮大な理想主義のもと、残酷な暴力を発動しました。透明な世界を希求する純粋主義は、不透明なものを極度に排除し、一元化しようとします。世界は根源のところで多元性を否定され、主体的服従を強いられます。

繰り返しになりますが、不完全な人間が完全な社会を構築することなどできません。人間は神性や仏性を有していると仮定できますが、神そのものではないため、パーフェクトな存在にはなりえません。我々は常に誤謬を含んだ存在として、有限の世界に生きています。私たちは永遠の過渡期の中で生きていくことを宿命づけられています。

世界は普遍的に「バラバラでいっしょ」で「いっしょでバラバラ」です。世界は多元的であるが故に一元的で、一元的であるが故に多元的です。世界は一色にはなりません。

石原のアジア主義は、不透明な多元性に耐えることができませんでした。ここに社会進化論の延長上に構築されたアジア主義の破綻が顕在化します。

アジア主義は、社会進化論に基づく世界の統一というヴィジョンから脱却しなければなりませんでした。「その先の近代」においても、世界は理想状態に到達しません。この覚悟を受け入れない限り、同一化の暴力から抜け出すことはできないでしょう。

有限なる存在によって構成される世界は、無限なる存在と同化することなどできないのです。

第十八章

アジア主義の辺境

――ユダヤ、エチオピア、タタール

反ユダヤ主義の台頭

日本のアジア主義が対象としてきたのは、地政学的な関係から東アジア諸国が中心でした。一方、これまで見てきたように、アジア主義者たちは東南アジア諸国やインド世界との連帯も視野に入れ、活動してきました。アジア主義の射程は、東アジアという枠組みに限定されません。

また、アジアという地域はさらなる広がりをもっています。中央アジアや中東、さらに論者によってはエジプトなどの北アフリカまでがアジアと認識され、連帯の対象と見なされました。そもそもアジアという地理的概念は茫漠《ぼうばく》としており、確たる共通の定義は存在しません。そのため「アジア主義」と言ったときに、どこまでの範囲を連帯の対象とするのかをめぐって、様々な齟齬《そご》と葛藤、矛盾が生まれることになりました。

またアジア主義には、人種闘争という側面も含まれていました。欧米列強の白人による差別や帝国主義に対抗して有色人種が連帯するというコンセプトが含有されていたのです。こうなるとアジア主義者にはアフリカの諸民族との関係をいかに位置づけるのかが問われることになります。また西洋の植民地支配に苦しめられている被圧迫民族の解放を説くと、さらに範囲は拡大することになります。

日本のナショナリストたちの間で見解の相違が顕著になったのが、ユダヤ人をめぐる言説でした。一九一〇年代の末になると、突如として「猶太禍《ユダヤか》」といわれる反ユダヤ主義が台頭し、日本社会の一部に浸透しました。これは現在に続くユダヤ陰謀論のはしりで、ユダヤ人はフリーメイソンのような秘密結社によって世界征服を企んでいるという妄論です。

この議論が台頭した背景には、ロシア革命とそれに伴うシベリア出兵がありました。日本政府は共産主義運動が国内に流入することを警戒し、ボリシェビキを敵視しました。そして、イギリスやアメリカと連携して革命に干渉するため、一九一八年からシベリアへの出兵を開始しました。

シベリアに派遣された軍人たちは、革命によって中心的地位を奪われた白系ロシア人と接触しました。彼らは革命から逃れてシベリアにたどり着いた人たちだったため、ボリシェビキを敵視していました。そして、彼らの一部が共有していたのが「ボリシェビキはユダヤ人であり、ロシア革命はユダヤ人の陰謀の結果である」という認識でした。

彼らは、革命を担った人物の中にユダヤ人が含まれていることを強調し、ユダヤ陰謀論を吹聴しました。反革命派の白系ロシア人たちは「共産主義はユダヤ人の世界征服のためのイデオロギー」と見なし、反ユダヤ主義を楯に抵抗しようとしました。シベリアに出兵していた日本軍人の一部はこれを積極的に受容し、戦略的に利用しようとします。彼らは「反ボリシェビキ」を「反ユダヤ人」という認識へと横滑りさせ、「猶太禍」を流布しはじめました。そして、この中からユダヤ陰謀論を信じる者が現れ、日本に帰国後、反ユダヤ主義を拡散させました。

この時、「猶太禍」論の根拠とされたのが、『シオンの議定書』という偽書でした。これは「ユダヤ人秘密勢力による世界征服の計画書」として流布し、ユダヤ人への恐怖心を煽る役割を果たしました。

「猶太禍」論者は、この偽書を入手し、密かに翻訳し始めます。この作業に最も早く着手したのが樋口艶之助《ひぐちつやのすけ》で、彼は一九二〇年代以降、代表的な反ユダヤ主義者として活躍します。樋口はロシア経験が長く、陸軍のロシア語教官を務めていました。白系ロシア人との交流も深く、彼らからの強い影響を受ける形で「猶太禍」論にコミットしていったのです。

樋口は北上梅石という偽名を使って『シオンの議定書』を翻訳します。そして、ユダヤ人への警戒心を拡散し、反ユダヤ主義への覚醒を訴えました。

当時の日本は第一次世界大戦後の不景気の中、労働運動が拡大していました。また米騒動に端を発した小作争議も各地で頻発し、民衆の反体制運動が広がっていました。この動きは普通選挙運動と接続し、大正デモクラシーの潮流を生み出します。世の中は革新の時代となり、共産主義や社会主義も一定の支持を得るようになりました。「猶太禍」論は、このような革新勢力への広範な警戒心につけ込む形で拡大しました。このまま大正デモクラシーが拡大すればボリシェビキの台頭を許すことになり、ユダヤ人による世界征服の波に飲み込まれてしまうというのです。この単純で飛躍した論理は、秩序の不安定化と深刻な不況の中で不安を抱いた層に浸透していきました。

満川亀太郎による批判

この反ユダヤ主義に猛然と反発したアジア主義者がいました。満川亀太郎です。満川は第十六章で言及したように、北一輝、大川周明と共に猶存社を設立した人物です。彼は世界の事象に通じるジャーナリストであり、国家改造の闘士でもありました。

満川は河上肇を愛読する革新主義者で、アジア連帯による植民地支配の打破を構想していました。そのため、ロシア革命が起こった際、強い共感の意を示し、ボリシェビキとの連帯を模索しました。

満川は『三国干渉以後』という自伝を残しているのですが、ここでロシア革命当時のことを次のように振り返っています。

私はロシアに労農革命が起つたときから、レーニンが好きでならなかつた。この人物こそが必ずロシアを救ふであらうと信じてゐた。だが当時の日本は、同盟国英国の宣伝の外何ものをも受け入れようとはしなかつた。一切の思想も政策も『我が英国』に典拠し、模範とするのであつた。ロシアには過激派の名が与へられ、レーニンは憎むべき独探となつてゐた。この過激派と独探とを征伐せんがために、シベリア出兵の軍が進められてゐたのである。

私はシベリア出兵の擧を目して、国家を底無し沼に投ずるの外何ものもないと考へた。布簾《のれん》に腕押しの如きシベリア出兵は、皇国の頸血を止め度もなく注いで、結局朔北の広野にのたれ死の最大危機に終るであらうと痛憂した［満川 一九七七：二〇六 - 二〇七］。

満川はレーニンを礼賛しました。そして、日本政府のシベリア出兵に反対し、日英同盟を問題視しました。

彼は一九一九年、『何故に「過激派」を敵とする乎《か》』という小冊子を秘密出版しました。ここでいう「過激派」はボリシェビキのことで、レーニン政府の承認と労農ロシアとの連帯が彼の主張でした。

これに真っ先に賛同の意を示したのが大川周明でした。大川は満川に対して「十分に警戒しなければならぬことは『過激派』の存在は現在の資本主義を倒壊するに役立つであらうが、決して我々の最高の理想でないから之に対する新しい反動が起つて来るに相違ない」と伝えたといいます［満川一九七七：二〇九］。大川はレーニンを二十世紀の代表的革命家と捉えながら、宗教を排除する姿勢に問題があると見ていました。そのため資本主義を打倒する一段階として評価しつつ、「我々の最高の理想ではない」と留保をつけました。大川の理想は、第十六章で見たように宗教と一体化した政治革命であったため、レーニンには全面的な賛意を与えなかったのですが、それでも共産主義勢力を敵対視する認識はなく、むしろ革新的同志として連帯の対象と見なしていました。

このように猶存社系のアジア主義者の多くはロシア革命を肯定的に捉えていたため（ロシアを嫌った北一輝は例外的存在です）、ボリシェビキに対する敵対意識を共有していませんでした。そのため、反ボリシェビキとしての反ユダヤ主義を共有する素地が存在せず、むしろ有害な陰謀論として排斥すべきとの見解が支配的でした。

一九一九年春、満川は初めて「猶太禍」論を耳にし、『シオンの議定書』に目を通しました。当初「そんな馬鹿なことがあるものかと格別気にも止めなかつた間に、これを信じるこれを宣伝する人が非常に殖えて来た」ため〔満川 一九二九：一三二〕、反論を発表するようになりました。

彼は一九一九年六月、『大日本』に「猶太民族運動の成功」という論考を掲載し、ユダヤ民族運動への肯定的見解を提示しました。また一九二〇年には猶存社の機関紙『雄叫び』第三号に「青年日本の焦点的思想」を掲載し、反ユダヤ主義を牽制しました。

一九二一年には樋口艶之助と対面することになります。この時のことを、満川は次のように振り返っています。

筆者が神田如水《じょすい》会館に開かれたるロシア研究会席上、ユダヤ禍の迷妄を論破してロシア即時承認を主張せし時、猛然として筆者に喰ってかゝつた樋口艶之助の怒声の如何に高かつたかは、当時列席諸氏の今猶《なお》記憶に存することであらう。筆者は実にその時初めて樋口氏の如き熱心なるユダヤ禍論者の存在を知つたのである［満川 一九二九：一三六－一三七］。

満川はこれを契機として、反ユダヤ主義者に対する反論に力を注いでいきました。「自己の主張を貫徹せんがためにも、ロシアに対する誤解の最大理由『ユダヤ禍』そのもの、撲滅を図らなければならなかつた」のです［満川 一九二九：一三六］。

しかし、「猶太禍」論は不況の拡大に比例する形で、拡大の一途をたどっていきます。

樋口艶之助と四王天延孝

一九二三年、樋口艶之助は再び北上梅石というペンネームを使い、『猶太禍』を出版しました。ここで樋口は日本人の不安を煽りつつ、広範なユダヤ陰謀論を展開しました。

彼が強調するのは、ロシア革命を引き起こした過激派はユダヤ人によって支配されており、一見ロシア人と思しき名前の人物も、実は偽名を使ったユダヤ人であるという点です。彼らは政権が確立されるまでは裏面での活動に終始し、政権奪取後に陣頭に立つ手法を使うと言います。多くのロシア人はこのことに気づかず、ユダヤ人による革命が成功して初めて、陰謀の存在を知ります。この時点で、もう取り返しが付かない状況になっており、ロシアはまんまとユダヤ人に乗っ取られたと言うのです。樋口はこの陰謀論を誇張することによって、日本人の危機意識を煽ります。

世界見渡す限り各帝国が亡ぶるか又は帝国の名のみ存して其の実際の伴はざる国々が存在することになり、残る所は吾《わが》日本帝国のみであります。乃《すなわ》ち世界唯一の帝国たる吾日本国が猶太の攻撃破壊の目標となつて居るのではなかろうか、世界的陰謀団の目が吾日本を攪乱《かくらん》すべく光つて居るのではなからうか、夫《そ》れであるから吾国が世界に於て孤立の状態に陥いつて居るのではなからうか、是等を注意研究し将又《はたまた》警戒するは吾日本国民の最大緊急時でありあります［樋口一九二三：四六－四七］。

樋口は繰り返し日本がユダヤ人に狙われていると警告します。ロシアが皇室の伝統を失い、宗教を破壊されたように、日本も同様の攻撃のターゲットとされており、国家存亡の危機に直面していると言います。

では、なぜ日本が狙われているのでしょうか。それはユダヤ人による世界統一の野望にとって、日本が大きな障壁となるからです。ユダヤ人の陰謀にとって障害となるのは、「君主を主権と戴《いただ》き忠勇な軍隊を持つて居る国家」であり、「換言すれば帝国主義軍国主義の国家」です。ユダヤ人はそのような国家の「攪乱破壊に努力し」、「政治的経済的に各国家の国境を無く」すことで、「人心を彼等の希望通りに陶冶《とうや》し支配権を得やうと」しているのです〔樋口 一九二三：四七〕。

樋口曰く、ユダヤ人はまず君主の力を削ぐことに尽力します。君主権を弱体化し、共和制にシフトさせるために、人民の参政権拡大を画策します。また「個人主義を鼓吹して国家心を弱」め、「世界主義」を浸透させます。彼らは「愛国心を喪失せしめインターナショナル主義に導く」ことで、陰謀実現の素地を構築して行きます〔樋口 一九二三：四八〕。

また、「階級戦を助長し国民をして相争闘せしめ、内部より国家の崩壊を」煽ります。そして「風俗の壊乱を謀り国民を享楽主義に導きて以て真面目なる考殊に独創の念を抹殺せしむること」を進めていきます。さらに、国家の乱れに乗じて「国家の富を吸収して以て国家の経済的政事的滅亡を謀」ります〔樋口 一九二三：四八〕。

樋口は、日本の現状に不安を持つ層に対してユダヤ陰謀論を説き、国家存亡の危機という焦燥感を煽ることで支持を拡大していきました。

このユダヤ陰謀論ブームに加勢し、「猶太禍」論の中心的人物になって行ったのが四王天《しおうてん》延孝《のぶたか》です。彼は陸軍士官学校を卒業した軍人で、フランス赴任中にユダヤ問題に直面し、徐々に反ユダヤ主義に接近しました。彼が「猶太禍」論にのめり込むのはシベリア出兵に伴うハルピン特務機関時代で、共産主義革命への警戒心が反ユダヤ主義へと直結していきました。

彼は帰国後の一九二三年、藤原信孝という別名で『不安定なる社会相と猶太問題』を執筆し、「猶太禍」論者として注目されます。また翌一九二四年には包荒子というペンネームで『世界革命之裏面』を執筆し、『シオンの議定書』の全文を紹介しました。さらに一九二七年にはヘンリー・フォード『世界の猶太人網』を翻訳・解説し、反ユダヤ主義の拡散に努めました。

四王天の特徴は、明確な反アジア主義者であるという点です。彼は戦後に回顧録を書いていますが、この中でアジア主義に対する懐疑の念を率直に述べています。彼は白人による優越権の誇示に対抗して「有色人種の結合をすると言うこと」は「必ずしも正しいとは言えまい」とし、「実際問題として日本が盟主となって有色人種を団結し、白色人種を向うに廻して抗争しても果たして成算ありや否や大なる疑問であると考えていた」と言います〔四王天 一九六四：一五八〕。

四王天の反ユダヤ主義が陸軍内で主流となることはなく、彼自身もその主張の過激さ故に予備役へと追いやられることになるのですが、一部行政機関では反響を捲き起こし、政策に反映され始めます。一九二八年九月に司法省主催の思想検事講習会が開かれたのですが、四王天の「ユダヤ人の世界赤化運動」が正科目・必修となり、講座が開催されました。司法省という権力の中枢部分にも反ユダヤ主義が入り込み、四王天の「猶太禍」論が正当性を獲得することになるのです。

対決

これに強い懸念を抱いたのが満川でした。彼は「猶太禍」論者を徹底的に論破しなければならないと考え、直接対決を望みます。この思いに応え、場を設定したのが下《しも》中彌《なかや》三郎《さぶろう》でした。

下中は平凡社を創設した出版人ですが、教育者、労働運動家、農本主義者、アジア主義者、世界連邦論者としても活躍した人物です。満川とは老壮会発足のころに知り合い、ロシア革命への共感という点でも一致していました。

下中は平凡社主催の座談会を企画し、「猶太禍」論者とそれに反対する陣営の双方に声を掛けました。これに樋口が応じ、満川との対決が実現します。「猶太禍」論者には大石隆基《たかもと》が加勢し、さらに日ユ同祖論を主張する酒井勝軍《かつとき》が加わりました。

座談会が開催されたのは一九二八年十一月七日。この時の模様は『平凡』一九二九年三月号に掲載されました。

満川は冒頭で「猶太禍」を「日本人の妄想」と切って捨て、『シオンの議定書』が偽書であることを力説しました。そして「我国の猶太禍論者は皆この議定書を根拠として、ロシア革命とくつ付け、今にもユダヤ人の赤化陰謀でこの日本帝国も破壊されるかの如く騒いでいる」と批判しました〔平凡社編 一九二九：四六五〕。

これに対して樋口は次のように返します。

それ位のことは判つてゐる。それを信じやうと、信じまいと、各々《おのおの》の勝手であるが、近頃の世相はちやんと議定書にある通りになつてゐる。

政治上から言へば、第一普通選挙にすれば、自然人民に権利が生じて来るから、段々君主の主権が喪はれる。その次には、風俗の壊乱、左傾思想の宣伝、階級戦の惹起《じやつき》等が盛になつて居ります。公債を起すにしても、成《な》るべく外債に依らせるから、益々国の負債が増し困難が生じて来る。経済上に於ても政治上に於ても将《ま》た又社会上に於ても皆この書物に書いてあるやうな傾向になつてゐます〔平凡社編 一九二九：四六六〕。

樋口は満川の批判に対して、真正面から答えることができません。『シオンの議定書』の正当性を論証するのではなく、現状への不安をユダヤ陰謀論に還元することに終始します。

この発言を後押ししようと、大石が援護射撃を行います。彼はユダヤ人が「世界を猶太人の国にし、猶太人の統制の下に置く」という陰謀を企んでいると指摘した上で、次のように発言します。

　普通選挙で王座を覆へすとか、科学を起して宗教を滅すとか、淫蕩文学、カフエー、バー、ダンス等を盛《さかん》にして堕落世界を造り社会を破壊するとか、労働運動や階級闘争を激成させて置いて、そこに進出して猶太王国を造るのが、所謂《いわゆる》世界革命であります［平凡社編 一九二九：四六七］。

猶太禍論者の主張は、日本社会の左傾化に対する不安の裏返しでした。彼らは、時代の不安をユダヤ陰謀論と結びつけることで社会主義化・共産化を阻止し、大正デモクラシーの潮流を排斥することが目的でした。結局、根拠としている『シオンの議定書』の正当性を証明することはできず、世相が「議定書にある通りになつてゐる」と強弁することで、猶太禍論を正当化しようとしました。

しかし、この論理の飛躍は通用しません。第三者的立場で座談会に参加していた信《しの》夫淳平《ぶじゅんぺい》や大竹博吉《ひろきち》などは、反ユダヤ主義から距離を取り、満川に加勢します。主催者の下中も満川に軍配を上げ、「猶太の建国運動とロシアの共産主義運動とが違ふところははつきり判る」と断言しました。

満川は樋口に対して、厳しい言葉を投げかけます。

世界破壊の大陰謀だなど、騒ぎ回つて何も知らぬ田舎の人々を驚かし、可憐なる猶太人を傷つけた猶太禍論者は何の顔を以《もつ》て罪を天下に謝するのです［平凡社編 一九二九：四七七］。

大竹はこれに同調し「絶版にでもするんだね」と猶太禍論者を突き放します。さらに下中も「それより仕方あるまい」と続け、「根拠のない猶太禍説の如きにビク〳〵しないやうにしたいものだ」と結論づけました。樋口は最後に「社会主義運動者には猶太人が多いことは事実だ」と吐き捨てることしかできず、猶太禍論者は無残にも引き下がることになりました［平凡社編 一九二九：四七七］。

満川は、とどめを刺すべく一九二九年に『ユダヤ禍の迷妄』（平凡社）を出版し、反ユダヤ主義を徹底的に批判しました。しかし、世相の混乱と不安の拡大に乗じる形で、ユダヤ陰謀論は拡大し続けます。満川は一九三六年に亡くなりますが、その後、猶太禍論はナチスへの礼賛論と一体化し、猛威を振るうことになりました。四王天は一九四二年の翼賛選挙で全国最高点を獲得して当選し、衆議院議員になります。世の中は満川の思いとは裏腹に、猶太禍論を受容していきました。

満川亀太郎『黒人問題』

満川は猶太禍批判と共に「黒人問題」の啓蒙にも力を入れました。彼は一九二五年に『黒人問題』（二酉名著刊行会）を出版し、人種問題にも果敢に発言を行いました。満川は「虐げられたる有色民族を除外して何の人類愛ぞ。何の世界平和ぞ」と問い、日本人は「人間たり人類の一員たる地歩を獲得すべく」、黒人の解放運動に注目しなければならないと訴えます［満川 一九二五：二］。そして、アジア主義者こそ、アメリカの奴隷解放運動やアフリカの反植民地運動との連帯を模索すべきとして、次のように言います。

奪われたる亜細亜を奪還せんがために、著者は十年同志を天下に求め、聊《いささ》か心身を労して来た。亜細亜と同じく搾取せられたる阿弗利加《アフリカ》、黄人と同じく圧虐せられたる黒人、そは必然に我が精神を傷ましめねばならぬものであつた［満川 一九二五：三］。

満川の確信は、黒人解放の実現こそ歴史の趨勢だということでした。世界は奴隷解放に向かわなければならず、人種差別の撤廃に舵を切らなければなりません。そして、その先頭を切る存在こそ日本であるべきというのが、その主張でした。

人類歴史の開展せられんとして、審判の日は既に始まつたのである。限りなき当面の紛糾血みどろの中から、或《あ》る何物かゞ生れ出でんとする厳粛なる事実の前に、青年日本は武者振《ぶる》ひして起《た》たねばならぬ〔満川 一九二五：六〕。

満川は『黒人問題』の中で、欧米諸国における奴隷解放運動のプロセスを詳述し、ヨーロッパによるアフリカ分割の歴史を追います。そして、黒人社会が経済的に自立し、「教育的発展」を遂げようとする息吹を捉えます。また、アフリカの反植民地闘争の潮流を読み解き、新しい歴史への展望につなげます。

そして、本書を次のように締めくくります。

世界の新紀元を開かんとする人種革命の苗床、それは疑もなく黒人阿弗利加である。太陽を理想とし、太陽の如く万物を照さんとする日本民族は、この苗床の伸び行くことを人類の幸福の為に期待すべきである〔満川 一九二五：三二一〕。

このような満川の姿勢は大川周明とも呼応し、一九二五年に結成された行地社では、綱領に「有色人種の解放」が掲げられました。満川は行地社のメンバーとなり、アジア主義の範囲を拡張する役割を担いました。

トゥーラン主義と「日エ同胞論」

アフリカ問題がアジア主義者にとっての試金石となる時がやってきます。その中心はエチオピア。日本では馴染みのなかったこの国をめぐって、アジア主義者の本質が問われることになります。

日本でエチオピアに注目が集まったのは、一九三〇年代の前半。突如として、エチオピアの王族と日本人女性の縁談話が持ち上がったのです。

この出来事の中心を担ったのは角岡知良《すみおかともよし》という人物でした。彼は頭山満の顧問弁護士で、血盟団事件や神兵隊事件、相沢事件などの被告人弁護を担当したことで知られます。しかし、彼には弁護士の外にもう一つの顔がありました。それはトゥーラン主義者としての活動です。

トゥーラン主義とは何か。これは「ウラル・アルタイ語族」といわれる諸民族の連帯を目指すイデオロギーで、フィンランドやハンガリー、トルコ、中央アジア、モンゴル、満州、朝鮮、日本がその範疇に入るとされました。ただ「ウラル・アルタイ語族」というカテゴリーは仮説にすぎず、学術的には未だに確立されていません。しかし、ユーラシア大陸の東西をつなぐ壮大な繋がりは、一部の人たちの間で国家を超えたロマンを掻き立て、次第にアジア主義とリンクして語られるようになりました。

トゥーラン主義は、ハンガリーが起源とされます。その中心となったのがバラートシ・バロク・ベネディックという民族学者で、ハンガリーにとって宿敵だったロシアを日本人が撃破した（日露戦争）ことから、急速に支持者が増加したとされます［レヴァント 二〇一三：五一八］

バラートシは三度にわたって来日し、日本各地で民族学的調査を繰り返しました。この時、通訳を務めたのが今岡十一郎で、次第にトゥーラン主義の魅力に没入していきます。一九二〇年代初頭、二人は一致団結して、日本におけるトゥーラン主義の拡大を目指すようになります。バラートシは頭山満をはじめとする要人と接触し、連帯の必要性を説きました。この時、アジア主義者たちは関心を示しつつも主体的には運動に取り込もうとしませんでした。

バラートシはハンガリーに帰国すると、今岡をブダペスト大学に呼び寄せます。今岡は一九二二年から約一〇年間、ハンガリーで日本文化の普及に努め、大学に日本語講座を開設しました。

トゥーラン主義を日本で受け継いだのが角岡でした。彼は一九二九年に大道社という団体を設立し、月刊誌『大道』の刊行を始めました。この雑誌はトゥーラン主義の紹介を中心とするもので、世界各地のトゥーラン主義者の議論を紹介しました。角岡はハンガリーの今岡と連絡を取り合い、最新の情報を入手します。時には今岡も寄稿し、また今岡の推薦でハンガリーのトゥーラン主義者の論考の翻訳が掲載されたりもしました。

角岡の特徴は、トゥーラン主義と共に有色人種解放を訴え、両者の連帯を説いた点でした。この主張は次第に融合し、起源を同じくする民族の範囲がなし崩し的に拡大していきました。

彼が注目したのは東アフリカのエチオピアでした。彼は『大道』の中でさかんにエチオピアとの通商関係の重要性を説き、日本の積極的経済進出を促しました。そんな時、一つの情報が舞い込んできます。それはエチオピアから政府の公式使節団がやってくるというものでした。

これを絶好の機会と捉えた角岡は、自宅に使節団を招待することを企画します。彼は外務省に掛け合い、合意を取り付けます。一九三一年十一月に使節団が来日すると、十二月十八日に一行を自宅に招き、直接交流が実現しました。

このときの使節団の来日には、重要な目的がありました。表向きはエチオピア皇帝の戴冠式に日本が使節を派遣した返礼とされたのですが、実際はエチオピアの存亡をかけた重要な外交意図が隠されていました。

来日したアラヤ・アベバ殿下は、のちに次のように語っています。

本当の狙いはイタリアから侵略の危機にさらされている我が国に対して、日本がはたして力強い味方になってくれるかどうか、その感触を知るためのものでした〔山田一九九八：九五〕。

エチオピアはムッソリーニ率いるイタリアから主権を脅かされ、軍事的介入の危機に直面していました。そこで極東の大国・日本に接近し、関係を強化することでイタリアの動きを牽制しようとしたのです。また、日本から資金的援助を得たいという思惑も、来日目的に含まれていました。

エチオピア王族と角岡知良の意図は、両国の連帯という点で一致していました。角岡邸を訪問した一行は、手厚いもてなしを受け、友好を深めました。角岡はこの時、日本とエチオピアは同根の民族的起源をもつという「日エ同胞論」を展開しました。彼は地名の共通性や旧約聖書の独自解釈をもとに、日本人とエチオピア人は「種族的根源を同じうするものに非ずや」と力説したのです〔山田一九九八：一〇八〕。

使節団は日本各地で歓待されました。彼らは一定の手ごたえを感じ、帰国の途につきます。角岡はエチオピアとの通商関係の構築とトゥーラン主義の普及を図るため、一行に山内正夫を同行させました。山内は、角岡の命を受ける形で、しばらくの間エチオピアで生活をすることになります。そして、この人脈から日本のメディアを騒がせる世紀の「縁談話」が持ち上がります。

エチオピア王族との縁談

山内はエチオピアに向かう船の中で、アラヤ・アベバ殿下と懇意の仲になりました。二人は歳も近く、気も合ったことから、エチオピアに到着後もしばしば面会し、雑談に花を咲かせました。

そんなある日、殿下は山内に日本人の妃を迎えたいという思いを漏らしました。彼は日本滞在中に日本人女性の貞淑さに惹かれるとともに、日本との関係深化による安全保障の確立という政治的意図を含みつつ、日本人女性との結婚を考えたのです。

山内は殿下の思いが強固なものであることを確認したうえで、角岡に手紙で報告しました。殿下の希望は英会話ができることと、十九歳から二十四歳であること、そして美人であること。国家をまたぐロマンスが動き始めました。

手紙を受け取った角岡は、半信半疑でした。しかし、山内から繰り返し手紙が届くと、これは大ごとだと考え、実現に向けた方策を考え始めます。ちょうどそんな時、以前から懇意にしている東京朝日新聞の記者が訪ねてきました。角岡がこの縁談話を記者に漏らしたことから、騒動が起こります。

一九三三年五月十九日の『東京朝日新聞』は、社会面トップのスクープとして「神秘帝国（エチオピア）皇族　日本人女性に求婚」という記事を掲載しました。すると、日本各地から花嫁に立候補する者が続出し、一気にエチオピア・フィーバーが起こることになります。

角岡は妻を面接役とし、立候補者の選定に乗り出しました。そして、最終的に子爵・黒田廣志の次女・黒田雅子を候補者とすることに決定しました。

——日本の華族令嬢とエチオピアの皇族の結婚。

一九三四年一月に発表されると、世紀の婚約話は連日メディアを賑わすことになりました。黒田雅子は一躍時の人となり、新聞や女性雑誌のインタビューに追われることになりました。彼女はエチオピアに嫁ぐ準備を始め、花嫁修業を積み重ねました。

しかし、です。

この縁談に介入し、待ったをかける人物が現れました。ムッソリーニです。彼は、日本の皇族とエチオピア皇太子の結婚と誤解し、強い抗議を行いました［田浦一九九六：一〇六］。また、アラヤ・アベバ殿下自身の回想では、エチオピアへの経済進出を狙うフランス政府が強く介入してきたと言います［山田一九九八：一三〇］。

結果、この話は紆余曲折の末、破談になってしまいました。新聞各紙は「まぼろしの恋」を悲嘆とともに伝え、国民の間には落胆が広がりました。そして、エチオピアに対するシンパシーとともに、イタリアに対する反感が広がりました。

イタリアか、エチオピアか

破談報道から八カ月後の一九三四年十二月、イタリアとエチオピアが軍事的に衝突しました。イタリア領ソマリランドとエチオピアの国境地帯で両国軍が戦火を交える「ワルワル事件」が起こったのです。この衝突は突発的に起こった出来事ではなく、イタリアが入念に計画した末の事件でした。

これを受けて角岡は真っ先にエチオピア支持を訴えます。一九三〇年代のアジア主義運動を牽引した団体に大亜細亜協会がありますが、角岡は機関誌『大亜細亜主義』(一九三五年三月号)に「伊太利のエチオピア侵略に就いて国民に愬《うった》ふ」と題した論考を投稿し、イタリア政府を痛烈に批判しました。角岡はイタリアがエチオピアに経済進出する日本を敵視していると強調し、「伊太利は間接に日本を敵として戦はんとするのである」と訴えます。そして、断言口調で次のように結論付けました。

これで世界の動向はハツキリして来た。それは白人と全有色民族との恒久的対立抗争である［角岡 一九三五］。

既述のとおり、角岡は頭山満の顧問弁護士でした。そのため玄洋社・黒龍会系のアジア主義者とは近しい関係にあり、ワルワル事件後、彼らに支援を求めました。結果、一九三五年六月四日に頭山を代表とするエチオピア問題懇談会が開催され、イタリアのエチオピア侵略を非難する決議が採択されました。この懇談会には、内田良平、満川亀太郎、下中彌三郎、R・B・ボースなども名前を連ね、主たるアジア主義者は親エチオピア・反イタリアの姿勢を明確にしました。

下中は『大亜細亜主義』八月号に「伊エ紛争問題と日本」と題した論考を投稿しました。ここで下中は「エ・伊紛争は、対岸の火災どころか我等が頭上に降りかゝつてをる火の粉だ」と述べ、日本人に当事者意識を喚起させようとしました。下中は両国衝突の原因の一つとして、イタリアがエチオピアへの日本商品の流通を阻止しようとしたことを挙げ、紛争の行方が日本の国益に直結することを説きました。

しかし、下中の主張の中心は、経済的利益の問題にありませんでした。イタリアに侵略されようとしているエチオピアを救うことは、アジア主義者としての使命であるというのが彼の切実な訴えでした。

下中は言います。

亜細亜民族の子孫たる東アフリカに対して日本が声援するのは、血が、民族意志が、さうさせるのだ。親心の発露なのだ〔下中 一九三五〕。

下中にとって、ムッソリーニはアジア・アフリカを侮辱する白人中心主義者に他なりません。イタリア・ファシズムは帝国主義国家の一形態に他ならず、打倒すべき対象でした。エチオピアと連帯しイタリアに対抗するのは日本人の「民族意志」であり、アジア主義者として当然の行為と捉えられたのです。

ムソリニの態度が白人優越感を代表するものであり、欧羅巴《ヨーロッパ》人共通の有色人種蔑視の意義に根をもつものである限り、東アフリカ席巻の彼の野望は全亜細亜民族、全有色民族の敵である。エチオピア問題に対する日本の態度は、亜細亜民族十二億の正義と信頼に応へ得るものであらねばならぬ〔下中 一九三五〕。

しかし、イタリアのエチオピア侵攻は加速します。十月に入ると軍事的侵略が露骨な形で進み、エチオピア戦争に発展しました。翌年五月にはアディスアベバが陥落。エチオピアはイタリアの手に落ちることになります。

さて、問題はここからです。

エチオピアを支援し、イタリアを批判してきたアジア主義者たちは、この姿勢を一貫して保つことができたのでしょうか。

一九三六年十一月、日本はドイツとの間に日独防共協定を結びます。日本は国際的孤立を恐れ、反ソ連・反共産主義運動という点で利益を共有するナチス・ドイツに接近していきました。さらに翌年、日中戦争が勃発すると列強との関係悪化からイタリアにも接近し、協定を三国に拡大した日独伊防共協定を結びます。

この潮流の中で、アジア主義者の多くは反転し、イタリア・ファシズムの礼賛者になっていきました。一九三八年三月二十七日にはイタリアからの特使を歓迎する国民大会が開催されますが、この会を主催したのは黒龍会の中核メンバーであり、壇上から頭山満が「ムッソリーニ閣下万歳」の音頭を取りました。また発起人の中には角岡知良までもが含まれていました。エチオピアの苦境は忘却の彼方に追いやられ、イタリア批判は急速に影をひそめました。

影山正治の頭山満批判

このような状況に憤った青年がいました。影山正治《かげやまさはる》です。彼は若き日に神兵隊事件に関与した民族派の指導者で、一九三九年には大東塾を主宰し、戦後には不二歌道会を設立しました。

影山は「イタリー特使歓迎国民大会」に憤慨します。彼は「ファッショ・イタリーのたうとうたる侵略主義に対するはげしい憤激と、被圧迫弱小エチオピアのしんしんたる悲運に対する切なる同情と、国内愛国維新陣営の目にあまる実情に対する深い憂慮」を抱き、「イタリー使節を迎へて悲涙エチオピアを想ふ」と題した文章を一気呵成にしたためました［影山 一九八九：三七六］。

影山は冒頭で「神州日本に一人の義人なきか」と訴えます。そして、政府・国民・ジャーナリズムが一体となってイタリアに対する「おべんちやらに有頂天」となっている様子を批判し、「一人起つて悲しき有色同胞『エチオピア』のために痛哭せざるは何ぞや」と論じます［影山 一九八九：三七九］。

影山は「防共の精神」については、これを是認します。しかし、その「防共」が「資本主義を認めたり、帝国主義を肯定したり、有色民族の解放を放棄したりすることでは断じてない」と言います。彼にとって「防共の精神」の延長にあるものは「世界に道義を確立せんとする」精神に他ならず、「強けれども正しからざるを挫き、正しけれども弱きを扶《たす》くる」ことこそが重要だと言います［影山 一九八九：三八〇］。しかし、イタリアへの礼賛的姿勢は、「防共」という名を借りた帝国主義に他ならず、有色民族への圧迫を補完することになってしまいます。この矛盾を、アジア主義者たちはどう考えているのか？　少し前まではエチオピアを支援し、イタリアを激しく非難していた人たちが、何故に手のひらを返したようにイタリアを礼賛するのか？影山の問いは、核心部分を突き刺します。彼は「国民大会」を主催した黒龍会の中心メンバーの名前を挙げ、批判の刃を向けます。

昨日はエチオピアを支援し、今日は満州国承認と引換にイタリーのエチオピア侵略を承認す。どこに皇国日本の信義ありや、どこに神国日本の道義ありや。（中略）信義なく、道義なし。何の維新運動であるか。何の国体明徴であるか［影山一九八九：三八九］。

彼は黒龍会幹部に向かって、あなたたちには信義も道義もないのではないかと迫っています。そして、彼らに維新運動を遂行する資格があるのかを鋭く問いかけています。この激しい批判は容赦なく続きます。彼はついに大御所・頭山満に対して批判の矛先を向けます。

特に吾人が最も遺憾に耐へざるものは、昨日エチオピア支持の有志大会に於て、代表として激励電報を打たしめ、皇帝自署の御真影の下賜に與《あずか》らしめたる頭山満翁をして、今日の大会に於て、あはれ！「ベニト・ムッソリーニ閣下万歳」の

音頭をとらしめ居ることなり。昨日は「エ国皇帝万歳」今日は「ムッソリーニ万歳」とは！〔影山 一九八九：三九〇〕

影山の結論は、アジア主義者が抱え続けてきた問題に突き当たります。それは、アジアの解放を掲げながら論理的一貫性を欠くアジア主義は、結局のところ覇権的帝国主義の別名ではないのかという問題です。

かくの如《ごと》くんば遂《つい》に日本は「覇道国」に墜在せん、かくの如くんば遂に維新陣営は「覇道集団」に堕在せん〔影山 一九八九：三九一〕。

影山は、黒龍会や頭山満に対して「覇道集団」に堕落していると厳しく迫っています。彼にとって、エチオピア支援からイタリア礼賛へと反転するアジア主義者たちは、王道を棄てた帝国主義者以外の何者でもありませんでした。「イタリアか、エチオピアか」という問題は、アジア主義者にとって重要な試金石となる選択でした。彼らの姿勢が状況の中で大きくブレたことを、私たちは記憶にとどめておかなければなりません。韓国併合のプロセスや孫文の大アジア主義演説のプロセスで顕在化した問題が、ここでも露出してしまいました。

——「王道」か「覇道」か。

アジア主義は繰り返し覇道イデオロギーへと変転し、帝国主義に呑み込まれてしまう要素を含有していました。

イブラヒムの初来日と亜細亜義会

さてもう一つ、日本のアジア主義にとって重要なムスリム（イスラーム教徒）の関係について見ていきたいと思います。

この問題を考察する際に重要になるのは、タタール人の存在です。ここで言うタタール人とは、ロシア各地に住むトルコ系少数民族のことです。彼らの大半はムスリムで、十九世紀末にシベリア鉄道・東清（中東）鉄道が開通すると、タタール商人たちが満州のハルビンにコミュニティーをつくりました。ロシア革命が起こると、多くのタタール人が満州方面に避難し、その中から日本に渡る人たちが出てきました。戦前の日本には約二〇〇〇人のタタール人が生活していたと言われています。

来日したタタール人の中で、注目すべき人が何人かいます。その筆頭がアブデュルレシド・イブラヒムです。彼は一八五七年にウラル山脈の東のタラという町に生まれ、アラビア半島のメディアで教育を受けたウラマー（イスラームの知識人・聖職者）でした。彼はロシアにおけるムスリムの権利拡大や自治を求め、反帝政ロシアの活動家となりました。

イブラヒムはロシアに対抗するために、日露戦争に勝利した日本に目をつけました。彼は日本で対露強硬論を説くアジア主義者と連帯し、ロシア領内のムスリムの解放を図ろうと考えたのです。また一人のウラマーとして、日本にイスラームを布教したいという思いもありました。

一九〇九年二月、イブラヒムは来日し、約四カ月半の間、日本に滞在することになります。この間の様子は、彼が出版した滞在記（小松香織・小松久男訳『ジャポンヤ』第三書館、一九九一年）に詳述されています。

イブラヒムは積極的に日本の要人たちと接触し、交流を深めます。中でも頭山満・内田良平をはじめとするアジア主義者に接近し、深いかかわりを持ちました。

この時、重要な役割を果たした日本人がいました。中野常太郎と大原武慶《たけよし》です。中野は『大東京』という雑誌の記者で、東洋の統一を志向するアジア主義者でした。

彼はあるパーティーでイブラヒムのスピーチを聞きました。イブラヒムはこの時、次のようなスピーチをしました。

東洋はつねに西洋の脅威にさらされております。ヨーロッパ人はいつも自分たちの生を東洋諸民族の死であがなおうとしています。東洋はつねに彼らの奴隷なのです。西洋人はその利益のすべてを東洋人の損失であがなうのです。われら東洋人はいつまで彼らの奴隷になっていればよいのでしょうか。（中略）私の考えますに、東洋の諸民族は、お互いに助け合ってはじめて生命を守ることができるのです。（中略）ヨーロッパ人は、機会をみつけては東洋の犠牲の上に自己の利益を求めるものなのです。この無念な現状から我々を解き放つ唯一の方法は、全精力をあげて東洋の統一に努力することであります［イブラヒム 一九九一：二五九］。

会場にいた中野はイブラヒムに声をかけ「先生のお話はたいへん参考になりました」と述べました。そして翌日の夕食に招待し、「詳しくお話ししたい」と申し出ました［イブラヒム 一九九一：二六二］。これをイブラヒムが快諾したところから、二人の関係が始まります。

翌日、中野はイブラヒムと会食しました。イブラヒムはここで東洋統一の必要性を説き、アジアにおけるムスリムの重要性を語りました。そして、次のように力説しました。

もし日本に［モスクのような］イスラムの象徴がすえられたならば、問題は速やかな展開をみせるに違いないと思われます。日本にこれがないばかりに、いくら日本人を東洋の指導者におし立ててみたところで、中国［ムスリム］の熱い期待に応えることは難しいでしょう。私はこう考えるのです［イブラヒム 一九九一：二六七］。

これを聞いた中野は「この問題は我々日本人にとって、それほど難しいことではありません」と答え、「我々はイスラムの真理を知ったなら、その日からイスラムに改宗することをためらうものではありません」と言いました。さらに、これからは折に触れて自分たちを啓発してほしいと懇願し、最終的に「今日より先生の弟子となります」とまで言いました。イブラヒムは「そこで師弟の契りを結んだ」と言い、「生涯でもっとも価値ある一晩となったその夜、日本におけるイスラムの普及に第一歩が刻まれた」と回想しています［イブラヒム 一九九一：二六四］。

中野はモスクの建設に前のめりになって行きました。そこで話を持ち込んだのが、陸軍大佐の大原武慶でした。大原はこの頃、すでに予備役となり、軍の現役を退いていましたが、東亜同文会に関与しつつアジア主義的活動を展開していました。この頃、イブラヒムは大原と新橋の路上で会い、「ご心配にはおよびません。万事うまくいきますよ」と声をかけられたと言います。イブラヒムは大原を信頼し、「彼はすこぶる愉快で尊敬すべき人物である」と述べています［イブラヒム 一九九一：二七二］。

イブラヒム、中野、大原の三人は会合の場を持ち、モスク建立について話を進めました。二度目の会合の場には、別の人物が加わりました。頭山満、犬養毅、河野広中でした。

大原はイブラヒムに言いました。

「われら五名は先生のお考えに賛同し、日本におけるイスラム弘布のために、物心の両面にわたって力の及ぶかぎり努力することを誓います。

どうか我々の志を容れて下さい。今日よりわれら兄弟となろうではありませんか。条件がありましたら、何なりとお聞かせ下さい。仰せのとおりにいたします。必要とあらば、書面にして署名いたしましょう。どうかモスク用地確保の件をお命じ下さい。算段をつけてご覧にいれます。どんなことでも、ご遠慮なくお話し下さい」［イブラヒム 一九九一：三二五 - 三二六］。

イブラヒムはオスマン帝国のシャイヒュル・イスラーム庁から建設許可を取る必要がある旨を説明し、イスラーム世界におけるカリフの重要性を説きました。そして、モスク建立を早急に実現することは難しいので「ひとつ我々で結社を作り、兄弟の契りを結んではどうでしょう」と提案しました［イブラヒム 一九九一：三一六］。

五人はこれに同意します。そのうえで、大原は「費用は私共がもちますから、どうか今年メッカへお発ちください。そこですべてのムスリムに向けて我々の挨拶を伝え、その後イスタンブルを訪ねて必要な手続きをお済ませになるのです」と願い出ました。これにイブラヒムは賛同し、連帯の礎が築かれました。

ちなみに大原は、イブラヒム滞在中にムスリムに改宗しました。日本人で最初のムスリムが誰かを特定することは難しいのですが、彼が「日本でもっとも早い時期に改宗した者の一人であったことは間違いな」いとされます［坂本 一九九九：一八二］。イブラヒムは大原を「日本人で最初にイスラムに改宗した」人物とし、「私は彼にアブー・バクル［初代カリフと同一名］というムスリム名を与えた」としています［イブラヒム 一九九一：二七二］。

この後、中野は候補用地の確保に奔走し、一定の見通しをつけてイブラヒムに報告しました。すると、イブラヒムは日本に滞在するムスリムに相談したいと言い、回答を留保しました。彼が相談相手としたムスリムは、第十五章で紹介したバルカトゥッラーでした。

バルカトゥッラーはモスク建設の話に乗り気でした。しかし、イブラヒムは展開の速さに疑義を持ち、慎重な姿勢を取りました。もしモスク建設が決まっても、日本人が資金を提供しなかった場合、どうすればいいのかというのがイブラヒムの懸念でした。

二人は横浜に住むインド人ムスリムの豪商のもとを訪問しました。彼らはポイントとなる五項目を列挙し、話し合いました。


一．日本にはムスリムがまだほとんどいないのに、モスクははたして必要だろうか。

二．モスクの建立が決まったとして、イスタンブルのカリフに願い出て許可を受けることにはどれほどの意味があるか。

三．モスク用地が日本人から提供された場合、モスクの建設は吾々が引き受けるのがよいのかどうか。これを引き受けたとして我々にできることは。

四．モスクには学校を併設すべきかどうか。

五．この事業を実行するにあたって、中心となって働く委員の選出の問題［イブラヒム一九九一：三四二］。


彼らは四、五時間にわたって議論を続けましたが、結論は出ませんでした。結局、モスク建立の話はうまくいかず、この時は実現しませんでした。東京にモスクが建立されるのは、約三〇年後のことです。そしてそのオープニング・セレモニーの中心には、八十歳を超えた老齢のイブラヒムがいました。この話は、後で詳述することにします。

さて、モスクの建立に頓挫したイブラヒムは、頭山らと約束した「結社」づくりに乗り出します。一九〇九年六月七日、イブラヒムは大原を会長とする「亜細亜義会」を設立しました。この設立発起人には頭山や中野が名を連ね、在日中国人も加わりました。亜細亜義会は『大東』という会報を発行しました。これは中野が個人的に刊行していた雑誌を機関誌に衣替えしたもので、発行・編集は彼自身が担当しました［三沢二〇〇一］。

大原は亜細亜義会設立前に、宇都宮《うつのみや》太郎・陸軍大将に接触しています。『宇都宮太郎日記』には、次のように記されています。

明治四十二年五月八日　大原武慶来衙《らいが》、露国帰化韃靼《だったん》［靼］人アブジュラシット・イブラヒムの（元回教管長にて一度露の国会議員たりしことあり、革命思想懐抱の為《た》め迫害を受け退去せるものにて、原籍は露国カザンの人なり）反基教同盟を主張し主意書を持参し謀る所あり、余の意見を授く。但し余は或時機までは直接に面会せず［宇都宮二〇〇七：二三五－二三六］。

イブラヒムと大原は、東洋統一の阻害要因としてキリスト教の存在を挙げ、問題視していました。「反基教同盟を主張し主意書を持参し謀る所あり」とあるのは、二人の意見交換を受けたものでしょう。亜細亜義会の構想には、反キリスト教という要因も加わっていました。

さらに亜細亜義会結成前日の『宇都宮太郎日記』には次のような記述があります。

六月六日　来宅せしものは根津の外、歩兵大尉松井石根《いわね》、歩兵中佐三原辰次、露の亡命カザンの韃靼人イブラヒムを繋ぎ置く為め大原武慶に本日金三百円を渡す為めに召致。此金は三原保管の別途資金にて福島中将の管理せるものなり［宇都宮二〇〇七：二四三］。

大原は、「イブラヒム工作」のために大金を手にしていました。モスク建立計画も亜細亜義会設立も、背景には陸軍の意図と資金がうごめいていました。陸軍としては、対ロシア対策・アジア政策においてイブラヒムに利用価値があると見なしたのでしょう。アジア主義者のムスリムとの接触は、「覇道」的な政略的アジア主義と表裏一体の関係の中で展開されました。

この後、亜細亜義会結成から八日しか経っていない六月十五日、イブラヒムは日本を離れるため、新橋から汽車に乗りました。彼はメッカ巡礼の後、イスタンブールを訪問し、日本でのモスク建立の許可を得ることになっていました。この旅には、インドのボンベイから山岡光太郎が加わりました。彼は日本人として初めてメッカ巡礼を果たしたムスリムとして知られています。

イブラヒムは予定通りメッカを経てイスタンブールに到着しますが、日本には戻らず、トルコで活動を開始しました。彼は雑誌を刊行し、イスラーム主義運動に奔走しますが、目的は成就しません。一九二三年にトルコ共和国が成立すると、翌年カリフ制は廃止され、世俗国家体制が敷かれました。イスラーム主義運動は規制の対象となり、イブラヒムは僻地に幽閉されました。彼は失意の中、静かな老後の生活を送ることを余儀なくされました。

クルバンガリー vs イスハキー

さてその頃(一九二四年)、一人のタタール人が日本にやってきました。アブドゥハイ・クルバンガリーです。

クルバンガリーはパシュキール地方の有力者の家庭に生まれ、若き日からムスリムの地位向上運動に関与しました。ロシア革命後は反ボリシェビキの立場をとり、満州に逃れました。ここで日本の軍人と接触します。その一人が「猶太禍」論者の四王天延孝でした。

四王天とクルバンガリーは、反ソ連・反ボリシェビキ・反共産主義という点で一致しました。ロシアにおけるムスリムの解放運動と、日本の対ロシア政策が明確な形で接続したのです。

やがてクルバンガリーは、「満州で活動するよりも日本で参謀本部、陸軍省、国粋主義団体と接触する方が支援をより多く得られると考え」、日本に活動拠点を移しました。東京に落ち着いた彼は、タタール人コミュニティの宗教指導者（イマーム）として活躍し、一九二八年には「東京回教団」を結成しました。さらに一九三〇年には「回教学校」を設立し、自ら教壇に立ってタタール語やイスラームの教育を展開しました。

クルバンガリーはアクティブな人物で、タタール人コミュニティを牽引しました。しかし、その手法は時に強引で、タタール人の間でも賛否両論が渦巻きました。一部の人たちは露骨にクルバンガリーを嫌い、彼の事業に対しても否定的な態度をとりました。中には「私利私欲のための宗教活動だ」と非難し、時に「実はソ連の対日スパイだ」と吹聴する者まで現れたと言います［小村 一九八八：三〇六］。クルバンガリーの強烈な個性は、タタール人コミュニティの求心力となった一方で、反発する者に対しては強い遠心力となっていったのです。

日本のタタール人コミュニティはクルバンガリーをめぐって内紛状態に陥りました。そんな中、クルバンガリーに対抗するもう一人の重要人物が来日します。アズヤ・イスハキー。タタール人の間では広く知られる活動家でした。

一九三三年十月にイスハキーが来日すると、タタール人コミュニティは沸き立ちました。彼は東アジアだけでなく、トルコからヨーロッパでも活躍した人物で、クルバンガリーよりも大物でした。

トルコ民族史を研究する松長昭は、イスハキー来日のきっかけを満州国建国にあると推察しています。「イスハキーは反共・反ソの新生国家満州国を後ろ盾としてタタール民族運動の全体的な組織化を図ろうとし」、戦略的に日本に接近したと言います［松長 一九九九：二二六］。

イスハキーの来日をきっかけとして、東京在住のタタール人は「イデル・ウラル・トルコ・タタール文化協会」を設立しました。この団体は当初から反クルバンガリーという方向性をもち、東京のタタール人コミュニティの分裂を加速化させました。

もちろんクルバンガリーは、イスハキーの存在を快く思いません。タタール人コミュニティの主導権を奪われたうえ、イスハキーからは「クルバンガリー一派の提唱する回教は回教の真精神に反し俗悪なる邪教に陥りつつある」とまで非難されました［松長 一九九九：二二六］。クルバンガリーの不満と怒りは募る一方でした。

そんな中、事件が起こります。

一九三四年二月十一日、東京の和泉橋倶楽部で大久保幸次主催の「トルコ民族歴史研究講演会」が開催されました。ここにはイスハキーとその支持者が参加していたのですが、突然、クルバンガリー派のタタール人が乱入し、イスハキーに暴行を加えました。イスハキー派はこれに応戦。会場全体を巻き込む乱闘騒ぎになりました。

これを機に、タタール人コミュニティの内紛は決定的なものになりました。対立関係が世の中に知られるようになり、両者の中傷合戦がメディアを通じて展開されました。イスハキーは一九三四年八月に日本を去り、満州に渡りますが、対立構造が解消されることはありませんでした。

クルバンガリーは次第に孤立するようになっていきます。タタール人コミュニティではイスハキー派が優勢となり、中心組織は「東京回教団」から「イデル・ウラル・トルコ・タタール文化協会」に移りました。

この時、密かにある人物が再来日を果たしていました。イブラヒムです。

トルコの寒村で静かに余生を送っていた彼に、日本陸軍とアジア主義者は再び注目します。満州国建国によってソ連領内のムスリム工作が重要性を帯びてきたため、イブラヒムを日本に呼び寄せる計画が浮上したのです。

イブラヒムはすでに七十六歳になっていたのですが、この要請に応えました。そして、約二五年ぶりに日本の地を踏み、長期滞在が始まりました。

しかし、来日当初、イブラヒムに与えられた任務はほとんどありませんでした。陸軍内ではイブラヒムに利用価値があると考える者が少なく、彼は漫然と東京生活を送るほかありませんでした。

イブラヒムは上野に居を構え、身の回りの世話をする日本人女性と同居しました。その女性の名前は鈴木キヨ（清子）。彼女は二十代半ばで福島県から上京し、英語の勉強を志しました。しかし、下宿先に出入りしていた白系ロシア人からトルコ語の勉強を勧められ、イブラヒムを紹介されました。彼女はイブラヒムからトルコ語を習うことになり、その代わりに身の回りの世話をすることになりました。

二人の間には、次第に恋心が芽生えます。七十代後半のタタール人と二十代半ばの日本人女性の恋。二人は結婚しなかったものの、つつましやかに寄り添いながら暮らすようになります。鈴木はトルコ語をマスターし、イブラヒムの通訳や文章の翻訳もできるようになりました。

不忍池のほとりで、静かな時間が流れました。

クルバンガリー追放と東京モスク落成

しかし、イブラヒムは激動の渦に巻き込まれていきます。一九三七年七月に日中戦争が勃発すると、日本軍は中国内陸部のイスラーム工作を本格化させました。軍事作戦の遂行には、早急にムスリムを味方につけておく必要があったからです。この動きが、国内在住ムスリムの国策利用を喚起し、在日タタール人への関心を高めました。

しかし、タタール人コミュニティは分裂状態にあり、統率がとれていませんでした。陸軍はこれを問題視し、クルバンガリー派とイスハキー派の統合を模索しました。陸軍は、頭山満を通じてタタール人の和解調停を進めます。しかし、クルバンガリーが話し合いに応じません。彼はさらに孤立を深め、陸軍からは彼の存在こそ内紛の主要因と見なされるに至りました。

この時、クルバンガリーは東京にモスクを建立する計画を進めていました。場所は代々木上原。現在、東京ジャーミー（東京モスク）がある所です。

クルバンガリーは資金集めに奔走しました。そして、土地を購入し、彼の名義で登記をしました。一九三七年十月十九日には盛大に起工式が行われ、モスク建設が着工されました。

しかし、モスクが完成間近になると、雲行きが怪しくなります。陸軍・海軍・外務省そしてアジア主義者たち（特に黒龍会メンバー）が、クルバンガリーへの不信感を大きくしていったのです。クルバンガリーにはイスハキーのようなイスラーム世界での広範なネットワークがありませんでした。しかも、独断的な性格から多くの人とトラブルを起こし、タタール人コミュニティを統率することができませんでした。このままクルバンガリーが主導する形でモスクが完成し、彼がイマームの座に就くことへの懸念が広がりました。

その結果、クルバンガリーはモスク落成一週間前の一九三八年五月五日、警察庁にスパイ容疑で逮捕されました。そして、東京回教団の団長にイブラヒムが就任し、落成の献堂式もイブラヒムが主催して執り行われることになりました。

五月十二日、代々木上原の地で盛大に献堂式が開催されました。アザーン（礼拝への呼びかけ）のあと、頭山満が開扉の役を務め、祝賀式では「君が代斉唱」「天皇陛下万歳」に続き、陸軍大将の松井石根《いわね》が「回教徒万歳」を唱えました。そこにクルバンガリーの姿はありませんでした。

六月に入るとクルバンガリーは日本を追放され、大連に向かいました。彼が設立した「東京回教団」は解体され、新たに「東京イスラム教団」が設立されました。また、日本全国のムスリムを統率する「大日本イスラム教団連合会」も設立され、両組織のトップにイブラヒムが就きました。この組織は軍部のイスラーム政策に沿うもので、傀儡色の強い存在でした。

イブラヒムは自らの権威を利用する日本人に対して冷淡で、鈴木キヨに対して「日本の態度は嘆かわしいね」と言ったといいます［田澤 一九九八：九七］。

若き井筒俊彦

さて、そんなイブラヒムの自宅に連日、熱心に通ってくる若者がいました。まだ二十代の井筒俊彦《いづつとしひこ》です。

井筒がアラビア語を学びたいと考えていたところ、ある時、偶然に「アラビア語がアラビア人よりできるトルコ人が東京にいる」と聞き、イブラヒムの存在を知りました。彼は人を介して、アラビア語を教えてほしいと頼んだのですが、なかなか良い返事をもらうことができません。「自分は、アラビア語なんか教えた経験もないし、教える気もぜんぜんない。自分の日本にいる目的はぜんぜん違うんだ」と言われてしまい、取り付く島がありませんでした［井筒、司馬 一九九三：二二四］。

それでも井筒はあきらめません。どうしてもお願いしたいと熱心に頼み込んだところ、「それじゃ、一遍来させてみろ。様子を見てやるから。どんなやつか見るから、連れて来い」となり、自宅を訪問することになりました。不忍池近くの家を訪ねると、矍鑠《かくしゃく》とした老人が出てきました。井筒はイブラヒムの第一印象を「ちょっと怪物みたいだった」と回想しています［井筒、司馬 一九九三：二二五］。

イブラヒムはいきなり古典アラビア語で「ハーザ　ル　キターブ　ジャーア　ミンアメリカ（この本は、アメリカから来たばっかりだ）」と言い、一冊の本を見せました。そして井筒の顔をじっと見て「ア　ファヒムタ？（わかるかね）」と尋ねました。井筒は「感激そのもの、うれしくて大変」でした。なぜなら「生まれて初めて憧れの古典アラビア語を、生の音で、生きた口から聞いたから」です〔井筒、司馬 一九九三：二二五〕。

井筒が感動していると、その思いが通じ、「おまえは見所がある。だから一週間に一遍ぐらい家にきて、話しながら勉強するがいい」と言いました。しかし、イブラヒムは一つ条件を付けました。それは同時にイスラームの教えについても学ぶということでした。

イブラヒムは言いました。

アラビア語をアラビア語としてだけ学ぶなんてことはばかげている。イスラム抜きにアラビア語をやることは愚劣だ。アラビア語をやるならイスラムも一緒に勉強しなければだめだ〔井筒、司馬 一九九三：二二五〕。

イブラヒムは手に持っていた英語の『マホメット伝』という本を手渡し、これを読んでくるようにと課題を出しました。そして、一週間に一度、このテキストをもとにアラビア語を練習しようと言いました。

井筒はそれから毎日のようにイブラヒムの自宅に通いました。そうして二年が過ぎたころ、イブラヒムは「おまえは、私の息子だ」と言うようになりました。イブラヒムは井筒のことを気に入り、次のように言ったといいます。

「おまえは、生まれつきイスラム教徒だ。生まれたときからイスラム教徒なんだから、おれの息子だ」〔井筒、司馬 一九九三：二二五〕

そして、「わしはもう、教えることはみんな教えた。おまえに、これ以上教えることはない」と言い、「もうじきわしなどとは比較にならないすごい学者が日本に来る。ちょっと例のないような大学者だ。おまえに紹介するから、そこへ行って習うがいい」と述べました〔井筒、司馬 一九九三：二二六〕。

その学者はムーサー・ジャールッラーハ。「一所不在」を貫き、世界を漫遊しながらイスラームの体験知を積み重ねる知識人でした。

井筒は、来日したムーサーを訪ねました。「玄関からじゃなくて、庭から入ってくれ」と事前に言われていたので庭に回ると、中には人の気配がありません。おかしいと思いながらも、誰もいない家の奥に向かって「サラーム（こんにちは）」と言ってみると、直ぐ近くから「アハラン　ワ　サハラン（よく来た、よく来た）」というくぐもったアラビア語が聞こえて来ました。すると目の前の押入れが開いて、上段からムーサーが這い出してきました［井筒、司馬 一九九三：二二六］。

事情を聞くと、家を借りる金も部屋を借りる金もなく、それでも大家に相談したところ「気の毒だから、押し入れの上段を貸してあげよう」ということになり、そこをねぐらとするようになったといいます。

井筒はムーサーに弟子入りすることになりました。しかし、ムーサーの手元には本も何もありませんでした。どうするのかと思っていると「イスラムでやる学問の本なら何でも頭に入っているから、その場でディクテーションで教えてやる」と言われました。実際、ムーサーはアラビア語学の注釈本を端から端まで丸暗記していました。他にもさまざまな本を暗記しており、井筒は唖然としました。

ある時、井筒が病気で寝込んでいると、ムーサーが部屋を訪ねてきました。彼は部屋の中を見回して「おまえ、ずいぶん本を持っているな。この本、どうするんだ」と尋ねました。「もちろん、これで勉強する」と答えると、「火事になったらどうする？」と聞かれ、「火事で全部焼けちゃったらお手上げで、自分はしばらく勉強できない」と言うと、ムーサーは大笑いし言いました。

「なんという情けない。火事になったら勉強できないような学者なのか」［井筒、司馬 一九九三：二二七］

続けて「おまえ、旅行のときはどうして勉強するのだ」と聞かれたので、必要なものは持っていくというと、「人間のカタツムリだ」と言われ、重要な基礎テキストは全部頭に入れ、そのうえで自分の意見を縦横無尽に展開できなければ学者ではないと諭されました。のちに二十世紀世界を代表する東洋学者となった井筒は、こうして学問の基礎を叩きこまれたのです。

井筒は『韃靼疾風録』を書いた司馬遼太郎との対談で、次のように言っています。

ところで、司馬さんの『韃靼疾風録』ね、私は大好きなんです。中身を読む前に、あの題を拝見しただけで、感激してしまいました。「韃靼」という言葉が、何ともいえない興奮を呼ぶんです。といいますのは、若い頃私の前に二人の韃靼人が現れましてね、その二人との運命的な出会いがあったために私はアラビア語をやり、イスラムをやって、おまけに学問というのはどういうものか、学問はかくあるべきだ、というようなことを学んだからです。（中略）とにかく、タタールという言葉を聞いただけで興奮するんです。そのタタール人二人の指導で、私は学問の世界に入っていったわけですから［司馬、井筒 一九九三：二二三］。

さて、日本人の中にも井筒の才能を見抜き、期待をかけた人物がいました。大川周明です。東亜経済調査局に所属していた大川は、井筒に対して「これからの日本はイスラムをやらなきゃ話にならない、その便宜をはかるために自分は何でもする」と言い、大金をはたいて買った東亜経済調査局のイスラーム関係蔵書を「何でも自由に持ち出して読んで使っていい」と使用許可を与えました。

井筒も大川に対して興味を持ちました。それは「彼がイスラムに対して本当に主体的な興味をもった人だったから」でした〔井筒、司馬 一九九三：二二八〕。井筒は大川を単なる帝国主義者とは見ていませんでした。彼は大川の根底にイスラームに対する主体的な関心があることを見抜き、敬意を払っていたのです。

大川周明、イブラヒム、ムーサー、井筒俊彦――。

ムスリムをめぐるアジア主義の顚末は、確かに政略的で「覇道」的な方向に収斂していきました。しかし、そのようなプロセスの中で、東洋的不二一元論を力強く説く井筒俊彦という大哲学者が誕生します。井筒はその後、東洋に橋を架け、イスラームと仏教を繋ぎながら「思想としてのアジア主義」を花開かせました。

ちなみにイブラヒムは一九四四年八月、大東亜戦争の最中に上野の自宅で息を引き取りました。享年八十七。世界を股にかけて活躍したイスラーム主義者は、鈴木キヨに看取られて、静かに亡くなりました。

第十九章

戦闘の只中で
——日中戦争と大東亜戦争

日中戦争と頭山満の苦悩

日中戦争が勃発したのは一九三七年七月七日。盧溝橋《ろこうきょう》事件が発端となって、両国が戦火を交えることとなりました。

この時の首相は近衛文麿。国民の期待を一身に受けて、この年の六月に内閣を発足させました。

盧溝橋事件の翌々日、近衛内閣は臨時閣議を開き「事件の不拡大」方針を取り決めました。この時、ロシアの脅威に対する備えを重視する石原莞爾らは、日中の衝突を避けるべき事態と認識し、この不拡大方針に近い立場をとりましたが、武藤章をはじめとする陸軍の主流派は拡大・強硬路線を強く主張し、対立しました。

結局、臨時閣議の翌日、中国側の部隊増強を確認するや否や、閣内でも一気に強硬論が支配的となり、以降、なし崩し的に拡大路線がとられることとなりました。

八月九日には大山海軍中尉が射殺される事件が起こり、戦火は上海にまで拡大。さらに十二月十三日には国民政府の首都である南京が陥落し、のちに「南京大虐殺」と呼ばれる事件が起きました。

さて、満州事変から日中戦争へと至る国民的熱狂に対して、非常にシニカルなまなざしを向けていた人物がいました。頭山満です。

頭山は一八五五年生まれ。満州事変の時点ですでに七十六歳になっていました。

頭山にとって、団結すべき日本と中国が争い合うことは、本来、最も避けなければならないことでした。しかし日本は満州を占領し、溥儀《ふぎ》を担いで満州国を建国しました。頭山にとって、日本の独断的な軍事行動は、簡単に肯定できるものではありませんでした。

一九三五年四月。

満州国皇帝となった溥儀が来日することになりました。日本は国際的にプレゼンスを示すべく盛大なパーティーを開き、溥儀を歓迎しました。赤坂離宮に迎えられた溥儀は頭山を招待し、会見を要望しました。

しかし、です。

頭山は健康状態が良いにもかかわらず、これを拒否しました。彼は「気が進まない」と言って招待を辞退し、会場に現れることはありませんでした。

頭山の真意は、史料が残されていないためわかりませんが、彼がとった態度は、満州国建国に対して批判的なものでした。彼は日本政府に対しても、中国国民党政府に対しても、そして満州国皇帝に対しても、強い不満と違和感を持っていました。

日中戦争が勃発すると、頭山は早期の和平を望みました。

頭山にとって、問題はイギリスの存在でした。手を結ぶべき蔣介石《しょうかいせき》は、まんまとイギリスの術中にはまっており、日本を敵視するようになったと捉えていました。

――本来しっかりと手を取り合うべき日本と中国が、なぜ敵対しなければならないのか。その原因は、イギリスだ。真の敵は中国の国民政府ではなくイギリスだ。蔣介石はなぜイギリスに接近するのか。国民政府は早くイギリスと手を切って、日本と共に歩むべきである。

これが、頭山をはじめとする玄洋社メンバーの思いでした。

頭山は言います。

日本と支那は軍事同盟を結んで行かにやならぬ。軍事国防の同盟を結べば、その間に経済的結合も自ら含まれて来る。日支が固く結んで亜細亜《アジア》の復興を計り、これを妨害《ぼうがい》する他の勢力を排撃《はいげき》するのが日支両国の使命であるから、段取りはそこまで進むやうにせねばならぬ。これが日支間の根本原則であるが、それに反する暴戻の徒を滅ぼして、真に日支の同盟を念とする支那民衆の間に、永遠の大計を樹立するに至つて、初めて事変もその意義を明らかにする訳である［西尾編 一九八一：二八二］。

しかし、日本と中国の戦いは拡大する一方でした。「日支が固く結んで亜細亜の復興を計」るという思いは、現実によって引き裂かれていきました。

三木清が直面した「思想の貧困」

そのような中、「日本の現実」という論考を『中央公論』一九三七年十二月号に投稿し、日中戦争を行う日本側の「思想の貧困」を強く批判した哲学者がいました。

三木清です。

三木は一八九七年一月生まれ。一高から京都帝国大学文学部哲学科に進学し、西田幾多郎に師事しました。彼は西田門下のなかで「空前の天才」と呼ばれ、ドイツ留学を経てマルクス主義に接近しました。著書『人生論ノート』は、現在でも広く読み継がれている名作です。

三木は「日本の現実」を次のような文章ではじめます。

今度の支那事変は日本に新しい課題を負わせた〔三木 一九六七：四三八〕。


では、この「新しい課題」とは何でしょうか？

それは「日本の思想的課題」であり「日本の思想的現実」であると彼は言います。三木の見るところ、日中戦争の目的は「東洋の平和であると云はれ」ているものの、これを基礎付ける思想がいかなるものかは、まったく問われていません。「平和」や「親善」というもっともらしい言葉だけが先行し、肝心の思想が欠如しているのです。「日本精神や日本文化の研究は奨励されてきたにも拘らず、思想の貧困の状態は何等改善されていない」のです。

では、アジアにおいて問われるべき思想とは何か？

それは、仏教的な「無」の思想であると三木は言います。この思想はインド・中国・日本のそれぞれ別の特色をもって発展しつつ、根源では同一のものです。そして、それは地域の特色に根付きつつ、世界的普遍性を有しています。「今日においては、世界の思想となり得るものでなければ日本思想でも東洋思想でもあり得ない」と三木は説きます。

三木の考えでは、思想は「善意」と異なります。日本が中国に対してアジアの統一という空虚なスローガンを掲げ、「『欧米依存』の迷夢から覚醒させる」という「善意」の押し付けをしたところで、それは帝国主義としか見なされません。重要なことは「世界のすべての人に理解され得る体系」的思想を確立することです。

一方で、「世界的」であることは「日本的」であり「支那的」であることと、なんら矛盾しません。むしろ、「日本と支那とがそれぞれの特殊性を発揮するということ」こそが、世界的な普遍思想へと接近する方法となります。日本は「思想の貧困」から脱し、「全世界を救い得る思想」を構築しなければなりません。それこそが、今、直面している「日本の現実」であり「世界の現実」であると、三木は主張しました。

ここで三木は、日本と中国がそれぞれ歴史的に積み重ねてきた固有の思想に立脚することこそが「東洋的」なるものへの覚醒に繋がり、世界的普遍思想への開闢となることを説いています。彼は民族的な思想を掘り下げることを通じて、現実の民族という枠組みを超えることを主張し、その立場から「日本の現実」を大きく転換させようと試みました。もちろんそれは、民族固有の思想を至上の価値と規定し、他者に強要するような皇国史観と正反対の立場であることは言うまでもありません。

三木の見るところ、「多」なる個別の文化の中にこそ、「一」なる普遍的真理は宿っています。世界は「一」であるが故に「多」であり、「多」であるが故に「一」です。

この世界における「多」なる存在は、すべて「一」なる真理の現れです。「多」なる文化の差異は真理の違いではなく、真理に至る道の違いにすぎません。

しかし、我々は「多」の差異に固着し、異文化との対立を引き起こしてしまいます。自文化こそが真理を一元的に所有していると錯覚し、異文化への優越性を説いてしまうのです。三木の思想では、すべての「多」は深く追究すればするほど「一」なるものへと通じ、同一の真理の共有へと至ります。「多」と「一」が矛盾しながら同一化する「多一論」こそが三木が依拠した西田哲学であり、京都学派の哲学でした。

昭和研究会

さて、この三木の論考に注目した男たちがいました。後藤隆之介を中心とする昭和研究会のメンバーです。

昭和研究会とは何か？

それは京都帝国大学時代から近衛文麿と親交のあった後藤によって組織された国策研究機関です。近衛に対する政策提言を目的とし、政治はもとより経済、農業、教育、中国問題など幅広い政策研究を進めたことで知られます。参加者は研究者だけでなく、革新官僚からメディア関係者まで、各界を代表する知識人が集い、レベルの高い議論を展開しました。

三木はこの昭和研究会に参加することを要請され、それに応えました。三木は一貫して、現実と積極的に関わることを知識人の役目と認識し、行動してきました。観念の世界に耽溺する観念的哲学者たることを嫌い、自ら率先してジャーナリズムや政治運動と関わっていきました。この時も、彼は昭和研究会に積極的に参加し、内部の専門研究会の一つ「文化研究会」の委員長を任されるまでになりました。

一方、日中戦争の動向は、昭和研究会のメンバーの思いとは裏腹に、悪化の道を辿っていました。三木が研究会に参加したちょうどその頃、近衛首相は「国民政府を相手とせず」という声明を出し、「新興支那政権の成立発展を期待」することを表明しました。戦争は次第に持久戦の様相を呈し、日本は多大なる経済的重荷を背負うこととなりました。

この時期の日本では、日中戦争を戦うための戦時体制が確立されていませんでした。資源が乏しく重化学工業が未発達な日本が、総力戦を展開しつつ中国の広大な占領地を維持するのは、容易なことではありませんでした。

昭和研究会は、このような現実的政策課題に取り組みつつ、三木を中心に日中戦争の思想的課題を考究することを試みました。

そこで登場するのが一九三八年、三九年の論壇を賑わせた「東亜協同体」論でした。

東亜協同体論

一九三九年一月。

昭和研究会の文化研究会は、その成果として『新日本の思想原理』と題したパンフレットを発表しました。執筆者は、もちろん三木清です。

彼はここで、前論文の「日本の現実」を発展させつつ、「東洋的ヒューマニズム」の可能性を説きました。三木によれば、「東洋的ヒューマニズム」は「無」・「自然」・「天」の思想に基礎付けられた東アジアにおける超民族的観念であり、新しく築かれようとしている「東亜協同体」の基礎となるべきものです。これは東洋の歴史的伝統に基づきつつ、同時に世界的価値を有した思想であり、その発展こそが東洋人の遂行すべき世界に対する義務です。

一方で、三木は偏狭で排外主義的な日本主義者を厳しく批判し、「日本主義は単なる復古主義であることを許されない」と断じました。そして「日本が欧米諸国に代つてみづから帝国主義的侵略を行ふといふのであつてはならぬ」と警告し、あくまでも民族的価値に根ざすことを通じて、偏狭な民族主義を超克すべきことを訴えました。

さらに、三木はこの年の九月、『協同主義の哲学的基礎：新日本の思想原理続篇』と題したパンフレットを発表し、議論を発展させました。

彼はここで、西田哲学に基づいた多一論を全面的に展開しました。彼は「個体の多は直ちに全体の一であり、全体の一は直ちに個体の多である」と規定し、「全体は総ての個体を包み同時にこれを超越するものである」と説きました。そして、その「全体」は「客体的な有ではなく」、絶対的な実在として存在する「絶対無」であり、「有と無はどこまでも区別されながら同時にどこまでも一つのものである」と主張しました。

三木は西田幾多郎と同様、全体と個体、普遍と特殊の「絶対矛盾的自己同一性」を重視し、その観点から、有機体的な社会観を打ち立てました。しかし、このようなヴィジョンは、政治的全体主義に回収されてしまう危険性があることを、三木は冷静に捉えていました。

そのため彼は、全体と個体の全体主義的な一元的統合を強く否定し、逆に、多と一の相互否定的な合一化のあり方を重視しました。彼は日本のみが優越的に真理を保有しているという見解を厳しく否定しました。もし、日本が他の文化よりも優れているという立場をとれば、「絶対矛盾的自己同一性」の存在論は、一気に全体主義に傾斜してしまいます。「バラバラ」でありながら「いっしょ」であることを説く思想は、優越的な日本文化への同一化へと繋がってしまいます。これは一気に帝国主義を進める立場へと傾かざるを得ません。

三木は、このような全体主義的立場を拒否し、あらゆる文化の平等性とそこに宿る真理の普遍性を説きました。これが三木の「無」の立場であり、彼がアジアの思想伝統に見出した思想構造でした。

彼は、すべての文化に有機的な役割があることを主張しました。日本には日本の、中国には中国の世界に対する役割があります。それぞれの民族がそれぞれの果たすべき役割を果たすことで、世界は有機的に連関し、機能しています。彼は社会有機体論を説きながら、それが非合理的な神秘主義の枠組みで捉えられることを批判し、あくまでも科学的弁証法をもって確立されるべきことを訴えました。

三木は、ここでも「実践」の立場を重んじました。彼は主体的に「作ること」を通じてのみ「実相」を把握することができると説き、絶対的な自己否定を伴う「行為」のあり方を重視しました。そして、その「行為」こそ、政治的・社会的な事象と密接に関わりつつ、実現可能な政策として展開されなければならないと考えていました。

「日本知識人の矛盾と苦悩」

三木にとって、多と一の絶対矛盾的自己同一性は、現実社会の政治過程を通じて確立されなければならない具体的な課題でした。一九三〇年代末の世界において、彼はその哲学的実践を「東亜協同体」の構築という政治過程にかけました。それは、世界の各民族が、固有の価値の中に普遍を見出しつつ、その普遍へと絶対矛盾的に自己同一化していくプロセスとして捉えられ、具体的な「行為」によって実現可能なものと見なされました。日中戦争下の日本における「思想の貧困」を批判した三木は、西田哲学を「東亜協同体」論として展開することで、思想の確立とその実現を試みたのです。

三木は、政治の中枢部に通じる国策研究機関に関わり、日々進行する日中戦争を思想的に読み替えることで、日本の帝国主義化を食い止めようとしました。また、「否定を通じた肯定」を重視する西田哲学の立場から、肥大化するファナティックな皇国主義を批判し、民族固有の価値に依拠することを通じて、逆説的に偏狭なナショナリズムを超克しようと試みました。

しかし、このような彼の綱渡り的実践は、政府・軍部の具体的な中国侵略に対する批判を、余りにも欠いたものでした。結果として彼の議論は、「思想の貧困」が恒常化した日本社会において軽薄な政治的フレーズとして流用され、「聖戦」イデオロギーを補完する役割を果たしてしまいました。彼の権力への「飼いならし的抵抗」は、具体的な政治動向に対する批判を欠いたことによって、権力への「取り込まれ」へと繋がってしまった側面が強いと言わざるを得ません。

政治学者の橋川文三は、三木清の思想実践を「現実に対アジア侵略を行いながらも、理念としては、欧米先進国の圧迫からのアジア解放を謳わざるをえなかった自己矛盾から、何らかの方法で脱却しようとする理論的苦闘」だったとしつつ、「それが現実に日本政治を変更する力をもたなかった以上、結局は内外に対する自己欺瞞の表現とみなされるほかはなかった」と厳しく批判しました。

しかし一方で、「そこには、明治以来日本にとってたえず致命的な問題であった大陸問題＝日中関係の根本的解決の問題を、一九三〇年代という世界史的な大過渡期において、その全知脳をかたむけて解決しようとした日本知識人の、矛盾と苦悩にみちた成果が語られていることだけは間違いない」と、一定の理解を示しています［橋川二〇〇一：二四一‐二四七］。

この言葉に、アジア主義の問題が凝縮されています。

——「日本知識人の矛盾と苦悩」。

アジア主義の中には、間違いなく近代の超克を見据えた思想的営為がありました。理性を無謬のものと考え、世界を理想的な姿へと造り変えることができるという近代の合理主義に対して、アジア主義は真正面から思想的に異議申し立てを行いました。西洋近代の優越的立場を批判し、アジアが伝統的に構築してきた多一論を基礎とした存在論・認識論を対置させることで、オルタナティブな近代のあり方を模索しました。

しかし、この思想を政治的に実現しようとすると、どうしても日本帝国主義が接近してきます。西洋近代の帝国主義を乗り越えようとしたアジア主義者が、逆にその模倣である日本の帝国主義へと飲み込まれる矛盾が生じるのです。

アジア主義者たちは、この矛盾の中で苦悩しました。何とかして現実を思想によって位置づけなおし、新しい世界のヴィジョンと認識を提起しようとしたものの、結局はアジアへの侵略という現実を補完するイデオロギーを提供することになってしまいました。

日中戦争は、アジア主義者の矛盾と苦悩を加速させました。なぜ、手を取り合って脱近代を目指すべき日本と中国が戦わなければならないのか。結局のところ、日本が中国の権益を手にしようとしているだけなのではないか。日本は自分たちが批判している西洋の帝国主義国と何にも変わらない存在なのではないか。なぜ欧米列強と戦わず、同じアジアの中国と戦っているのか。どうすればこの状況を打破できるのだろうか。

そんな苦悩が、アジア主義者の間で繰り返されました。

最終的に、彼らの思いは、一つのところに帰結していきました。

――中国と戦うのではなく、その背後に存在する欧米の植民地国家と戦うべきである。

アジア主義者たちは、アジア諸国を植民地支配する西洋諸国と戦うことで状況を打破し、近代を超えた新しい世界のあり方を模索すべきであるという考え方に吸引されていったのです。

大東亜戦争勃発と竹内好の歓喜

そんななかで起こったのが大東亜戦争でした。

これまで悶々としていたアジア主義者たちは、ようやく「その時」が来たと歓喜しました。

――これで矛盾と苦悩から解き放たれる。日本が西洋列強を倒し、アジアからその勢力を駆逐することによって、東亜の新しい秩序が達成される。近代の行き詰まりをブレイクスルーし、世界を統一の方向へと導くことができる。

そんな思いが、アジア主義者の間に広がりました。

大東亜戦争が勃発した直後に「大東亜戦争と我等の決意（宣言）」という論考を書いた若き知識人がいました。竹内好です。

竹内は、次のように論じました。

　歴史は作られた。世界は一夜にして変貌《へんぼう》した。われらは目のあたりにそれを見た。感動に打顫《うちふる》えながら、虹のように流れる一すじの光芒《こうぼう》の行衛を見守った。胸うちにこみ上げてくる、名伏しがたいある種の激発するものを感じ取ったのである。

　十二月八日、宣戦の大詔が下った日、日本国民の決意は一つに燃えた。爽やかな気持ちであった。これで安心と誰もが思い、口をむすんで歩き、親しげな眼ざしで同胞を眺めあった。口に出して云うことは何もなかった。建国の歴史が一瞬に去来し、それは説明を待つまでもない自明なことであった。

（中略）東亜から侵略者を追いはらうことに、われらはいささかの道義的な反省も必要としない。敵は一刀両断に切って捨てるべきである。われらは祖国を愛し、祖国に次いで隣邦を愛するものである。われらは正しきを信じ、また力を信ずるものである。

　大東亜戦争は見事に支那事変を完遂し、これを世界史上に復活せしめた。いまや大東亜戦争を完遂するものこそ、われらである［竹内 一九八一：二九四－二九六］。

　竹内は歓喜しました。これまでは中国との戦いに「弱い者いじめなのではないか」という疚しさを感じていたのですが、大東亜戦争によって日本の敵は、明確に西洋列強の「侵略者」となりました。

　これで悩みから解放される。これで「東亜から侵略者を追いはらう」という歴史的使命を全うできる。もうアジア人同士で戦わなくてもよくなる——。

そんな思いが竹内を支配しました。竹内は一九四一年十二月十一日の日記に、次のように記しています。

支那事変に何か気まずい、うしろめたい気持ちがあったのも今度は払拭された。支那事変は今度こそは立派に生きた。野原〔四郎〕君、とにかくこの戦争は進歩的な戦争だと云った。たしかにそうであると思う。これを民族解放の戦争に導くのが我々の責務である。

竹内は、日中戦争に「何か気まずい、うしろめたい気持ち」を感じていました。しかし、「大東亜戦争」によって、そのような思いは一気に払拭されました。日中戦争の苦しみは「大東亜戦争」によって「立派に」生かされることになりました。彼は民族解放の「進歩的な戦争」の開始に、輝かしい未来を託したのです。

われらは今日の非常の事態に処して、諸君と共にこの困難なる建設の戦いを戦い取るため努力したいと思う。道は遠いが、希望は明るい。相携えて所信の貫徹につき進もうではないか。耳をすませば、夜空を掩って遠雷のような響きの冴するのを聴かないか。間もなく夜は明けるのであろう。やがて、われらの世界はわれらの手をもって眼前に築かれるのだ。諸君、今ぞわれらは新たな決意の下に戦おう。諸君、共にいざ戦おう〔竹内一九八一：二九七－二九八〕。

このような態度は、竹内だけのものではありませんでした。例えば、岩波書店の創業者である岩波茂雄は「米英をやっつけるならば僕も賛成だ」と言い、興奮を隠さなかったといいます。大東亜戦争の勃発は、アジアに対する日本の疚しさを解消する正戦（Just War）として、多くの国民に捉えられたのです。

大川周明の態度

一方、国民が歓喜するなか、開戦にアイロニカルな態度をとっていたアジア主義者がいました。大川周明です。

大川は日中戦争の拡大が、日米戦争へと発展することを恐れていました。彼は蒋介石の意欲をそぐため、対米借款工作を行い、日中の早期和平の実現を模索していました。

大川は中国と協力してアジアを解放し、南方に「東南協同圏」をつくることを唱えました。そして、アメリカは日本を恫喝するだけで、戦意はないと分析していました。

しかし、大東亜戦争は勃発しました。彼の対米工作は水泡に帰し、日本は国家の運命をかけて、アメリカと戦うこととなりました。

大川は開戦直後に、次のように詠ったと言います。

　戦争は冥土《めいど》の旅の一里塚《いちりづか》、目出度《めでた》くもなし、目出度くもなし。

これは一休《いっきゅう》の有名な歌をもじったものです。一休の歌は「門松は冥土の旅の一里塚、目出度くもあり、目出度くもなし」です。しかし、大川は「目出度くもなし」と繰り返しました。ここに大東亜戦争に対しての大川の冷めたまなざしを見てとることができます。

しかし、大川は戦争が始まった以上、戦争の文明的意味づけを行うために、積極的な言論活動に打って出ました。

彼は一九四一年十二月十四日から二十五日までラジオで「米英東亜侵略史」という講演を行い、大東亜戦争の意義を鼓舞しました。

　日本の掲げる東亜新秩序とは、決して単なるスローガンではありませぬ。それは東亜の総ての民族に取りて、此《こ》の上なく真剣なる生活の問題と、切実なる課題とを表現せるものであります。此の問題又《また》は課題は、実に東洋最高の文化財に関するものであります。それ故《ゆえ》に我等の大東亜戦は、単に資源獲得のための戦《いくさ》でなく、経済的利益のための戦でなく、実に東洋の最高なる精神的価値及び文化的価値のための戦であります［大川 一九四二：一六〇］。

大川は日米の戦いが必然的であったことを強調します。日本は東洋の代表で、アメリカは西洋の代表です。日米戦争は単なる二国間の戦いではなく、文明のあり方を決する戦いなのです。

大川は言います。

太陽と星とは同時に輝くことが出来ないのでありますが、如何にして星は沈み太陽は昇る運命になって来たか［大川 一九四二：一〇］。

大川は、太陽をデザインした日章旗と星をデザインした星条旗を対比させ、一つの空に太陽と星は同時に輝かないと訴えました。このレトリックは、理路整然とした大川にしては珍しい情緒的なアナロジーです。これは国民を鼓舞するための策略だったのでしょうか。それとも開戦にシニカルな態度をとった大川の諦めに似た感情が表出したのでしょうか。

ともかく大川は、あえて大東亜戦争のイデオローグとして、戦争の意義を鼓舞する役割を演じていきました。

西田幾多郎の挑戦

一方、「大東亜戦争」を思想的に位置付け、帝国主義へと陥らないための方向付けをしようとした思想界の大物がいました。西田幾多郎です。

一八七〇年生まれの西田は、すでに晩年を迎えていました。

西田は大東亜戦争以前から、西洋と東洋の比較を行い、東洋思想の重要性を説いていました。西田によれば、「有の文化」である西洋は、近代に人類史上初めて世界を一つの単位とする「世界的世界」を形成してきたといいます。そして、その世界観は合理主義による科学の発展をもたらした一方で、主体が絶対否定を欠いた存在であったため、必然的に帝国主義的世界の形成へと繋がったといいます。

一方、東洋は「無の文化」であり、その重要な要素はインドと中国と日本の伝統に見出されるといいます。インドは「無の文化」を追究してきた場所ですが、どうしても主体が環境に埋没してしまい、積極的な意思や行為というものが生まれませんでした。一方、中国は民族の社会組織を基盤として発展した「礼俗」の文化であったため、政治・道徳面において主体的であるものの、社会的論理が強すぎるあまり、自己否定の契機を欠いていました。

そこで西田が注目するのが日本です。日本は環境に埋没せず、一方で主体に溺れず、両者の両方向的な絶対矛盾的自己同一性を保持しています。そのため、日本こそが東西文化の結合点となるべきであり、新しい世界を切り開く世界史的役割があると考えました。日本こそが「世界的世界」を牽引し、一つの世界を現前させる中核となるべきであると西田は説いたのです。

しかし、ここで最も戒めなければならないのが、「日本を主体化すること」であると西田はいいます。「主体をして他の主体に対し、他の主体を否定して他を自己となさんとする如きは帝国主義」に他ならず、それは「皇道の覇道化に過ぎ」ません。西田は、日本の世界的立場を強調しつつ、日本の帝国主義化を牽制しました。

大東亜戦争最中の一九四三年、西田は国策研究会のメンバーからの求めに応じて「世界新秩序の原理」という論考を執筆しました。彼は、十八世紀を「個人的自覚の時代」、十九世紀を「国家的自覚の時代」としたうえで、二十世紀を「世界的自覚の時代」と規定し、それを「人間の歴史的発展の終極の理念」であるとしました。そして、各国・各民族がそれぞれの歴史的地盤に立ち、各々が有する世界史的使命を自覚したうえで、「自己を越えて一つの世界的世界を構成する」必要があると説きました。

しかし、そのような「世界的世界」は一気に形成されないため、各国は「それぞれの地域伝統に従って、先づ一つの特殊的世界を構成することでなければな」りません。そして、これこそが「東亜共栄圏構成の原理」であり、「世界新秩序の原理」へと繋がっていくものであると論じました。

西田は、帝国主義や国際連盟を批判しつつ、調和のとれた共栄圏のあり方を繰り返し議論しました。それは各国家民族の独自性を否定するものであってはならず、それぞれが自己自身に還り、自己自身の世界的使命を認識することによって「一つの世界」へと開かれるものです。

西田は、各地域の独自性が相互に否定しあいつつ根源的な肯定に至り、それが絶対無の場所において矛盾的に自己同一化することで、「一つの世界」が形成されると考えました。そこでは、各国家・民族・地域に世界的使命があり、自己否定的に独自性を追究することこそが普遍への回路として措定されました。

しかし、西田は二十世紀前半の世界において、その役割を日本に特化しました。ここに問題があることは明らかです。どうしても西田の日本優位論は、日本帝国主義へとからめとられる要素を有していました。

結局、西田は大東亜戦争の終結を知らないまま、一九四五年六月、亡くなりました。

京都学派と世界史の哲学

西田が示した可能性と限界は、彼の弟子たちにも受け継がれています。一九四〇年代前半、京都学派の哲学者たちが提唱した「世界史の哲学」が話題になったのですが、この議論は、西田哲学を継承する俊英の哲学者・西谷啓治、高坂正顕、高山岩男、鈴木成高が『中央公論』誌上で展開した一連の座談会（のちに『世界史的立場と日本』として一九四三年に出版）を通じて多くの人に知られることとなりました。

高山岩男は一九四二年に出版した『世界史の哲学』の中で、世界史というものは単なる各国史の寄せ集めであってはならないことを強調し、世界史が成立する背景には普遍的な世界観や史観によって位置づけられた「世界」が存在しなければならないと主張しました。また、「世界」や「世界史」の認識は近代ヨーロッパの拡張によって現実性をもつようになったものの、それはあくまでもヨーロッパ中心史観によって構成されたものであり、真の意味での「世界」の現前ではないと言います。ヨーロッパ的世界はあくまでも特殊的世界の一つであり、それを超え包む普遍的世界（世界的世界）及び世界史（世界史的世界史）を認識することこそが重要であると説きました。

ここで高山が重視するのが「地理」の概念です。高山によれば「歴史は常に地理との行為的総合において成立するもの」であり、私たちを取り巻く「自然」は、長年の人間の労働によって「人間化」された「歴史的自然」「文化的自然」です。そのため、空間は常に歴史性において捉えられるべきであり、歴史は常に空間的・地理的に捉えられなければなりません。「歴史の地理性と地理の歴史性との相互に媒介し合うところに世界史が発生する」のです。

また、高山は「風土理論」や「地理的決定論」を退け、「地理的環境の非歴史的基盤」と「人間主体の自発的な企画的労働」の総合によってはじめて歴史性が成立すると説きました。歴史は「地理的環境と精神的主体」の「呼応的合一」によって成立し、「自然と人間の天人合一」によって現前するものとして位置づけられたのです。故に、これからの時代に求められているのは、時間性と空間性の総合によって構成される特殊的世界史の多元論であり、その「世界史多元論」を媒介とした自覚的立場に立つ高次の「世界史一元論」であると説きました。

西谷啓治は一九四四年に弘文堂書房から「世界史講座」の第一巻として刊行された『世界史の理論』に「世界史の哲学」という論考を寄せました。西谷はまず「世界」という認識を、近代におけるヨーロッパの勢力拡大によって成立した新しい概念であると位置づけます。その「世界」意識は「主観的な臆見を脱した意識」であり、「実証的な客観性を目指す世界史学の立場」に基づいていなければならないとしたうえで、近代ヨーロッパにおける「世界」認識はヨーロッパ的世界の枠組みを出てはおらず、純然たる「世界」は未だ確立されていないと主張しました。

　そして、「世界」が本格的に世界性を現してきたのは、日本がヨーロッパ的世界を破り、ヨーロッパと「世界」の「癒着」を引き離した近年の出来事であると位置づけます。その意味で、日本の果たす役割は大きいのですが、当の日本の歴史観は「古代への単なる復帰」や「中世への単なる復帰」へ向かおうとする「誤謬」をおかしていると厳しく批判します。

　西谷は「近代の超克」を主張する一方で、「客観性が真理性の立場であるという近世的自覚はそれ自体動かすべからざる真理を含む」ものであり、「如何に近世的世界が克服されるとも、近世に到達されたこの真理は再び滅却され得ない」と強調します。そして、「近世の克服は、この真理が近世において未だ充分に現され得なかった故であるという一面をも」っており、「近世的な立場を一層徹底する方向において近世を超えること」こそが「世界史の哲学」の目指すところであると説きました。

　さらに「世界」の確立は、「世界」を観ることと同時に、「世界」を「主体に内在的たらしめる」ことによって「世界」を作るという「実践」の立場によってこそ成されるとし、世界史学の立場は「徹底した世界史の観察の立場と徹底した主体性の立場との相互透入による統一を課題とする」と論じました。

　一方、その「世界」は「国家の多と世界の一」が「一即多、多即一」という関係にあることで成立しているとし、諸国家はそれぞれ普遍的「世界」の個別的現れであり、「世界から歴史的に形成されつつ世界を形成して行く」実践こそが重要であると主張しました。この立場は、「旧き世界構造の国家における国家主義の如く自国のみの権力の欲望に動かされるのでもなく、デモクラシーや世界主義の如く、恣意的なる諸国の間に客観的なる（すなわち諸国の各々がそれを主体的に荷うことなき）自由平等の世界秩序を設けんとするのでもなく、世界秩序を荷う民族的主体と、かかる主体の立場を包む世界の客観性」によって成立していると説きました。そして、このような「世界史的立場」こそが日本が立脚すべき立場であり、根源において理性を含みつつ「ありのままに」世界を捉える「絶対無の立場」でもあると論じました。

しかし、問題はこの先にあります。高山や西谷は、このような「世界的世界」を構築する使命を、日本こそが有していると主張します。しかし、世界は未だ帝国主義が跋扈する現状では、日本は中国に特殊権益を獲得するより道はなく、西洋の帝国主義を批判しながら自らが帝国主義的態度をとらざるをえないと言います。この政治的矛盾こそが、日本の「ディレンマ」「苦哀」であり、「東亜の悲しき運命」であると高山は見ました。

しかし、そのような「苦哀」を中国は理解せず、「現代世界史を貫き来つた根本趨勢に深く自覚するところがなかつた」と高山は言います。そのため、日本が「東亜の安定を念願する」にもかかわらず、中国側がその姿勢への理解を欠き、「支那事変」が勃発、拡大したとして、日本軍部の姿勢を擁護しました。

ここに問題があることは明白です。日本の帝国主義化を追認しつつ、「世界史的自覚」を有した日本人こそが、その使命を果たさなければならないという主張は、「世界史の哲学」の核である特殊的世界の多元論を自ら崩壊させてしまっています。「多なる特殊」と「一なる一般」の絶対矛盾的自己同一化を根源に据えた哲学は、「多なる特殊」を「一なる日本」に置き換えてしまうという決定的な過ちを犯してしまっています。

「世界史の哲学」は、アジア主義が辿ってきた帝国主義化という轍を踏むことになりました。

鈴木大拙の「東洋的一」

一九四二年春、西田の盟友・鈴木大拙が「東洋的一」という論考を書きました。彼は多一論的認識の重要性を説き、東洋文化の原理である「一」の原理を多元的世界の中に取り込む必要性を説きました。

問題は、この時の方法です。彼は大東亜戦争がはじまってから「われらの考えは積極性をくわえて来た」と論じたうえで、次のように言います。

この「積極性」の意味であるが、自分としては、その中に攻撃的、主我的、制他的などというものを入れたくないのである。積極的という考えの中には、他を包むということを入れておきたい。実際をいうと、「他」という字がいけないのである。他といえば自は自ずからはいる。他を包むは自らを拡げること、自らを大いに意識することで、却って他を包みきれなくなるのである。そうなると、自分の方は積極的だが、他は消極的になって、力の対抗がある。力は遂には自らを亡ぼすものである。そんな「積極的」ではいけない。自分のいう「積極的」は自他の考えを離れて、見るべきもの、守るべきもの、はたらかせるべきものを、それ自身の立場に立たせておくことなのである〔鈴木二〇一一：五〕。

大拙が強調しているのは、多様な存在に対する寛容の重要性です。それは「自らを拡げること」であってはならず、「他を包むということ」でなければなりません。真に「積極的」であることは、「攻撃的、主我的、制他的」行為を排さなければなりません。「力は遂には自らを亡ぼすもの」です。

大拙は、多一論が文化的他者に対する支配や攻撃に転用されてはならないと訴えました。彼は「東洋文化の思想的基調である『一』を最もよく『二』の面に働かせ得るのは、日本人であると信ずる」とし、「この役は日本人の使命のように感じられる」と述べましたが、その過程において、日本がアジア諸国を侵略してはならないと強調しました。大拙にとって制他的な攻撃性こそ、「一」の認識を欠いた「二」の世界の相対的覇権争いに他ならず、最も「東洋的一」から遠いあり方でした。

「二」の世界の差異は絶対的なものではなく、相対的なものです。「二」の諸現象は、常に「一」に還元されます。そして、超越的な「一」は、常に「二」の世界に差異をもって現れます。何とかして打ちのめしたい他者や憎しみの対象でしかない相手も、「一なるもの」がこの世で展開した別の姿に他なりません。それは私と同じ「一」の現れであり、究極的には同根の存在です。

この多一論の立場に立ってこそ、他者に対する真の寛容が生まれるというのが大拙の考えでした。「一」の認識を欠いた「二」の多元論は、相対主義に陥ります。相対主義は、異文化間の衝突を乗り越えることはできません。

〈私とあなたは違う。私が信じる真理と、あなたが信じる真理は異なる。その違いを認め合おう。ただし、私の価値観には介入しないでほしい。なぜならば、あなたとは信じているものが違うから〉

この相対主義的多元主義は、近代リベラリズムの「自由」論と接続します。大拙にとって、これは「二」の立場に他なりません。真の寛容性は「二」の相対主義では獲得できません。相対主義では、どうしても価値の対立を乗り越えることができないからです。

そこにはどうしても「東洋的一」の論理が必要になります。その先の近代を切り開くためには、東洋的多一論によってリベラリズムを包み込まなければなりません。「バラバラでいっしょ」「いっしょでバラバラ」。

この多元主義的一元論こそが、大拙にとっての希望でした。東洋的見方によって世界を包み直すことこそが次の時代のテーゼでした。彼は大東亜戦争に対して批判的なまなざしを向けつつ、暴力の後の新たな世界のあり方を模索しました。

柳宗悦の「東洋的不二」

この大拙から学生時代に英語を習ったのが柳宗悦です。柳は大拙を生涯尊敬し続け、父親に代わる人と慕っていました。そんな柳が若き日から唱え続けたのが「東洋的不二」で、大拙の「東洋的一」と重なり合います。

大拙と柳に共通するのは、二人が多一論的認識で世界を捉えたこととともに、その信仰のあり方を「妙好人」という民衆世界に求めたことでした。柳は「民芸」という概念を造りだし、日常性価値の中で使用される日用品に「美」を見出していきました。

彼は、無名の工人がつくる民芸品を「他力の作品」として評価します。民芸品には

「美」への計らいが存在せず、新奇のものをつくろうとする欲望や名誉を求める作為がありません。彼はここに自力を超えた他力の働きを見出し、健康的な美を評価しました。そして、この認識の延長上で、木喰仏《もくじきぶつ》を発見していきました。

美しいものをつくろうという計らいから解放され、無心で作業を進めるとき、人間の能力を超えた「他力の美」が現れます。柳は、他力に導かれた民芸品を「妙好品」として絶賛し、凡夫の手による「下手もの」こそが超越的価値を内在化していると捉えました。

柳は、この民衆世界の地平をアジアに敷衍し、その多元的美の中に「一」の存在を見出していきました。彼は「東洋的不二」の認識をエリートの思弁的な哲学に還元せず、素朴なフォークロアの世界の「伝統」や「常識」の中に見出しました。伝統は独り立ちできない人間を助け、人間の脆さを救います。伝統には、常に作為を超えた超越的な他力が働いています。

柳の「不二」論は、東西という二分法を超克します。彼が提起する「東洋」は空間概念ではなく、また西洋に対するアンチテーゼでもありません。もし、西洋に対する東洋という二分法に依拠しているとすれば、その認識自体が「不二一元」的ではなくなってしまいます。ブレイクなどの神秘主義に影響を受けていた彼は、西洋の中にも多一論が根強く存在すると考え、東西二元論を超えた「東洋的不二」のあり方を論じました。

柳は世界を一色にしてしまうことに猛然と抵抗しました。世界は多元的であるが故に、複合的な美を内包しています。個別的美は、常に「一」なる超越的存在の現れです。そして、その美はそれぞれのトポスにおいて開花します。すべての存在には役割があり、場所があります。その有機的連関が、宇宙全体を構成しています。

柳は一九二〇年代初頭に、ソウルの光化門の破壊に強く抗議しました。その訴えが功を奏し、門の保存的移築が決定したのですが、彼はこれにも強い不満を漏らしました。それは光化門には光化門のトポスが存在すると考えたからです。光化門は固有の場所を奪われると、有機的な意味を失います。光化門は、「その場所に於いてある」ことに意味があるのです。

彼は、一貫して「同化」「均一化」という権力に抵抗しました。彼の信じていた「東洋的一」は、多元的で複合的な世界の中にこそ存在するものです。世界は一色に染まってはなりません。そうすれば固有のトポスが失われ、特殊の美が失われます。

だから、柳は社会進化論を懐疑的に捉えました。世界は一元的な進歩を遂げることなどあり得ません。世界はクライマックスになど永遠に到達しません。人間はどこまでも不完全であり、人間の構成する社会も不完全であり続けます。しかし、その不完全性こそが、その先の「一なる完全」を喚起します。人は不完全性の彼方に、完全の存在を想起します。

「一なるもの」は超越的で、かつ内在的な存在です。柳はそのことを熟知していました。

彼の思考の中には、世界を一元化しようという発想がありません。なぜならば、世界は常に「バラバラでいっしょ」だからです。世界を統一する必要などありません。そんなことをすると民族のトポスが失われ、世界の有機的連関が崩壊します。

柳は思想的なアジア主義者です。そんな彼は、日本の帝国主義化を批判し、世界の統一という社会進化論的ヴィジョンにも否定的でした。彼はエリート世界の「作為」よりも、民衆世界の「自然」を重視し、歴史的伝統や集合的常識の中に超越的な「他力」の現れを見ました。そこでは合理主義という名の「自力」を過信する近代への懐疑が存在し、その先の世界へのヴィジョンが打ち立てられました。そして、その地平の先にアジアとの有機的な連帯が志向されたのです。

その先の近代へ

戦後、アジア主義は十把一からげに侵略主義の別名としてやり玉に挙げられ、全面的な否定が行われました。アジア主義が持っていた「近代の超克」という思想課題は、敗戦とともに葬られ、悪しき帝国主義思想として封印されました。

アジア主義が帝国主義へと転化したことは疑いありません。日本はアジアとの連帯を掲げながら、アジアへの侵略を繰り返しました。我々は、このような逆説が生じた原因を追究し、構造的問題を把握しなければなりません。そのうえで歴史を真摯に受け止め、適切な反省をしなければなりません。

しかし、これはアジア主義を全否定することとは異なります。単なる全否定は、歴史の拒絶に他なりません。そこでなされた反省は、上辺だけのものに過ぎず、歴史の忘却へと直結します。結果、いずれ反省を繰り返すことに疲れ始め、「逆ギレ」が起こることになります。

重要なことは、アジア主義の問題をしっかりと把握したうえで、その中から思想的可能性を掬い出すことです。二十世紀半ばに敗戦によって否定されたアジア主義の中には、二十一世紀にこそ輝く思想の原石が眠っています。私たちは、原石を玉石混交の混沌の中から拾い上げ、磨いていかなければなりません。

――「湖に浮かべたボートを漕ぐように、人は後ろ向きに未来へ入っていく」。

「その先の近代」は、過去の顛末を凝視することによってこそ浮かび上がってくるものです。アメリカの覇権の時代が終わろうとする今こそ、アジア主義の軌跡を辿りなおし、歴史の教訓を踏まえたうえで、オルタナティブな世界を模索するべきではないでしょうか。

私は一度沈没したアジア主義というボートを引き上げ、再び世界という湖に漕ぎ出したいと思います。

終章
未完のアジア主義
――いまアジア主義者として生きること

アジア主義の轍

以上、アジア主義が辿った道筋を、西郷隆盛の征韓論から大東亜戦争まで見てきました。長い旅にお付き合いいただきありがとうございました。

ここでもう一度、アジア主義の教訓と遺産を振り返っておくことにしましょう。

第一は、「王道」と「覇道」をめぐる問題です。アジア主義の理念には、西洋帝国主義という「覇道」を打倒し、アジア連帯の「王道」を確立するというテーゼがありました。西洋列強の功利主義的な植民地支配を打破し、さらにアジアにおける旧態依然とした封建制も打破して、東洋の本質に基づく王道政治を履行するというのが趣旨でした。

しかし、この「王道」を掲げた連帯は、常に日本の帝国主義という「覇道」とコインの裏表の関係にありました。これは明治初期の征韓論に始まり、朝鮮支配や中国革命への関与をめぐって政治問題化します。

「王道／覇道」問題を考える際には、内田良平の軌跡を論じる必要があります。彼は日清戦争直前に結成された天佑俠への参加によってアジア主義に目覚め、中国革命・日韓合邦に深くコミットしました。

内田の最大の関心は、ロシアの脅威でした。彼はロシアに潜入し、内部調査によって得られた知見から、日本とロシアが一戦を交える必然性を説きました。彼は、ロシアの南下が日本にとって最大の危機に繋がると考え、国防のためのアジア連帯を志向しました。

彼は封建主義的な王朝支配のもと加速度的に弱体化し、時にロシアへ擦り寄る朝鮮・満蒙に警戒心を抱きました。そして、連帯という名の介入を通じて、日本の意志を反映する新政府樹立を目指しました。しかし、その一義的な目的が対ロシアという政略に規定され、国防を優先した戦略を立てたため、行動や発言が帝国主義へと傾斜する傾向がありました。この問題は、朝鮮においては李容九との衝突となって現れ、中国においては孫文との対立となって現れました。彼の政略的・心情的アジア主義は、朝鮮や近代的統治が確立していない満蒙を日本の勢力下におさめることに集約されたため、必然的に帝国主義化する構造を内包していました。竹内好はこの点を指摘し、内田と幸徳秋水の出会い損ねという問題に言及しました。つまり、「王道」の追求が「覇道」へと変遷することに対して、内田が自己批判できていないという問題です。これが第一のポイントです。

第二に、心情的な「抵抗としてのアジア主義」の問題があります。典型的な人物は、宮崎滔天でしょう。彼は非侵略的連帯を志向し、「俠」と「狂」によって革命を支えました。彼は金銭や命に固執せず、中国革命派の武装闘争を支えました。そこに功利的な計らいはなく、支配への欲望も希薄でした。そのため、彼は現在の中国でも高く評価され、孫文の親友として称賛されます。朝鮮で起こった三・一独立運動にも賛同の声をあげ、日本の帝国主義的支配に対する批判的見地を示しました。

滔天の反発は、欧米列強や封建制に対してだけでなく、近代社会を覆う功利主義や物質主義、拝金主義へと向けられました。そして、その批判を行動と生き方によって表現しようとし、孫文らへの友情を貫きました。彼は損得勘定や名誉欲を一切捨て、革命をサポートしました。ここにアジア主義の一つの可能性が存在すると言えるでしょう。

しかし、「俠」と「狂」のアジア主義は、功利的資本主義への批判を中核としながら、近代国家の樹立を目指したため、活動の成就が近代的システムを加速させるというアポリアを抱えていました。彼の行動は、近代に対するアンチテーゼでありながら、結果的に近代の構造を強化するという逆説を内在化していたのです。

この点を、インド独立の父・ガンディーは的確に見抜いていました。彼は、インド独立を単なる主権の奪取に還元しませんでした。彼はインドが独立したとしても、それが近代主義を乗り越えていなければ意味がないと言い、宗教的な自己統御による「真の自治」を目指しました。

ガンディーは政治的革命によって独立を手にしても「もう一つのイギリス」ができるだけだと喝破し、近代そのものを超えた政治ヴィジョンを提示しようとしました。ガンディーの独立闘争は「真理の主張」（サッティアクラハ）と一体化したものであり、近代の超克を目指した宗教思想運動だったのです。

滔天の後半生は、浪曲師として生きることに費やされ、セクト的な新興宗教への没入に至りました。彼は「その先の近代」のヴィジョンを示すことができず、近代に押しつぶされた悲哀を生きました。その破滅的な歩みは、近代批判としてのロマン主義を喚起するとはいえ、壁の前で立ち往生し、迷走しました。そこに限界があったことは明確です。滔天の「侠」と「狂」も、最後は行き詰まらざるを得ない必然性を抱えていました。

第三に、「思想としてのアジア主義」の問題にも言及しなければなりません。彼らは多一論的認識による近代の超克を説き、東洋思想の再興を追求しました。岡倉天心の「不二一元」論や南方熊楠の「曼荼羅」、柳宗悦の「東洋的不二」論などは、アジア主義思想の中核となるもので、今でも大きな可能性を有しています。

しかし、彼らの活動は、宮崎滔天ほどの行動力を伴わず、アジアの独立運動への散発的・限定的関与にとどまりました。竹内が「滔天と天心の出会い損ね」を指摘したように、心情と思想が一体化する場面は少なく、アジア主義の帝国主義化を覆すまでには至りませんでした。

大川周明は「政略としてのアジア主義」「抵抗としてのアジア主義」「思想としてのアジア主義」を体現するスケールの大きな思想家・革命家でしたが、日本による朝鮮支配への批判を欠き、大陸への支配的進出を擁護しました。彼はイスラームが文明を超えて浸透する原理に注目し、天皇を中心に据えた「世界の統一」を目指しましたが、異民族からの反発は必至でした。天皇主義の拡張は、異民族のトポスを脅かします。その論理は、上からの権力的同一化というプロセスを歩まざるを得ず、敗戦による破綻を余儀なくされました。

石原莞爾は「八紘一宇」の理想を信じ、世界統一のための最終戦争を構想しました。彼はその一過程として満州事変を起こし、「王道楽土」のユートピア実現を目指しました。アジア主義者の世界統一論は社会進化論を共有し、クライマックスに向けた直線的時間を前提としています。世界は必然的に統一に向けて進歩し、いずれ近い将来に透明な共同体が現前するというのです。

しかし、人間が不完全な存在である以上、人間社会がパーフェクトなものとして完成することはありません。世界は永遠に誤謬を含み、欠陥を露呈し続けます。私たちは永遠の過渡期の中に生きざるを得ません。

世界統一のユートピアを構想したアジア主義者は、理念の二元性に関する認識を決定的に欠いていました。カントが指摘するように、理念には「統整的理念」と「構成的理念」の違いがあります。前者は「人間にとって実現不可能な高次の理想」で後者は「政治的に実現可能なレベルの理念」です。人間は、絶対平和などの到達不可能な理想を想起する存在です。このユートピア的理想があるからこそ、具体的な「構成的理念」が成立します。しかし、「統整的理念」は絶対に実現しません。それは人間が不完全性に規定された存在だからです。重要なことは、理念の二重性を自覚し、より良き社会の実現を目指して課題に取り組み続けることです。

世界統一を掲げたアジア主義者の誤謬は、「統整的理念」と「構成的理念」の位相の違いを認識せず、両者を一体のものとして捉えた点にありました。この立場は、多一論を単一論へと転化させてしまいます。世界から多元性を奪い、一つの原理に一元化しようとする意志が暴走します。

アジア主義の問題の核心は、統整的理念と構成的理念の一体化によるユートピア的社会進化を帝国主義的手段によって実現しようとした点にありました。アジア主義は多一論の本質に回帰し、世界統一という全体主義を乗り越えなければなりません。アジア主義の轍が示す教訓は、ここにあると言えるでしょう。

竹内好「方法としてのアジア」を乗り越える

戦後、アジア主義が全面否定される中、その可能性を捨てなかったのが竹内好です。竹内は一九六〇年に「方法としてのアジア」という有名な講演を行っています。彼はここで中国と日本のタゴール認識の違いを指摘し、次のように述べています。

　タゴールというものは日本ではどう取られたかというと、あれはインドという亡国の詩人である、亡国の歌を歌う詩人であるというように理解されている。中国ではそうじゃなくて、彼は民族解放運動の戦士であると受け取っている。この評価の違いに問題がある。中国では、この間来ました郭沫若という人、それから除志摩、謝冰心、こういうそれぞれ傾向の違った人がみなタゴールをやっている。それから中国の一番有力な文学雑誌がタゴール特集号を出している。そこには、同じ被圧迫の境遇にいる、植民地化されている人間として、反抗への共感がある。

タゴールは、現れたところは弱い形でしか言っていませんけれども、底には非常に強い怒りを含んでいる。社会あるいは世界の不正に対する怒りが、非常に強くある。それを中国なら汲み取れる。日本では汲み取れない。亡国の詩人、弱者の泣き言であるというふうに当時受け取っている。

タゴールは、日本が武力だけに頼って西方の近代化をまねし、力で隣国をやっつけようとしているのはいけないと日本人に忠告したのです。ところが日本の新聞は、弱国の詩人の泣き言であると批評した、と彼自身が書いている。中国ではそう受け取らないで、同じものを、ひそんでいる怒りの現われというふうに受け取っているわけです。その違いは、やはり日本と中国との根本的な違いを現わしているのではないでしょうか［竹内 一九九三：四五九］。

竹内にとって、タゴール受容の問題は、アジア主義を考える際の重要な指標となるものでした。彼は、タゴールを「亡国的」「弱者の泣き言」と見なした日本の知識人と「反抗への共感」を示した中国の知識人の乖離に、近代アジアの「根本的な」問題を見出そうとしました。

しかし、竹内はアジア主義を拒絶しません。そこに存在する可能性を追求し、再定義することを試みます。彼は言います。

西洋が東洋に侵略する、それに対する抵抗がおこる、という関係で、世界が均質化すると考えるのが、いま流行のトインビーなんかの考えですが、これにもやっぱり西洋的な限界がある。現代のアジア人が考えていることはそうではなくて、西洋的な優れた文化価値を、より大規模に実現するために、西洋をもう一度東洋によって包み直す、逆に西洋自身をこちらから変革する、この文化的な巻き返し、あるいは価値の上の巻返しによって普遍性をつくり出す。東洋の力が西洋の生み出した普遍的な価値をより高めるために西洋を変革する。これが東対西の今の問題点になっている。これは政治上の問題であると同時に文化上の問題である。日本人もそういう構想をもたなければならない［竹内 一九九三：四六九］。

竹内は、アジア主義によって「西洋的な限界」を超克するべきだと言います。「西洋をもう一度東洋によって包み直す」ことで西洋を変革し、「価値の上の巻返しによって普遍性をつくり出す」必要があると言います。

私は竹内の構想に賛成です。アジア主義が侵略思想として足蹴にされた戦後に、堂々とアジアによる価値の巻き返しを主張したことは、立派だったと思います。

しかし、問題はここからです。竹内は次のように言います。

その巻き返す時に、自分の中に独自なものがなければならない。それは何かというと、おそらくそういうものが実態としてあるとは思えない。しかし方法としては、つまり主体形成の過程としては、ありうるのではないかと思ったので、「方法としてのアジア」という題をつけたわけですが、それを明確に規定することは私にもできないのです〔竹内 一九九三：四六九‐四七〇〕。

竹内は、アジア的価値に実態はないと言います。それは独自の存在論や認識論を持たず、主体形成の方法としてのみ存在すると主張します。結局、竹内にとって実現すべき普遍性は西洋近代にあり、それをより大規模に実現するために「方法としてのアジア」が唱えられます。

これでは、竹内自身が岡倉天心にアジア思想の普遍性を見出した意義が失効してしまいます。結局、アジアは近代的価値の敷衍のための道具的手段となってしまい、「近代の超克」という問いは骨抜きにされてしまいます。

竹内が言いたいことは、わからないわけではありません。リベラリズムが構築してきた近代の諸制度や価値体系には重要な意味があります。それを大規模に実現するためには、東洋的な道義性や倫理性によって包み直すべきというのも理解できます。しかし、それだけでは、アジア主義の思想的可能性に到達することはできません。アジア主義には、合理主義的認識論に対する根本的な批判が含まれています。それが岡倉天心、南方熊楠、柳宗悦、西田幾多郎、鈴木大拙らが構想してきた多一論です。

アジア的価値は、単なる「方法」ではありません。その中に、近代の誤謬を乗り越える重要な存在論・認識論が存在します。相対主義によって構成されるリベラリズムの限界を突破し、真の多元主義的寛容を生み出すためには、アジア的多一論の構造が不可欠の要件になります。

社会進化という幻想、世俗主義の反宗教性、相対主義の限界。これらを乗り越えるためには、思想としてのアジア主義が必要です。多一論によってリベラリズムを包み直し、アジアによる価値の巻き返しによって普遍性を構築していかなければなりません。残念ながら、竹内は思想的アジア主義の価値を掘り下げることができませんでした。ここに竹内の限界が存在します。

私たちは、竹内好の先に進まなければなりません。未完のアジアを再構成し、過去の教訓を乗り越えながら、普遍性を構築していかなければなりません。アジア主義は終わっていません。今こそ、真のアジア主義が求められています。多一論によって「なめらかな近代の超克」を目指すべきです。

現在、世界各地で宗教対立が深刻化しています。イスラーム諸国では、一部の過激な急進派によるイスラーム復興運動が拡大し、各地で自爆テロが横行しています。世俗国家インドでは、一九八〇年代以降「ヒンドゥー国家」の構想を抱くヒンドゥー・ナショナリストの勢力が拡大。アメリカでも聖書の無謬性を強調する福音主義者たちが政治的影響力を強めています。

これらの潮流は、宗教的他者との真理の共有を否定する側面が強いため、「単一論的宗教復興」と言うことができます。とにかく、絶対的真理にたどり着く道は、自分たちの宗教の教えの中にしか存在しないとする「単一論」的発想が彼らには強く見られます。

このような偏狭な宗教復興によって文明間の衝突が必然的に起こることを論じて話題となったのが、ハンチントンの「文明の衝突」論でした。彼は、各宗教に基礎付けられた七つ（もしくは八つ）の主要な文明に世界を分類し、特にそのうちの儒教を基礎とする中国文明とイスラーム文明が「儒教―イスラームコネクション」を形成することによって欧米と敵対するという構図を示しました。

しかし、この議論には大きな欠点があります。それは、宗教は必然的に異教徒との衝突を生み出すという前提です。ここでは、宗教間の共生を論じる思想や歴史の叡智は脇に追いやられ、宗教復興は必ず文明の衝突をもたらすことになってしまいます。

文明の衝突を乗り越えるには、やはり「単一論」から「多一論」へのパラダイムの転換が必要です。今日こそ、「バラバラでいっしょ」の「多一論」を基礎とした思想的アジア主義の可能性を追求する必要があります。「文明の衝突」論を超えるアジア的共生のあり方を、思想的に模索すべきです。

アメリカからアジアへ：アジア主義のアクチュアリティ

私の主張する多一論的アジア主義は、「一つのアジア」という政治的統合を志向していません。一部の東アジア共同体論には、国民国家を超えた「アジア統合」「連邦国家としてのアジア」を目指そうとする傾向があります。私はこの潮流に反対です。アジアの政治統合を志向する人々は、戦前のアジア主義の教訓をしっかりと踏まえていません。政治的な「政略」に基づき、「一つの統一された政治共同体」を模索すると、必ず他者に対する同一化や価値の強制が生じます。リベラルな諸制度が維持されるためには、当面、国民国家という枠組みが有効だと思います。もちろん国民国家の範囲は歴史的プロセスの中で伸縮します。中国ナショナリズムの生成過程で見たように、ナショナル・アイデンティティの枠組みも伸縮します。国民国家は、必ずしも固定的なものではありません。

私たちは歴史的プロセスの中で構築した国民主権ナショナリズムを生かしつつ、国民国家における諸制度の漸進的改革を進めていかなければなりません。「連邦国家としてのアジア」は、中核民族による同一化の危険性を常にはらんでいます。我々は樽井藤吉の『大東合邦論』が辿った顚末を繰り返し認識すべきです。その背景にある社会進化論にも、懐疑のまなざしを向けなければなりません。

一方で、アジア諸国による主権国家を前提とした連帯・協調は重要です。序章でも述べたように、パックス・アメリカーナの時代はすでに終焉を迎えています。戦後、アメリカへの従属によって経済成長を成し遂げ、主権の一部を放棄することによって安全保障面を依存してきた日本は、大きな転換点に立たされています。

アメリカも台頭する中国に対応し、アジア戦略の中心を中国にシフトさせています。日米安保体制を絶対視し、あらゆる脅威への対応をアメリカに委ねる時代は終わりました。日本はアメリカから距離を取り、アジア諸国との連帯を深めるパックス・アジアの時代へと認識を転換しなければなりません。

漸進的ではあれ、近い将来、日米安全保障条約は抜本的な見直しを余儀なくされます。集団的自衛権を認めたうえで地位協定を保持することは、日米安保の不平等条約化を意味します。これは主権国家としての危機的状況です。沖縄の過剰負担は永続化し、悲劇が固定化されます。アメリカへの全面的な依存は、外交の硬直化を生み出し、選択肢の限定化を生み出します。アジア地域における平和構築のメカニズムを生み出すことができず、常に隣国との緊張状態を強いられます。

アメリカの存在が、アジアに平和をもたらしているという論者が大勢いますが、これは論理が逆転しています。アメリカ依存という選択がアジア連合という選択肢を抑制し、アジアの安全保障体制の確立を妨げているのです。

いずれにせよ、日本は「離米入亜」時代の安全保障体制を模索しなければなりません。これは巻き戻しのきかない歴史の趨勢です。日本はアジアとの集団安全保障体制を真剣に議論する時期を迎えています。ちなみにこれはアメリカとの関係を即座に断ち切ることを意味しません。これまでの異常な依存体制から脱却し、アメリカとの適度な友好関係を継続しながら、隣国との協調体制を確立していくことが重要です。

この時、参考になるのはEUの顚末です。EUは当初、一つの連邦国家への進化を目指していました。国民国家を超克し、通貨・市民権・警察・軍隊・元首・憲法を統合した「ヨーロッパ連合」の成立が目標とされてきました。

この構想は二十一世紀に入って、決定的な挫折を味わいました。二〇〇五年にフランスとオランダが欧州憲法条約を否決し、政治統合の夢は瓦解します。大文字の統合は失敗に終わりました。

しかし、EUは終わっていません。国際政治学者の遠藤乾はEUが「国家でも単なる国際組織でもない宙ぶらりんの状態のままでそれなりに安定して」いることに注目し、等身大のEUを把握する重要性を説いています〔遠藤二〇一三：六〕。この指摘は重要で、かつアジア地域の将来にとってきわめて示唆的です。

遠藤は、小文字の地域統合を「一国では保全しきれない影響力を獲得し、世界的に投射する一つの有力なメカニズム」であると論じ、フィンランドの興味深い事例をあげています。一九九〇年代前半のフィンランドはEUに加盟していなかったのですが、当時、主要産業のパルプ業をアメリカから狙い撃ちされ、危機的な状況に陥りました。フィンランドは連帯できる仲間の重要性を認識し、EUに加盟します。そうすると、アメリカはEU市場全体を相手にしなければならず、小国に対する高圧的戦略の見直しを余儀なくされました。

アジアの連帯は、アジア諸国の国益を守ることに繋がります。まずは連帯のアリーナに立つことが重要で、試行錯誤のプロセスの中で醸成される信頼や合意こそが、宙ぶらりんの安定を生み出すことになります。

あらゆる時代は、普遍的に過渡期です。人間は途上の中にしか生きることができません。アジアは政治的に一つになる必要はありません。しかし、「アジアは一つ」という「統整的理念」をもつことには意味があります。理想を掲げることで、「協調的連帯のシステムを作る」という「構成的理念」を進めることができるからです。重要なのは、この両者を混同しないことです。

もうひとつEUから学ぶべきことは、ヨーロッパには中世以来「ヨーロッパとは何か」という問いを発してきた伝統があるということです。ヨーロッパはキリスト教を土台として、「ヨーロッパ世界」を構成してきました。「世界史の哲学」を唱えた京都学派の歴史学者・鈴木成高は次のように言います。

ローマ帝国は世界的国家、世界的宗教及び世界的文学をもたらした、即ち民族的限界を破る世界的なるものをば歴史の上に樹立した。なかんづくキリスト教はヨーロッパの共同体的性格、ヨーロッパが一つの世界であるといふ精神的統一の根底をつくるものである［鈴木 一九三九：五五］。

ヨーロッパはキリスト教という「精神的統一」を獲得したことによって「一つの世界」となりました。EUはこのような歴史的背骨があるからこそ立ち上がった連合体なのです。

一方、アジアはどうでしょうか。鈴木は次のように言っています。

ヨーロッパは「ヨーロッパ的世界史」を生んだ、然るに東洋はそれ自体において世界をなしてゐたにもかかわらず「東洋的世界史」を遂に産まなかつた。構成としての世界史もまたヨーロッパ的精神の所産であつたことを吾吾は認めないわけにはゆかないのである［鈴木一九三九：一二六‐一二七］。

たしかにアジアが「アジア」を主体的に意識し始めたのは、概ね近代以降のことです。ヨーロッパに比べて歴史は浅く、経験も豊富ではありません。しかもキリスト教のような実体化された「精神的統一の根底」も存在しません。宗教的には仏教、ヒンドゥー教、イスラーム、儒教、神道など、バラバラの状態です。

しかし、重要なことは鈴木が「東洋はそれ自体において世界をなしてゐた」と言及していることです。彼は実態としてのアジアが形成されたことはないものの、アジアは「一つの世界」だったと言っています。

では、アジアを「一つの世界」として構成してきたものは何だったのでしょうか。それは多一論です。西田幾多郎が論じた「多と一の絶対矛盾的自己同一性」こそが、「世界としてのアジア」を構成してきました。アジアにとって重要なのは、この観念に回帰することです。ここからアジア連帯の背骨を構築し、近代西洋世界に対する価値の巻き返しを進めるべきです。

だからいま、アジア主義者の思想はアクチュアリティを持ちます。岡倉天心、大川周明、柳宗悦らの思想と行動は、最前線の問いとして浮上しているのです。

ヘイトスピーチ的「逆ギレ」を超えて

しかし、アジアの連帯を構想する時、どうしても障壁となるのが歴史認識問題です。戦後日本史を研究してきたガバン・マコーマックは、日本の「脱アメリカ依存」と「パックス・アジア」構築の重要性を説いたうえで、次のように言います。

過去七〇年のヨーロッパ経験からは、国民国家を超える地域共同体は歴史に対する共通理解があってこそ実現可能だということがわかります［ダワー、マコーマック 二〇一四：二五五］。

歴史認識の問題になると、日本は中国・韓国と対立し、逆にアメリカが彼らと手を結びます。中国はアメリカと共に連合国として日本と戦い、韓国は「日帝」への抵抗運動を展開した国です。日本は連帯から取り残され、孤立を余儀なくされます。日本は戦後、歴史に墨を塗り、表面的には連合国の歴史観に追随してきました。日本国民は自国の近代史を熟慮したうえで反省したのではなく、歴史の忘却による反省ポーズをとってきたのです。反省は歴史への共通理解のうえになされたのではなく、歴史への無知によって繰り返されたのです。

アジアで経験することは、日本国民の歴史に対する知識のなさとアジア諸国とのギャップです。日本国民の中に、「日清戦争がなぜ始まったのか」をしっかり説明できる人がどれほどいるでしょうか？　「閔妃暗殺」について説明できる人がどれほどいるでしょうか？

日本国民の反省は、本質的な納得を経て行われてきたものではありません。歴史に目をつぶったうえで、リベラルな態度を演じてきたに過ぎません。

近年深刻になっている歴史修正主義の拡大は、この状況に対するリアクションとして起こったものです。人はしっかりと納得していない状態で謝罪を要求され続けると、どこかで「逆ギレ」します。近年のヘイトスピーチに典型的に表れる歴史修正主義は、上っ面の反省に終始した戦後日本の帰結だと考えるべきです。

日本人の多くは、アジアとの関係史を吟味しないまま、ただ部分的なエピソードへの感傷に基づいて謝罪を表明してきました。しかし、次第に謝罪を強いられることが構造化すると、イライラや鬱屈がたまっていきます。その暴発が、ヘイトスピーチ的状況を生み出しているのでしょう。

日本の辿った近代の歩みは、アジアを侵略し、深い亀裂を生み出してきました。この行程を全肯定することなどできません。しかし、その歩みを全否定することもできません。歴史は肯定／否定のゼロサムではありません。人間の歩みはきわめて複雑なものであり、そう簡単に単純化できるものではありません。

アジア主義も同様です。アジア主義はたしかに帝国主義化しました。「王道」は「覇道」へとスライドし、「連帯」は「侵略」へと転化しました。

しかし、そのプロセスにおいて日本とアジアの深い交流が生じ、「思想としてのアジア主義」が構築されたことも事実です。その思想は、西洋近代に対する東洋からの巻き返しにおいて、きわめて重要な意味を持ちます。

我々は歴史によって分裂するのではなく、連帯を模索することができるのではないでしょうか。泥まみれのアジア主義の中から、光り輝く文明の鉱石を掬い出す必要があるのではないでしょうか。

無知の上に築かれた表層的反省を繰り返すのではなく、歴史をじっくりと見つめることで、アジアと繋がる道があると私は考えています。そのためには、私自身がアジア主義者として生きなければなりません。その先の近代を模索しなければなりません。

私はアジア主義の思想的可能性を追求していきたいと思います。現在のような東アジアの不幸な状況を打破し、アジアの連帯を構築するためには思想が必要です。そして、それは歴史の中に埋もれています。

虎穴に入らずんば虎子を得ず――。

私は、アジア主義という「虎穴」の中を果敢に歩んでいきたいと思います。

あとがき

本書は月刊誌『潮』二〇一〇年八月号から二〇一一年十二月号までに連載した「アジア主義を考える」に大幅な加筆を行い、まとめ直したものです。アジア主義の全体像をつかむことを目的としたため、個別的には書き足りない部分も多くあります。「あれも書けていない、これも書けていない」とさまざまな事象が頭をよぎりますが、重要なポイントは概ね押さえることができたのではないかと思います。

本書は連載時から、できる限りわかりやすく、丁寧に説明することを心がけました。それでも歴史的な流れを追う際には、読み進むことが大変な個所があったと思います。もちろん私の文章力に最大の問題があるのですが、一方で私たち日本人がアジアの近代史にあまりにもなじみがないことにも、要因があるのかもしれません。アジア諸国の近代史や独立運動が、いかにして日本と交差し、複雑な関係を構築してきたのか、私たちは静かに学ぶ必要があると思います。本書がその学びの入り口になれば、これほどうれしいことはありません。

本書の編集を担当して下さった川原文敏さんには、連載時から大変お世話になりました。また装丁・レイアウトを担当して下さった矢萩多聞さん、装画を描いてくださったしりあがり寿さんに、感謝の意を述べたいと思います。

中島岳志

引用文献・参考文献

葦津珍彦　2005　『永遠の維新者』葦津事務所
姉崎正治・山川智応編　1913　『高山樗牛と日蓮上人』博文堂
アンダーソン、ベネディクト　1987　『想像の共同体』白石隆・白石さや訳、リブロ
安重根　2011　「東洋平和論」統一日報社編、姜昌萬監修『図録・評伝 安重根』日本評論社
安藤礼二　2008　『光の曼荼羅―日本文学論』講談社
飯倉照平、長谷川興蔵編　1990　『南方熊楠・土宜法龍往復書簡』八坂書房
石原莞爾　1985　『石原莞爾選集1―漢口から妻へ』たまいらぼ
1993　『最終戦争論』中公文庫
井筒俊彦　1991　「TAT TVAM ASI（汝はそれなり）」『イスラーム思想史』中央公論新社（中公文庫）
――司馬遼太郎　1993　「二十世紀末の闇と光」『中央公論』1月号

イブラヒム　1991『ジャポンヤ―イスラム系ロシア人の見た明治日本』小松香織・小松久男訳、第三書館

ヴィヴェーカーナンダ　1983『わが師―スワミ・ヴィヴェーカーナンダ講演集』日本ヴェーダーンタ協会

臼杵陽　2010『大川周明―イスラームと天皇のはざまで』青土社

内田良平　1934『黒竜澗人歌集』黒竜会

――――　1987『内田良平著作集』第2巻、皇極社

内田良平研究会　2003『国士内田良平―その思想と行動』展転社

宇都宮太郎　2007『日本陸軍とアジア政策―陸軍大将宇都宮太郎日記』第1巻（宇都宮太郎関係資料研究会編）、岩波書店

海野弘　2005『陰謀と幻想の大アジア』平凡社

遠藤乾　2013『統合の終焉―EUの実像と論理』岩波書店

大川周明　1906「吾は個人主義者也故に吾は社会主義者也」『新紀元』6月号

――――　1913「日本文明の意義及び価値」『大陸』第3号

――――　1916「君国の使命」『道』第93号

――――　1921「序」、ポール・リシャール『第十一時』大鐙閣

――――　1922『復興亜細亜の諸問題』大鐙閣

――――　1925「プラタプ君を迎ふ」『月刊日本』第3号

――――　1926『日本文明史』行地社出版部

――――1927『中庸新註』大阪屋号書店
――――1942『米英東亜侵略史』第一書房
――――1964「大川周明訊問調書（5・15事件）」『現代史資料5：国家主義運動（2）』みすず書房
岡倉天心 1980a『岡倉天心全集』第1巻、平凡社
――――1980b『岡倉天心全集』第6巻、平凡社
緒方竹虎 1988『人間中野正剛』中公文庫
奥山直司・雲藤等・神田英昭編 2010『高山寺蔵、南方熊楠書翰 土宜法龍宛 1893-1922』藤原書店
角田房子 1988『閔妃暗殺―朝鮮王朝末期の国母』新潮社
笠井清 1986『南方熊楠外伝』吉川弘文館
鹿子木員信 1937『すめらあじあ』同文書院
上垣外憲一 2000『暗殺・伊藤博文』ちくま新書
川上善兵衛 1987『武田範之伝―興亜前提史』日本経済評論社
川島真 2007「近代東アジア国際政治の形成」『東アジア国際政治史』名古屋大学出版
――――2010『シリーズ中国近代史②近代国家への模索―1894-1925』岩波書店（岩波新書）
川瀬貴也 1997「『国家』観と『近代文明』観―天道教幹部『民族代表』について」『東京大学宗教学年報』16号

姜昌一　1988「天佑俠と『朝鮮問題』―『朝鮮浪人』の東学農民戦争への対等と関連して」『史学雑誌』第97編第8号
木村幹　2007『高宗・閔妃―然らば致し方なし』ミネルヴァ書房
――――2009『近代韓国のナショナリズム』ナカニシヤ出版
清藤幸七郎編纂　1981『覆刻天佑俠』長陵書林
金文子　2009『朝鮮王妃殺害と日本人―誰が仕組んで、誰が実行したのか』（高文研）
琴秉洞　1991『金玉均と日本―その滞日の軌跡』緑蔭書房
久保田文次　2003「孫文と『満州租借交渉』・『日中盟約案』最高―兪辛焞氏『辛亥革命期の中日外交史研究』によせて」『中国綿球月報』57巻6号
玄洋社社史編集会　1992『玄洋社社史』葦書房
高山岩男　1942『世界史の哲学』岩波書店
黒龍会編　1964a『東亜先覚志士記伝』（上）原書房
――――1964b『東亜先覚志士記伝』（中）原書房
五條市史編集委員会　1986「桜井徳太郎君之小伝」『五條市史・史料編』
小松久男　2008『イブラヒム、日本への旅―ロシア・オスマン帝国・日本』刀水書房
小村不二男　1988『日本イスラーム史』日本イスラーム友好連盟
崔文衡　2004『閔妃は誰に殺されたのか―見えざる日露戦争の序曲』彩流社

坂本多加雄　1998　『日本の近代2―明治国家の建設1871-1890』中央公論新社
坂本勉　1999　「山岡光太郎のメッカ巡礼とアブディルレシト・イブラヒム」池井優・坂本勉編『近代日本とトルコ世界』勁草書房
――　2008　「アブデュルレシド・イブラヒムの再来日と蒙疆政権下のイスラーム政策」坂本勉編『日中戦争とイスラーム―満蒙・アジア地域における統治・懐柔政策』慶應義塾大学出版会
四王天延孝　1964　『四王天延孝回顧録』みすず書房
下中彌三郎　1935　「伊エ紛争問題と日本」『大亜細亜主義』8月号
白石昌也　1993　『ベトナム民族運動と日本・アジア』巌南堂書店
鈴木成高　1939　『ランケと世界史学』弘文堂書房
鈴木大拙　2011　『東洋的一』大東出版社
――　1997　『東洋的な見方』岩波書店（岩波文庫）
角岡知良　1935　「伊太利のエチオピア侵略に就いて国民に愬う」『大亜細亜主義』3月号
孫文　2011　『孫文革命文集』深町英夫編訳、岩波書店（岩波文庫）
田浦雅徳　1996　「イタリア・エチオピア間の紛争（戦争）と「右翼」運動および輿論」『メディア史研究』第4号
高綱博文　1991　「孫文の「大アジア主義」演説をめぐって」『歴史評論』494号（1991年6月号）
滝沢誠　1986　『武田範之とその時代』三嶺書房

竹内好　1981『竹内好全集・第14巻』筑摩書房
――――　1993『日本とアジア』筑摩書房（ちくま学芸文庫）
タゴール　1916「印度より日本への使信」『六合雑誌』1916年7月号
――――　1981「日本の精神」『タゴール著作集』第8巻、第三文明社
――――　1987「日本紀行」『タゴール著作集』第10巻、第三文明社
田澤拓也　1998『ムスリム・ニッポン』小学館
田中惣五郎　1970『東洋社会党考』新泉社
田中智学　1941『世界統一の天業』天業民報社
谷本富　1916「タゴールは詩人のみ印度人のみ」『六合雑誌』1916年7月号
田村貞雄　1991「『征韓論』政変の史料批判—毛利敏彦批判—」『歴史学研究』615号
趙景達　2012『近代朝鮮と日本』岩波書店（岩波新書）
陳徳仁・安井三吉編　1989『孫文・講演「大アジア主義」資料集—1924年11月・日本と中国の帰路』法律文化社
月脚達彦　2009『朝鮮開化思想とナショナリズム—近代朝鮮の形勢』東京大学出版会
津田左右吉　1938『支那思想と日本』岩波書店
頭山満談、薄田斬雲編　2007『頭山満直話集』書肆心水
トンチャイ・ウィニッチャクーン

中村長之助　2003『地図がつくったタイ：国民国家誕生の歴史』明石書店
中野正剛　1916「タゴールの印象と感想」『六合雑誌』1916年7月号
西尾陽太郎　1917『世界政策と極東政策』至誠堂書房
――――編　1977『李容九小伝―裏切られた日韓合邦運動』葦書房
西谷啓治　1981『頭山満翁正伝』葦書房
丹羽京子　1944「世界史の哲学」『世界史の理論』弘文堂書房
橋川文三　1993「タゴールと日本」『タゴール著作集』別巻、第三文明社
――――　1994「昭和超国家主義の諸相」『昭和ナショナリズムの諸相』名古屋大学出版会
――――　2001（増補版）『橋川文三著作集』第7巻、筑摩書房
秦郁彦　2006「閔妃殺害事件の再考察」『政経研究』43巻2号
樋口艶之助（北上梅石）　1923『猶太禍』内外書房
ファン・ボイチャウ　1966『ヴェトナム亡国史他』平凡社（東洋文庫）
福沢諭吉　1970「脱亜論」『福澤諭吉全集』第10巻、岩波書店、
藤本尚則　1932『巨人頭山満翁』頭山翁伝頒布会
平凡社編　1929「世界転覆の陰謀―眞？妄？所謂猶太禍！」『平凡』3月号
ボース、R・B・　1926「亜細亜二論」『月刊日本』3月号

堀至徳　1971　「堀至徳日記―一九〇一年」（春日井真也「インドと日本（四）―堀至徳の思想と生涯（一）」『仏教大学研究紀要』55号所収）

――　1972　「堀至徳日記―一九〇二・〇三年」（春日井真也「インドと日本（五）―堀至徳の思想と生涯（二）」『仏教大学研究紀要』56号所収）

松岡幹夫　2005　『日蓮仏教の社会思想的展開―近代日本の宗教的イデオロギー』東京大学出版会

松長昭　1999　「アズヤ・イスハキーと極東のタタール人コミュニティー」池井優・坂本勉編『近代日本とトルコ世界』勁草書房

――　2008　「東京回教団長クルバンガリーの追放とイスラーム政策の展開」坂本勉編『日中戦争とイスラーム―満蒙・アジア地域における統治・懐柔政策』慶應義塾大学出版会

――　2009　『在日タタール人―歴史に翻弄されたイスラーム教徒たち』東洋書店

松本ますみ　2011　「孫中山の『徹底した民族主義』」王柯編『辛亥革命と日本』藤原書店

的野半介監修　1980　『来島恒喜』重遠社

丸山眞男　1995　「日本におけるナショナリズム」『丸山真男集』第5巻、岩波書店

三木清　1967　『三木清全集』第13巻、岩波書店

三沢伸生　2001　「亜細亜義会機関誌『大東』に所収される二〇世紀初頭の日本におけるイス

ラーム関係情報—明治末期の日本とイスラーム世界との関係を考察する基本史料の紹介」『アジア・アフリカ文化研究所研究年報』第36号
——2013「日本におけるイスラーム主義とアジア主義の交錯—イブラヒムと亜細亜義会」松浦正孝編『アジア主義は何を語るのか』ミネルヴァ書房
満川亀太郎 1925『黒人問題』二酉名著刊行会
——1929『ユダヤ禍の迷妄』平凡社
——1977『三国干渉以後』伝統と現代社
南方熊楠 1971『南方熊楠全集』第7巻、平凡社
——1972『南方熊楠全集』第8巻、平凡社
宮崎滔天 1993『三十三年の夢』岩波書店（岩波文庫）
毛利敏彦 1978『明治六年政変の研究』有斐閣
——1979『明治六年政変』中央公論社（中公新書）
リシャール、ポール 1921『第十一時』大鐙閣
レヴァント、シナン 2013「日本におけるトゥーラン主義運動の系譜—アジア主義との交差」松浦正孝編『アジア主義は何を語るのか』ミネルヴァ書房

安井三吉　1985「講演「大亜細亜問題」について―孫文と神戸（1924年）」『近代』61号
柳宗悦　1972『新版・柳宗悦選集第4巻―朝鮮とその芸術』春秋社
――――2010『柳宗悦コレクションI―ひと』筑摩書房（ちくま学芸文庫）
山川智応　1902「達磨波羅氏の来訪」『妙宗』一九〇二年八月号
山田一廣　1998『マスカルの花嫁―幻のエチオピア王子妃』朝日新聞社
吉澤誠一郎　2004「第二辰丸事件（1908年）との地域的背景」『史潮』55号
――――2010『シリーズ中国近代史①清朝と近代世界―19世紀』岩波書店（岩波新書）
吉田絃二郎　1915「タゴールの詩とインドの自然」『六合雑誌』5月号
渡辺京二　2006『評伝宮崎滔天』書肆心水

文庫版あとがき

アジア主義の歴史を追った本書が文庫化されるとは、正直思ってもいませんでした。アジア主義は戦後、「アジア侵略の方便」とされ、まともな思想として扱われることは稀でした。侵略戦争を正当化するためのイデオロギーと見なされ、忌避され続けてきました。

もちろん、アジア主義に対する評価が否定的だったことには、十分な理由があります。アジア主義の名のもとにアジア諸国を侵略し、植民地支配した歴史に目をつぶるわけにはいきません。

しかし、一方で、アジアの連帯を模索する中で構想・構築された思想に、まったく意味がなかったという全否定の論理も、私は極端ではないかと思っています。重要なことは全肯定/全否定という二分法を解体し、その可能性と限界・問題を丁寧に解きほぐしていくことではないかと思います。極端な議論の中には、必ず特定のイデオロギー的判断や論理の飛躍が含まれています。

本書は、思いのほか多くの読者の方に恵まれ、単行本は版を重ねました。特に現役のビジネスパーソンに多く読まれるという意外な展開となり、文庫化されるに至りました。本書の出版を通じて、ビジネス界を牽引する多くの方々とお話しする機会を得ることができ、著者としては望外の喜びです。

連載を始めたのが二〇一〇年八月。単行本版の出版が二〇一四年七月。連載開始から七年、出版から三年が経過しましたが、本書で問いかけた課題は、より一層、切実なものとなっていると考えています。アメリカではトランプ大統領が就任し、アメリカ第一主義を掲げました。トランプは大統領選挙中、日米安保体制を厳しく批判し、日本が在日米軍の駐留経費負担を増やさなければ、在日米軍を撤退させると発言しました。『ニューヨークタイムズ』のインタビューでは「我々が攻撃されても日本は何もする必要がないのに、日本が攻撃されれば米国は全力で防衛しないといけない。これは極めて一方的な合意だ」と述べています。

トランプの発言は、アメリカ社会の潜在意識を可視化させたものです。アメリカが日米安保を維持しているのは、現時点においてアメリカの国益に合致すると考えているからであって、東アジアの平和のためでも何でもありません。経済力が低下し、世界の警察としてふるまう体力を失いつつあるアメリカは、日米安保が国益にかなわないと見なした瞬間、撤退準備に入るでしょう。

我々に必要なのは、ポスト日米安保の構想と戦略、そして思想です。その時、アジア主義の轍《わだち》は大変重要な「資源」となります。先人たちが苦難と失敗を重ねていった歴史の中から、普遍的な価値を抽出し、現代世界の中で磨きをかけることこそ、必要なのではないかと思っています。

アジア主義は過去に終わった思想ではありません。極めてアクチュアルな可能性をもった現代思想です。この点を最後にもう一度強調し、筆を置きたいと思います。

中島岳志

二〇一七年六月

本書は二〇一四年七月に小社より刊行した単行本を文庫化したものです。

アジア主義――西郷隆盛から石原莞爾へ
潮文庫　な－1

2017年　7月20日　初版発行

著　者　中島岳志
発行者　南　晋三
発行所　株式会社潮出版社
〒102-8110
東京都千代田区一番町6　一番町SQUARE
電　話　03-3230-0781（編集）
03-3230-0741（営業）
振替口座　00150-5-61090
印刷・製本　中央精版印刷株式会社
デザイン　多田和博

ISBN978-4-267-02088-9 C0195

潮文庫　好評既刊